中国蔬菜专业村的形成及其效应研究

A Study on the Formation and Effect of Vegetable Specialized Villages in China

张哲晰　穆月英 ◎ 著

中国经济出版社
CHINA ECONOMIC PUBLISHING HOUSE
· 北京 ·

图书在版编目（CIP）数据

中国蔬菜专业村的形成及其效应研究 / 张哲晰，穆月英著. -- 北京：中国经济出版社，2024.1
ISBN 978-7-5136-7621-2

Ⅰ. ①中… Ⅱ. ①张…②穆… Ⅲ. ①蔬菜产业-产业发展-研究-中国 Ⅳ. ①F326.13

中国国家版本馆 CIP 数据核字（2023）第 253807 号

责任编辑 王 帅
责任印制 马小宾

出版发行 中国经济出版社
印 刷 者 北京建宏印刷有限公司
经 销 者 各地新华书店
开 本 710mm×1000mm 1/16
印 张 16.25
字 数 204 千字
版 次 2024 年 1 月第 1 版
印 次 2024 年 1 月第 1 次
定 价 88.00 元
广告经营许可证 京西工商广字第 8179 号

中国经济出版社 **网址** www.economyph.com **社址** 北京市东城区安定门外大街 58 号 **邮编** 100011

本研究得到以下项目资助

国家自然科学基金青年项目

“产业集聚、专业化分工与农业生产性服务发展路径研究——来自蔬菜生产专业村的证据”（编号：72103109）

现代农业产业技术体系

北京市产业经济与政策创新团队（编号：BAIC11－2022）

国家自然科学基金

“空间均衡视角下蔬菜跨区域供给、地区结构及供给效应研究”（编号：71773121）

摘 要
Abstract

以保障农产品有效供给、促进农民持续快速增收、推动农业可持续发展为目标，农业供给侧结构性改革对我国农业发展提出了走产出高效、产品安全、资源节约、环境友好的农业现代化道路的要求。但在今后很长一段时间内，小而分散的农户仍将是我国农业生产的主体，而小农户具有小规模、分散性与落后性特征，因此难以获得规模经济，也与农业现代化要求尚有距离。当前，在我国形成了一批专业化程度高、特色明显的优势农业主产地，其中以小规模农户地理集中生产为表现形式的专业村发展模式，或将是实现小农户与现代农业发展有机衔接的发展趋势：依托以村为单元的规模化经营，即产业集聚发展模式，成为中国特色农业适度规模经营的重要出路。本研究在归纳相关理论的基础上，以蔬菜产业为例，结合结构方程模型、联立方程组模型、空间计量模型、异质性随机前沿函数模型、分位数模型、门限模型等方法，构建蔬菜专业村形成及其效应的评价框架，并对产业集聚发展模式对专业村经济发展、农业生产要素配置与环境可持续潜力的影响效应进行分析，全书主要分为四大部分：一是对产业集聚的相关理论进行梳理，构建专业村形成及其效应的理论框架；二是考察专业村的形成及驱动因素，包括对蔬菜产地的历史演变与现状、层级结构，以及专业村形成的驱动因素的研究；三是对专业村的效应进行研究，侧重从专业村产业集聚发展模式的溢出机制所带来的经济效应、资源配置效应，以及环境效应三方面展开；四是归纳全书，并探索专业村发展壮大的优化路径，以及专业村之间协同发展的可能性及方向。本研究的主要结论概括如下：

第一，通过对专业村形成及其效应的相关理论分析得出：通过归纳梳理新古典贸易理论、集聚理论和其他与集聚相关的理论，可将专业村的形成机制归纳为自然资源、人力资本、技术储备、标准化生产、市场需求、政府支持六类。在专业村产业集聚发展模式下，技术溢出、社会化服务共享、基础设施共享与要素集聚将形成空间意义上的规模经济，通过这些溢出机制将对专业村经济、农业生产要素配置效率，以及环境可持续发展产生影响。

第二，通过对蔬菜产业格局的历史演变及现状的研究得出：在农产品流通体制改革的背景下，我国蔬菜产业不断发展，空间格局也发生了明显变化，形成了一批专业化程度高、特色鲜明的主产地。在产地内部呈现出多层次的空间结构，表现出主产县“俱乐部”与专业村“连片”发展的空间格局，其中专业村是承载主产地发展最具活力与潜力的基本单元。

第三，通过对专业村形成机制及驱动因素的研究得出：自然资源是专业村形成的基础，人力资本是专业村形成的内生动力，市场需求与标准化生产是专业村形成的外部要求，但目前部分专业村自然资源不够丰富、生产者经营规模小、现代化装备水平低、高新技术储备薄弱、政府支持力度有限，这些在一定程度上不利于专业村的发展。

第四，通过检验专业村对农村经济发展影响的研究得出：专业村的形成对当地经营体系、生产体系与产业体系建设具有推动作用。同时，专业村通过产业集聚发展模式的溢出机制——技术溢出、社会化服务共享、基础设施共享与要素集聚等，形成本村蔬菜增产、农民增收、规模发展壮大的良性循环。此外，村际也存在着空间溢出、依托信息等要素的流动对彼此经济发展产生影响（但目前尚不够明显），且存在着随距离增加而递减等特点。

第五，通过检验专业村对农业生产要素配置影响的研究得出：总体来看，专业村的产业集聚发展模式会通过技术溢出、基础设施共享与要素集聚等途径获得空间意义上的规模经济来影响专业村内技术效率，社会化服务的效果则有待增强。更进一步来看，对于差异性生产主体而言，溢出机制的作用效果也有所差别，表现出马太效应。此外，集聚程度过高还会带来“拥挤”效应，提高产业集聚的“质”成为专业村“量”的发展的前进方向。

第六，通过检验专业村对环境可持续发展影响的研究得出：伴随专业村产业集聚程度的提高，基础设施共享与要素集聚有利于提高农业碳生产率；滴灌技术是符合农产品增效与农民增收双重目的的重要技术，但部分专业村农户技术储备不足、生态环保意识薄弱、缺乏能人示范带领，社会化服务组织功能发挥不够、与现代化农业生产的要求不契合，以及政府扶持力度不足等问题限制了专业村产业集聚发展模式兼顾经济与环境优势的发挥。此外，集聚发展过程中存在的马太效应与“拥挤”效应也不容忽视。

第七，通过对专业村协同发展潜力的研究得出：对于专业村本身而言，有必要继续强化自身建设，发挥集聚优势；大力培育新型农业经营主体，发挥示范带动效应；完善社会化服务体系建设，并注重向小规模农户倾斜；加强基础设施建设，保证生产顺利进行；强化政府技术支持，实现多主体合作发展；推动产业集聚转型升级，实现竞争力的提高与农民增收。对于村际协同发展而言，有必要树立专业村典型，推动专业村之间在产业链条上的不同环节间互补、协调、合作、联动发展，加强地方政府之间的交流合作，通过市场化机制构建利益补偿机制。

关键词： 蔬菜，专业村，产业集聚，溢出效应

Abstract

The structural reform of the supply side of agriculture is aimed at guaranteeing the effective supply of agricultural products, promoting a sustained and rapid increase in farmers' incomes, and promoting the sustainable development of agriculture, and it has put forward the requirement for China's agricultural development to take the road of agricultural modernization, which is "highly efficient in terms of output, safe in terms of products, resource – saving, and environmentally friendly". However, for a long time to come, small and decentralized farmers will remain the mainstay of agricultural production in China. The small – scale, decentralized and backward characteristics of small farmers make it difficult for them to obtain economies of scale and do not match the requirements of agricultural modernization. Under the guidance of market demand and economic interests, China has formed a number of dominant agricultural production areas with high degree of specialization and distinct characteristics. Within the main production areas, the development mode of specialized villages, which takes the geographical agglomeration production of small – scale farmers as its manifestation, is an important innovation to reasonably connect small – scale farmers and modern agricultural development. Relying on the large – scale operation of village as a unit, i. e. agricultural industrial agglomeration mode, specialized villages have great development potential. On the basis of summarizing relevant theories and taking vegetable industry as an example, this study applies structural equation model, simultaneous equations system model, spatial econometric model, heterogeneous stochastic frontier function model, quantile regression model, threshold regression model and other methods to construct the evaluation framework of the formation and spillover effect of vegetable specialized villages, and their effects on the potential of rural economic development, agricultural production factor allocation and environmental sustainable development. This study is mainly composed of four parts: first, based on theories regarding industrial agglomeration, this paper constructs a theoretical framework for the formation and effect of specialized villages; second, this study investigates the formation and driving factors of specialized villages, including the historical evolution and current situation of vegetable production areas, hierarchical structure and driving factors of the formation of specialized villages; third, this paper studies the effects of specialized villages, focusing on the economic effects, agricultural production factor allocation effects and environmental effects, which are brought by the spillover mechanism of industrial agglomeration development model of specialized villages; fourth, the paper summarizes the main findings of the study, and explores the optimum path of healthy development of specialized villages and the possibility and direction of coordinated development between specialized villages. The main conclusions of this study are summarized as follows:

First, the theoretical analysis of the formation and effect of specialized villages shows that, by summarizing the neoclassical trade theory, agglomeration theory and other theories related to agglomeration, the formation mechanism of specialized villages can be classified into six categories: natural resources, human capital, technology reserve, standardized production, market demand and government support. Under the industrial agglomeration development mode of specialized villages, technology spillover, socialized services, infrastructure sharing and factor agglomeration will bring about spatial economies of scale, which further affect the economy of specialized villages, allocation efficiency of agricultural resources and sustainable environmental development.

Second, under the background of agricultural product circulation system reform, the spatial pattern of vegetable production in China is changing, which has formed a number of major production areas with high degree of specialization and distinct characteristics. In the interior of the producing area, there is a multi - level spatial structure, showing the spatial pattern of "clubs" and "joint development" of specialized villages in the main production counties. Among them, specialized villages are the most dynamic and potential basic units of the main production areas.

Third, the analysis on the formation mechanism of specialized villages shows that natural resources are the basis of the formation of specialized villages, human capital is the endogenous driving force for the formation of specialized villages, market demand and standardized production arc thc cxternal requirements for the formation of specialized villages. However, at present, there are some problems in specialized villages in China, such as lack of natural resources, small scale and decentralization of farmer households, weak technical reserves, and unfavorable government support, which restrict the development of specialized villages.

Fourth, the analysis on the impact of specialized villages on rural economic development shows that the formation of specialized villages can promote the construction of local management system, production system and industrial system. At the same time, through technology spillover, socialized services, infrastructure sharing and factor agglomeration, specialized villages have formed a virtuous circle of increasing vegetable production, farmers' income and improving vegetable industry. In addition, there are spatial spillovers between villages, relying on the flow of information and other elements to influence each other's development, but there are some characteristics such as lowering effects with the increase of distance.

Fifth, the results of the impact of specialized villages on the allocation of agricultural production factor show that, on the whole, the technology spillover of specialized villages and the sharing of socialized services are conducive to the improvement of technological efficiency within specialized villages, but the effect of social service organizations on improving quality and income is still inadequate. Furthermore, for differentiated production entities, the spillover mechanism also has varying effects, exhibiting the Matthew effect. In addition, when the agglomeration degree is too high, it will also bring a "crowding" effect. Therefore, instead of "quantity", improving the "quality" of industrial agglomeration is the development trend of specialized villages.

Sixth, the study on the impact of specialized villages on environmental sustainability shows that with the improvement of industrial agglomeration in specialized villages, infrastructure sharing and factor agglomeration are conducive to improving agricultural carbon productivity. At the same time, drip irrigation technology is also an important technology that meets the dual purposes of increasing agricultural production and increasing farmers' income. However, the problems of insufficient technical reserve, weak awareness of ecological environment protection, lack of demonstration leadership, inadequate function of social service organization, inconsistent with the requirements of modern agricultural production, and inadequate government support restrict the development model of industrial agglomeration in specialized villages to give full play to both output and environmental potential. In addition, the Matthew effect and "crowding" effect in the development of agglomeration can't be ignored.

Seventh, the analysis on the healthy and cooperative development potential of specialized villages shows that: it is necessary to continue to promote the construction of specialized villages and give full play to the advantages of industrial agglomeration; cultivate new agricultural business entities and leverage their demonstration and driving effects; improve the construction of social service system and pay attention to tilting towards small – scale farmers; strengthen infrastructure construction to ensure smooth production; strengthen government technology support and realize multi – subject cooperative development; promote the transformation and upgrading of industrial agglomeration, to improve competitiveness and increase farmers' income. For the coordinated development of inter – village, it is necessary to set up a model of specialized villages, which plays a leading role in demonstration; promote complementary, coordinated and cooperative development among specialized villages in different links of the industrial chain; strengthen exchanges and cooperation among local governments and build a market – oriented mechanism and interest compensation mechanism.

Keywords: vegetable, specialized village, industry agglomeration, spillover effect

目 录
CONTENTS

1 导 论

1.1 选题背景与研究意义

1.1.1 选题背景

农村富，则中国富；农村美，则中国美；农村强，则中国强！

发源于农村、茁壮于农民、燎原至全国的中国共产党最早通过乡村改造与建设运动满足了贫苦农民的根本需求，得到了农民最坚决的拥护和参与，并在农民、农村、农业的贡献下，获得产品供应、要素供给、市场需求、换取外汇等支持，并以之为基础实现了国民经济的稳定运行。但是，在城镇化和现代化进程中，农村地区呈现出空心化等趋势，影响了国家经济腾飞与社会稳定的根基。事实上，保障农产品供给、保证农民利益一直是中国共产党在推动农业发展过程中弘扬的主旋律，在历代中国共产党人的发展思想中，结合不同时代背景，乡村振兴构想一直以不同形式得以展现。早期是为了克服小农小户自然经济生产内在缺陷而推进的集体化运动；随后在深化改革背景下提出了先富带动后富的非均衡发展战略；后期是将农业、农村发展提升到党和人民事业发展的全局性和根本性问题的高度；直至今日，以产业兴旺、生态宜居、乡风文明、治理有效、生活富裕为总要求的乡村振兴战略，凝聚着全党与全国人民的心血和期待。

早在 20 世纪上半叶，乡村建设思想就被一批知识分子以不同角度提出并尝试，但主要集中于文化教育，加之缺乏下层民众的广泛支持，对乡村的振兴效果并不明显。一直以来，小而分散的农户受限于人均资本占有量少、科技文化素质弱、组织化程度低等问题，致使发展质效不高、增收后劲不足，阻碍了城乡统筹发展。自 1982 年起，伴随中央“一号文件 ”的发布，深化农村经济体制改革、健全市场机制、增加农村基础设施与现代科技等的“三农”投入，使我国在农产品稳定供给、农民持续快速增收与农业现代化发展等方面不断迈上新台阶。特别是党的十八大报告提出发展多种形式规模经营，构建集约化、专业化、组织化、社会化相结合的新型农业经营体系，在适应农业现代化需要，提高农业产业竞争力，增加农民收入等方面作出了重要贡献。但是，也要看到，中国人多地少，各地农业资源禀赋条件差异很大，集中“连片”的规模经营存在一定限制，在今后很长一段时间内，小农户家庭经营仍将是我国农业的基本经营形态。因此，处理好小农户与大市场对接的需要，创新激发农村以家庭承包经营为基础、统分结合的双层经营体制的活力，探索农村发展的新型组织形式迫在眉睫。

近年来，我国强调农业供给侧结构性改革，提出以保障农产品有效供给、促进农民持续快速增收和农业的持续发展为目标，提高农业发展质量效益和竞争力，走产出高效、产品安全、资源节约、环境友好的农业现代化发展道路的新要求。在市场对资源配置的引导与政府对经济运行的宏观调控下，我国农业发展格局不断取得新突破，形成了一批区域化布局、专业化生产、品种特色鲜明的农业优势产区。在优势产区中，资源比较优势得到发挥、生产力布局不断优化、农业综合开发进程加快、农民增收效果明显，为我国农业发展提供了新活力，也为实现乡村振兴提出了新思路。纵观国际农业产业格局，农业产业集聚区也是世界农业发展的趋势，在降本增效、环境友好、提高产业竞争力及对抗市场风险等方面收到了良好的效果。实际上，早在亚当·斯密时期，分工与市场理论便奠定了区域专业化生产及其优势所在的理论基础。新古典经济学的鼻祖马歇尔系统描述了产业地理集聚现象及成因。韦伯的工业区位论、克鲁格曼的新经济地理学理论、波特的竞争优势理论的相继提出，不断丰富了产业布局及竞争优势发挥的理论依据。由此观之，我国农业区域化布局、专业化发展，不仅是现实发展过程中的大势所趋，更是有着扎实的理论背景。对我国农业主产地的发展现状、形成动力、经营效果进行细致梳理与评估，将有利于推动乡村振兴宏伟战略目标的实现。

实际上，主产地发展模式只是农业生产的一种宏观空间表现形式，其内部则呈现出层次化空间格局的特点，一批批现代农业产业基地、强县、优势产业带（区）构成了农业主产地。而在地缘与血缘关系约束下，主产县、产业带中以村庄内大量小规模农户地理性集中生产、商品性从事某种经营活动并且以该产值构成这个村的社会产值主体的村庄——专业村，才是主产地发展的基本空间单元，这与以美国、荷兰、德国为代表的走以大规模农场为农业发展路线的国家有着明显的不同，其是以村为单元的规模化发展。截至 2017 年底，全国各类专业村达到 6. 1 万个，专业村农民人均纯收入 15108 元，比 2017 年全国农民人均纯收入高出 12. 5%，成为解决“三农”问题的重要力量，被称为中国的强农之路。那么，对主产地专业村这种新型联合小农户对接市场、提高市场竞争力的组织形式的成因及基于产业集聚特征带来的效应进行系统、全面的分析，将有利于推动各地区结合比较优势进行专业村的复制推广，从而更好地促进乡村振兴。与此同时，专业村作为新阶段农业农村经济发展的组织模式创新，在建设与发展过程中难免会因为存在问题而走向消亡，如专业村优势特色发挥不足、产业组织发育不完善、基础设施供给不充分、资源利用不合理、可持续发展潜力不够等。对专业村形成、优势所在，以及存在问题的探索，也是引导专业村建立并适时采取措施规避风险、增强生命力，进一步发挥产业集聚优势的重要举措。

蔬菜是播种面积和产量仅次于粮食的第二大作物，为推动农业种植结构调整，保障“菜篮子”供应，提高农民收入作出重要贡献。与此同时，蔬菜主产地发展迅速，蔬菜专业村蓬勃兴起，同时也问题重重。综合考虑，本研究将依托蔬菜产业，在农业主产地快速发展的背景下，探索符合中国国情的农业规模化形式及其发展模式，立足专业村分析中国农业主产地的层级结构、变迁动力及优势所在，以期走出一条优质高效、增收明显、环境友好的农业现代化发展道路，为提高中国农业产业竞争力，全面推进乡村振兴，加快建设农业强国提供参考。

1.1.2 研究意义

以美国、荷兰、德国等国家为代表的大规模、现代化的农业发展模式一直以来深受世界各国的追捧，大农场经营、机械化生产是世界各国学习的样板。但是，大国小农的国情、农情导致中国无法照搬上述经验，中国小农户家庭经营的农业发展模式受资源禀赋、人力资本、资金存量，以及技术储备等方面的约束，无论在经营成本、产品数量及质量、生态环境保护等方面均缺乏竞争力，在国际市场上处于弱势地位。由此观之，促进小农户和现代农业发展有机衔接是推进中国特色农业现代化的必然选择。于是，在该背景下，中国开始探索小农户现代化发展的路径，以找到一条符合国情的道路，实现中国农业的发展壮大。其实，相比国外零散分布的规模化大农场经营，中国农民地理集中生产也具有独到的优势，是另一种形式的“规模化”，而这种优势恰恰能够弥补小农户生产存在的劣势。具体而言，农户彼此间的信息互通能够带来技术共享以弥补农民技术及管理储备的不足；集体协商可以推动基础设施建设来降低专业化投入的风险并避免资源浪费；集中生产则能够有效降低生产成本并通过品牌效应解决销售难问题。而这种优势发挥的天然载体便是村庄。一方面，村庄是农民赖以生产生活的基本行政单元；另一方面，村庄也是农村社会关系的集合。正是基于村庄的地缘与血缘关系，农民们有更加自然的合作动机与更加频繁的交流机会，能够集全村之力行共赢之事。早期，这种优势很少被纳入人们的视野，但近年来，专业村的兴起使人们逐步认识到集聚生产的优势所在，意识到专业村在农业发展过程中的基础性地位，以及专业村为小农户与大市场、现代农业的对接作出的贡献。由此观之，对作为农业主产地的基本空间单元与动力源泉的专业村的形成、存在问题及优势发挥路径进行探索具有重要的现实意义。

对专业村的形成及其效应进行研究也具有重要的理论意义。当前，中国农业专业村发展迅速、经济效益明显，但对专业村的成因及其优势发挥机制的总结较为缺乏。只有从现实中总结好经验，提炼出普适性、可复制的理论，才能反过来指导专业村发展壮大，为中国农业发展激发更多活力。尽管已有研究对中国农业生产空间格局的演变、成因及专业化效应进行了考察，但一方面，忽略了农业主产地的空间非均质性，大多以省为单位，过于宏观，包含了过多的无关信息，降低了结论的准确性；另一方面，对专业村的成因及其优势发挥机制研究不够健全。实际上，专业村是村域层面的产业集聚，本研究将融合前人理论，包括新古典贸易理论、区位理论、新经济地理学理论等经典理论，深入分析专业村形成机制及其在主产地发展过程中的基础性地位；同时，揭示并检验依托专业村产业集聚特征带来的经济、资源配置与环境效应，在一定程度上丰富我国农业产业集聚与专业村发展理论。

1.2 文献综述

已有相关研究主要从演变特征、形成原因及经济效应 3 个方面对中国农业生产空间格局展开丰富的研究，为本研究提供了可靠的借鉴。同时，日益丰富的专业村相关研究及关于农业环境可持续发展的研究也为本研究带来了丰富的思考和启示。本研究对此进行梳理和总结，归纳汇总出当前中国农业生产空间格局的演变、成因及经济效应，农业专业村形成及经济效应，农业生产环境可持续发展现状等方面的研究成果，并梳理相关研究方法，在对这些文献进行评述的基础上，提出本研究的主要内容、方法及创新点所在。

1.2.1 关于农业生产空间格局的演变、成因及经济效应的研究

1. 农业生产空间格局的演变及集聚特征

改革开放以来，中国农业产业布局的区域化特征日益明显，专业化趋势不断增强，形成了明显的产业带和块状集聚生产格局（Carter and Lohmar，2002；张红宇等，2009）。

1978—2012 年，中国种植业地理集聚水平不断增强，呈“S”形增长，专业化水平不断提高，且具有明显的“连片”特征（肖卫东，2012；李炎子等，2012；邓宗兵等，2013a）。尽管粮食、棉花、油菜籽等作物由于是具有战略性意义的作物而在生产和流通方面受到了很强的政策干预并由此造成低水平分工，但蔬菜等鲜活农产品的生产和流通自 20 世纪 80 年代中期以来区域专业化程度大大上升（蔡昉等，2002）。具体如下：

从粮食生产空间布局来看，中国粮食总体生产格局变动明显，呈现出由南向北、由东向中方向移动的趋势（黄爱军，1995；程叶青等，2005；杨春等，2008），但在品种上有所区别。其中，稻谷生产区域格局呈现出南方优势产区维持稳定但略有下降、东部产区集中度下降、东北部产区重要性逐步提升的特点（殷培红等，2006；钟甫宁等，2007；陆文聪等，2008；杨万江等，2011；邓宗兵等，2013b）；小麦生产区域格局呈现出生产重心不断北移，东、西部产区比重下降，中部产区比重提高较快的特点（殷培红等，2006；陆文聪等，2008；邓宗兵，2013b）；玉米生产区域格局呈现出北方产区集中度稳步上升，中部产

区上升明显的特点（殷培红，2006；陆文聪等，2008；邓宗兵等，2013b）。

从棉花生产空间布局来看，近30年来，棉花主产区出现了由南向北、向西北新疆地区迁移的特点（钟甫宁等，2008；朱启荣，2009；邓宗兵等，2013a）。

从花生生产空间布局来看，花生主产地维持稳定，但各省份位次变动较大，东南沿海地区省份排名下降，华中和东北地区省份位次上升，尽管花生生产集中度系数近年来有所下降，但较之其他农产品，仍是集中度较高的产业（张怡，2014）。

从蔬菜生产空间布局来看，蔬菜种植呈现产地由分散走向集中并逐步向东南地区集聚的特点，前10位省份产业集中度由1985年的40.29%提升到2008年的62.82%，专业化水平逐步提高（李岳云等，2007；卢凌霄，2011；周应恒等，2012；纪龙等，2015；吴建寨等，2015）。在蔬菜主产省份内部，种植地区分布则沿“近郊—远郊—农区”的轨迹演变（赵德培等，1993；王秀清，1996）。

2. 农业生产空间集聚的影响因素

在大流通的环境下，农业生产空间布局区域化、专业化是在市场与政策的引导下，各地方政府、农民结合客观条件，发挥主观能动性进行决策的宏观表现。既有研究将影响农业生产空间布局的因素归纳为资源禀赋、技术进步、经济发展、政府支持等方面。

关于资料禀赋因素对农业生产空间布局影响的研究。农产品是自然再生产与经济再生产相结合的产物，对自然条件与资源禀赋的依赖具有不可替代性。相关研究表明，自然条件对于农业生产空间布局具有重要的影响：光照、气温、降水、土壤等条件均是影响农产品种类分布、产量和品质的重要因素（张怡，2014）。同时，资源禀赋也是决定农业生产空间布局的必要条件和物质基础（王艳荣等，2011a）：中国地少人多、耕地资源有限，加之区域间差异明显，导致土地资源丰富的区域更容易成为农业主产地（顾莉丽等，2011；叶长盛等，2011）。除此之外，良好的灌溉条件也是保证农产品产量的关键因素，是推进农业生产优势区域形成的重要因素（杨万江等，2011）。

地理区位与交通条件是继自然第一要素后影响农业生产空间布局演变的第二要素。相关研究表明，地理区位能够影响农户的农业生产结构，不同区位条件对农户种植决策有着重要的影响（Wang et al.，2006）。同时，由区位条件导致的运输成本与土地租金的差异，会影响农业生产的规模和布局（陶怀颖，2010）。此外，地理上的临近性有助于知识和创新的传播（Rui，2000），带动农业生产“连片”布局。但是，随着基础设施建设、交通运输条件的改善与提高，距离等地理区位条件对农产品产销对接的阻碍大幅降低，地理区位的作用被削弱，交通基础设施的发展逐渐成为影响农户种植结构调整的决定性因素（董晓霞等，2006；Wang et al.，2006）。

关于技术进步因素对农业生产空间布局影响的研究。技术进步对农业生产空间布局的影响不言而喻，其不仅能对农产品单产造成影响，甚至能够影响区域农产品种植模式与种植制度（薛宇峰，2005；顾莉丽，2011；邓宗兵，2013b），进而影响农产品生产布局。同时，技术进步还能通过优化资源配置提高资源利用效率，对农业生产可持续发展有着重要贡献（徐志宇等，2013）。相关研究表明，我国农业全要素生产率（TFP）年均增长率为3.1%，对第一产业GDP年均增长率的贡献度为79.210%，是影响农业生产布局的重要因素之一（高帆，2015）。

关于经济发展因素对农业生产空间布局影响的研究。市场需求是引发农业生产空间布局变动的重要原因。市场对农产品的大量需求是形成规模化、专业化农业产地的前提条件（卢凌霄等，2007；纪龙等，2015）。同时，随着工业化、城镇化进程的不断推进，居民对农产品的需求呈现出多样化、周年化、高级化的倾向，追求品质、新鲜、营养、安全、方便是消费新趋势。这些消费信号诱导着农产品生产发展朝着以规模化、设施化、标准化和多功能化为核心的方向转变。正是不断调整的市场需求推动着具有比较优势的地区发挥强项，在产业结构调整的机遇中发挥特色作用，并通过影响农民收入影响农业主产地的形成（Mion，2002；周应恒等，2007）。

兼业化是农民择业的新趋势，也对农业生产空间布局产生一定影响。20 世纪 80 年代中期以来，在制度的允许下，大批农民开始向城镇转移，形成了中国的二元经济发展特征（黄国华，2009；郑祥江等，2015），而大量转移的农村劳动力不可避免地对农业生产造成了影响。最早将我国农民非农就业纳入研究视野的是伍山林（2000），基于1982—1998 年中国 29 个省份的数据，运用面板模型考察粮食生产的区域专业化特征与影响因素。在控制相关变量的情况下，得出了非农就业越严重，粮食产量增长越慢，不利于粮食生产区域专业化的结论。但是，伍山林（2000）的研究由于缺乏模型选择检验，以及遗漏重要解释变量，在一定程度上影响了结论的准确性。此后，陆文聪等（2008）、朱启荣（2009）、杨春等（2010）、杨万江等（2011）又分别以粮食、棉花为例对非农就业的影响加以考察，得出中国粮食和棉花生产将向人均耕地资源相对丰富、农民非农就业机会较少、务农机会成本较低的欠发达地区转移和集中的结论。

经济利益是理性农民生产决策的基础，是影响农业生产空间布局的根本原因。在社会主义市场经济环境下，价格越发能够真实反映资源的稀缺性（曹暕等，2005），农产品收益的提高将极大地激发农民的生产积极性，干预其资源配置行为，进而影响农业生产布局。宋雨河等（2014）的研究验证了农产品价格对农户种植决策有着显著的影响，程叶青（2009）的研究表明农产品价格变动对粮食单产格局变化的影响在不断加大。除绝对价格外，农产品之间的比价也影响农户的生产行为，一种农产品相对于替代农产品价格的提高将促进农户对该种农产品的专业化生产，继而改变生产布局（杨春等，2008）。农产品之间净收益的差异是影响农业生产布局的直接原因（钟甫宁等，2007；钟甫宁等，2008；朱启荣，2009）。

关于政府支持因素对农业生产空间布局影响的研究。政府支持是农业生产空间布局变动过程中重要的外部因素，政策指导、技术供给、平台搭建、社会化服务支持是政府功能发挥的主要渠道（李小建等，2009）。薛宇峰（2005）、钟甫宁等（2007）、黄季焜等（2007）、李炎子等（2012）指出，在经济体制改革或发生重大国计民生问题的情况下，政府会通过制定政策来引导农户行为、调整种植结构，进而影响农业生产空间布局。而在平常时期，政府则通过发放补贴、财政扶持、科技指导和市场培育等常规措施稳定农作物种植面积与单产（张怡，2014；纪龙等，2015）。

3. 农业产业空间集聚的经济效应

农业产业空间集聚的产业发展效应。从宏观角度来看，农业产业空间集聚式发展有助于农业产业发展。一直以来，有关产业集聚与产业发展之间关系的研究主要集中在工业产业和城市（Caballero and Lyons，1989，1992；Paul and Siegel，1999；Lucas，2001；Moretti，2004；Tveteras and Battese，2006；Combes et al.，2010）。但随着农业机械逐步取代劳动力，农业生产布局呈现区域化、规模化、专业化之势，农业产业集聚的快速发展令越来越多的学者将目光聚焦于其产业发展效应。王艳荣等（2012a）通过理论分析得出，当农业产业集聚形成后，规模经济与主体之间的协同发展优势，将进一步集聚更多生产主体与要素，形成累积循环效应，使生产效率与品牌效应不断提高，农业产业产量与产值增幅明显，实现农业产业集聚下的产业发展。邓宗兵等（2013a）、贾兴梅等（2014）、吴建寨等（2015）通过对中国种植业地理集聚程度变动与农业经济增长关系的实证检验，验证了农业产业集聚程度越高，产值增加越明显。这是由于作物的空间集中生产可以提高专业化水平并且在一定程度上形成市场定价能力，从而带动区域经济增长。史焱文等（2016）的研究表明，产业集聚会通过技术溢出促进经济增长，即在产业集聚区内，除地理邻近优势外，企业之间密切的关系网络更能影响产业集聚的创新性，进而带动产业发展。与此同时，Baldwin 等（2001）、Rosenthal 和 Strange（2006）、吴舒等（2016）的研究表明，农业产业集聚与农业经济增长之间还存在互相影响的关系，并且这一过程会不断自我强化。但是，也有研究表明，产业集聚与产业发展之间存在的相关关系并不显著（王艳荣，2012b）。

农业产业空间集聚的农民增收效应。从微观角度来看，农业产业空间集聚式发展有利于农民收入的增加。产业集聚的规模经济特性，即基于单个生产者规模扩大形成的内部规模经济，以及由于生产者集中形成的基础设施共享、知识外溢等外部经济带来产品单位成本降低、提高劳动生产率在工业产业中早已得到证实（Ciccone and Hall，1995；Ciccone，1998；范剑勇，2006；陈良文等，2008），这在农业领域也逐步得到验证（Henry et al.，1996；Scorsone，2002）。在中国，关于农业产业集聚增收效应的研究也在不断丰富，但主要集中在理论分析与定性描述方面（尹成杰，2002；郑风田等，2005；黄海平等，2010；王玉斌等，2012），利用计量方法进行实证检验的较少。其中，具有代表性的主要有王艳荣（2011b）基于安徽省砀山酥梨产业集聚区 1990—2009 年的时间序列数据，运用向量误差修正模型对产业集聚对农民增收效果的检验；陈利等（2015）、伍骏骞等（2017）基于县域数据，依托空间计量模型对经济集聚对农民收入影响的检验。研究结果表明，产业集聚通过共享、匹配与学习对农民收入产生影响，但增收的效果主要集中在本地区，区域间的影响并不明显。值得注意的是，Ciccone 和 Hall（1995）的研究表明，产业集聚不仅具有集聚优势，也会带来“拥挤”效应，过度的集聚反而会给劳动生产率带来负面影响进而造成集聚的扩散化。

1.2.2 关于农业专业村形成及经济效应的研究

1. 专业村的概念及空间演化

村庄是农民赖以生存和发展的基础，是农村行政与社会关系划分的基本单元，在农区发展中占据基础性地位。近年来，一批以村庄内大部分农户商品性从事一种或多种相互关联的生产或服务活动，并且以该产值构成这个村的社会产值主体的村庄不断涌现，并由于增收效应明显而成为各地政府积极推广、各地农民自发学习的对象。学者们对此产生了浓厚的兴趣，并将其定义为专业村（李小建等，2009）。尽管仍存在生产规模偏小、一二三产业融合程度较低、整体经济实力较弱等问题，但专业村的扩张势头仍然迅猛，并受亲缘、地缘、业缘等联系的影响，呈现出由点到面的集聚发展态势，集中分布趋势明显（乔家君等，2014；马玉玲等，2018）。专业村自身发展的活力，加之专业村扩散带来的规模经营与地理优势（吴娜琳等，2013），使专业村成为农业主产地发展的重要“有生力量”，作为我国区域农业专业化发展的基本空间载体而备受关注。

2. 专业村形成的影响因素

专业村被称为中国的“强农之路”，近年来学者们逐步对之开展研究，其中李小建、高更和、乔家君是该研究领域的代表人物。李小建等（2009）的研究表明，具有企业家精神的农户是专业村形成的核心影响因素；村庄的地理区位、资源禀赋、传统习惯和经济基础决定着专业村的发展方向；政府推进、市场、技术和宏观经济环境决定着专业村的数量和规模；模仿创新、网络联系、规模经济和分工经济则作为专业村形成与演化的机理，始终贯穿专业村的发展过程。高更和等（2011）的研究结论与李小建相一致，对专业村是依托当地资源禀赋、由“能人”带动模仿扩散并结合政府支持而形成的表示认同，并指出专业村的发展历程服从“S”形曲线创新传播规律。乔家君等（2014）还以河南省南阳市专业村为例验证了专业村发展壮大过程中的产业升级过程，与李小建等（2009）专业村都会经历由自发形成向有序推进转变、由资源依赖向市场导向转变、由以产品生产为主向产销一体化经营转变、由单纯依靠传统经验向运用先进农业科学技术转变的过程这一结论相一致。此外，吴娜琳等（2016）还从影响专业村消失的视角探索专业村可持续发展的路径。

3. 专业村发展的经济效应

专业村的发展对于提高农户收入具有重要影响。一方面，专业村的收入并不主要依赖传统粮食作物，而是在传统粮食作物以外寻求增长点，经营具有当地特色的项目，这不仅提高了作物的经济利润，还可以避免由外出务工导致的各种风险和社会关系中断，提高农业生产专业化水平，进而大范围提高农户收入（高更和等，2011）。另一方面，专业村中的“能人”，如企业家、村干部等能够依托丰富的社会关系、多元化的融资渠道推动专业村发展壮大，提高经济效益。此外，伴随专业村产业内分工的深化，村庄之间联系日益密切，彼此的发展与收益休戚相关（林炳全等，2017）。但是，由于专业村处于发展初期，存在市场主体发育落后、产业结构不合理、第一产业发展规模小、第二产业发展所需资金成本较高、现有服务业类别有限等问题，专业村的增收效果仍有较大的提升空间（赵萌等，2013）。

1.2.3 关于农业生产环境可持续发展现状的研究

资源环境承载能力、现有开发强度和发展潜力是影响我国农业可持续发展的重要因素，只有规范开发秩序、合理利用资源、科学保护环境，才能构建高效、协调、可持续发展的美好家园（杨伟民等，2012）。当前，气候变化和水资源短缺是严重威胁我国农业可持续发展的两大因素，对于主产地而言更是如此。

对农业低碳生产方面的研究取得了丰硕的成果，涵盖低碳农业概念界定、农业碳排放量的测算方法、农业碳减排的影响因素、农业低碳发展的生物路径选择、农业碳减排的潜力等方面（王珊珊等，2013；侯博等，2015；宋博等，2015；吴贤荣等，2015；宋博等，2016；田云等，2016；张灿强等，2016；陈儒等，2017；李波等，2017）。有关农户低碳生产的研究则主要包括低碳生产行为的定性分析，如减少农药、化肥的投入（Knowler et al.，2007）；采用低碳技术情况（祝华军等，2012）；基于二元离散选择模型或多元离散选择模型对农户低碳技术采用行为影响因素的实证检验（马骥等，2007；朱启荣等，2008；葛继红等，2011；李想等，2013；田云等，2015）；农田碳汇功能的生态补偿研究（李颖等，2014）；农户低碳生产的支付意愿研究（宋博等，2016）等，为推动中国农业生产节能减排作出了重要的贡献。事实上，相比降低农业碳强度，反映单位 CO_2 排放的经济产出，兼顾稳定大气中 CO_2 含量与保持经济增长双重目标的指标碳生产率在当前更需要被关注（Beinhocker，2008）。麦肯锡在《碳生产率挑战：抑制全球变化、保持经济增长》报告中指出，成功减缓气候变化的手段必须满足两个要求：一方面，稳定大气中的温室气体含量；另一方面，保持经济增长。近年来，尽管主要集中于工业领域，但碳生产率的重要性、影响因素与门槛效应、潜力与提升空间、区域差异与收敛逐步被纳入人们的视野（刘传江等，2015；高文静等，2017；李亚冬等，2017；李珊珊等，2018；姚晔等，2018）。在农业碳生产率影响因素研究领域中，宋博等（2016）和程琳琳等（2016，2018）的研究具有代表性。其中，宋博等（2016）以微观农户数据为基础，基于线性回归模型得出户主受教育程度、农业生产年限、农户专业化程度是影响农业碳生产效率（单位二氧化碳排放所得到的蔬菜产值）的重要因素的结论；程琳琳等（2016，2018）基于省际面板数据，运用空间计量模型测算得出城镇化是影响农业碳生产率（一定时期内农业产值与同期农业二氧化碳排放量之比）的重要因素的结论，同时省际农业碳生产率存在溢出效应与空间依赖性。

有关农业水资源节约利用的研究也成果颇丰，主要集中在区域水资源利用匹配性（陈军飞等，2018；武萍等，2018）、农业水资源利用效率影响因素与管理评价（马剑锋等，2018；王苗苗等，2018）、现代农业节水灌溉技术采用的影响因素与补偿标准（郭格等，2018；贺志武等，2018；贾蕊等，2018；刘静等，2018；薛彩霞等，2018；徐涛等，2018），以及节水农业建设存在的困境（饶静等，2017）等方面。其中，现代农业节水灌溉技术推广由于是最根本、最直接、最迅速地影响水资源利用效率的途径，受到学者们的广泛关注，而滴灌技术作为实验过程中节水效果最好的灌溉手段，对于滴灌技术采用影响因素的研究层出不穷。既有研究将影响滴灌技术采用的因素划分为以下几方面：一是农户家庭特征，如户主性别、年龄、文化程度、风险态度、对水资源知识及相关技术的了解程度、家庭经济状况与兼业程度；二是农业种植特征，如土地经营规模、地块细碎化程度；三是自然环境特征，如水资源稀缺程度、农业用水价格；四是政府支持等（刘红梅等，2008；王亦宁等，2010；贺志武等，2018；黄腾等，2018）。但是，既有研究主要从政府视角考察滴灌技术推广的作用机制，对农户滴灌技术采用的微观基础——增收需求，即对滴灌技术采用的经济效应的研究较为缺乏。应兼顾自然与经济的双重需求，以实现农业生产的可持续发展。

1.2.4 关于相关实证分析方法的梳理

1. 农业产业空间格局的分析方法

对农业产业空间格局，特别是产业空间集聚特征进行测算的常用指标有区位熵、行业集中度、泰尔指数、莫兰指数、空间基尼系数等，不同指标具有不同的特点（杨春等，2008；陆文聪等，2008；杨万江等，2011；叶长盛等，2011）。

区位熵（Location Quotient，LQ）由哈盖特提出，是衡量区域要素空间专业化分布情况比较有价值的指标，能够有效揭示区域优势产业发展状况（王欢芳等，2018；董承良等，2018）。区位熵由于资料获取便利、计算方法简便、结果分析直观、能较好地反映地区层面的产业集聚水平，一直以来被广泛运用。例如，姚成胜等（2016）、程鹏飞等（2019）分别运用区位熵指数考察了中国水产业的地理集聚特征，以及中国林业产业集聚程度。但是，区位熵指标一方面存在对区域内企业规模与集聚特征考虑不足的问题（王欢芳等，2018），另一方面则可能存在区位熵较大但规模较小的问题，即不能准确对某种产业是否具有专业化优势进行判断（黄修杰等，2017）。

行业集中度由市场集中度演变而来，以行业中规模最大的前 N 家企业占整个行业的规模或市场份额之比衡量，是常用的衡量产业集聚格局的指标。尽管行业集中度测算方法简便，但存在无法反映产业空间格局变动的局限。此外，行业集中度 N 的选取存在主观性问题（王欢芳等，2018）。但是，相比区位熵，其更好地考虑了地区的生产规模（姚成胜等，2016）。

泰尔指数立足不同空间尺度，能够有效表达出分布的空间差异性，可同时衡量空间组内差距和组间差距对总差距的贡献率（李雪铭等，2018）。孙才志等（2009a，2009b）分别利用泰尔指数检验了中国农产品虚拟水与耕地资源的区域时空差异、中国畜牧产品虚拟水的区域分布空间差异，具有代表性。

莫兰指数是揭示空间相关性的重要指标，通过该指标大于0、小于0或等于0来判断空间地理现象之间是正空间自相关性、负空间自相关性，还是不存在空间自相关性，且莫兰指数又分为全域莫兰指数和局域莫兰指数（张复宏等，2017）。吴玉鸣（2010）基于全域莫兰指数和局域莫兰指数提出，中国省域农业产出存在明显的空间依赖性，空间分布表现为局域集聚的特征，且区域农业产出的全域莫兰指数呈现出距离衰减特性。张复宏等（2017）利用全域莫兰指数与局域莫兰指数对中国苹果主产区环境全要素生产率的时空格局演化进行分析，得出近年来中国苹果主产区环境全要素生产率呈现空间负相关性特征的结论。

基尼系数最早是由经济学家基尼在1992年提出的，是用于衡量居民内部收入分配差异的重要指标（淳阳等，2018）。空间基尼系数则参考该原理，用来反映产业区域分布不均程度（黄修杰等，2017）与产业地理空间集聚水平（王欢芳等，2018）。姚成胜等（2016）、黄修杰等（2017）、董承良等（2018）运用空间基尼系数对中国农业产业、水产养殖产业等的区域布局进行了考察。但是，空间基尼系数与区位熵一样，不能将企业规模和地理区域等因素的差异纳入考虑范围（王欢芳等，2018）。

除上述指标外，为解决区域规模差异及区域行政边界问题，Ellison和Kerr（2010）的EG指数与Mareon和Puech（2003）的基于距离的集聚指标也有部分学者采用（冷志明，2010），但一方面其计算复杂，另一方面尽管对于判断个别区域在空间整体内的布局效果明显，但对于邻近区域的关系、空间整体中心的演变缺乏解释力度，因此并不被广泛采用。总体上看，指标之间各有优劣，常常被配合使用，以更全面、准确地反映区域空间布局状态。

2. 农业产业空间集聚形成的分析方法

早期学者们主要运用定性描述进行研究（周应恒，2007；李小建，2009；顾莉丽，2011；李小建等，2013），随着计量经济学的不断发展，基于计量模型检验农业产业空间集聚成因的研究日益丰富，具有能够基于数据准确判断各要素贡献程度及作用方向的优势。常用的模型有面板数据模型、空间计量模型与结构方程模型。

面板数据由于兼具时间序列和截面数据的优点，既能反映出时间层面的变化，又能体现同一时刻不同个体的差异，受到研究者们的欢迎（刘学良，2011）。面板数据模型的应用从20世纪80年代开始呈爆发增长，其中常用的面板数据模型分为两类，分别是固定效应模型和随机效应模型。在固定效应模型中，截距项是随机变量，与自变量变化有关。随机效应模型中的截距项虽然也是随机变量，但是它的变化与自变量无关，二者的取舍常用Hausman检验判断。杨春等（2008）、邓宗兵等（2013b）运用面板数据模型对中国粮食生产空间布局的驱动因素进行考察。

空间计量模型能够分析空间结构，处理空间相互作用，是一种在存在空间相关性的条件下反映空间变量之间关系的计量模型（潘泓旭，2015）。空间计量模型经过40余年的发展，形式丰富，包括只考虑因变量空间滞后项的空间滞后模型（SAR模型），只考虑误差项滞后项的空间误差模型（SEM模型），考虑因变量和误差项滞后项的广义空间自回归模型（SAC模型），考虑自变量和因变量空间滞后项的空间杜宾模型（SDM模型），考虑自变量和误差项滞后项的空间杜宾误差模型（SDEM模型）和考虑因变量、自变量与误差项空间滞后项的广义嵌套式空间模型（GNS模型）等（孙久文等，2014）。目前，较为常用的空间计量模型有两种，分别是空间滞后模型和空间误差模型。需要注意的是，只有存在空间自相关性的数据才有必要用空间计量模型估计。陆文聪等

(2008)、杨春等（2010）、杨万江等（2011）分别运用空间误差模型、空间滞后模型和空间误差模型、固定效应空间滞后面板模型对粮食生产空间格局的变动进行研究，证明粮食生产存在显著的空间相关效应。

结构方程模型兴起于 1973 年，由瑞典统计学家、心理测量学家提出，是综合运用多元回归分析、路径分析和确认型因子分析方法的统计分析工具。由于具有能够直接处理潜变量和测量误差的优点，尤其是在管理学、心理学等社会学科中受到广泛运用（贾新明等，2008）。结构方程模型的主要思想是在强大的理论支持下，通过推论和假设，利用联立方程组求解。它通常由两部分组成，分别是测量模型和结构模型（程开明，2006）。测量模型分为外生变量测量方程和内生变量测量方程，分别揭示了外源指标和外源潜变量、内生指标和内生潜变量之间的关系。结构模型则反映了内生、外源潜变量之间的关系。就产业集聚而言，由于产业集聚的概念及其影响因素往往很难用单一变量或单一维度变量表示，甚至无法用显变量描绘，因此传统回归方法容易引发由于遗漏重要变量而造成的有偏估计。周应恒等（2012）运用结构方程模型对农业主产地与产业集聚的成因进行实证检验，是当前具有重要价值的参考文献。

3. *农业产业空间集聚经济效应的分析方法*

具有代表性的空间集聚经济效应的研究方法有时间序列模型、面板数据模型、空间计量模型，以及少量社会网络模型。

格兰杰因果关系检验、向量误差修正模型、基于面板数据的向量自回归模型等被学者们运用于检验工业、农业产业集聚对经济增长的影响。格兰杰因果关系检验是利用时间序列数据检验经济变量之间是否具有因果关系，以及具有什么样因果关系较为简便的方法。孙铁山（2016）运用格兰杰因果关系方法对经济集聚、空间结构演化和地区经济增长的因果关系进行了验证。但是，格兰杰因果关系检验只能应用于时间序列数据，在检验前需要进行严格的检验，并且对样本滞后期长度的选择较为敏感，具有一定局限性。向量误差修正模型与基于面板数据的向量自回归模型在格兰杰因果关系检验的基础上进行拓展。其中，向量误差修正模型只能用于有协整关系的非平稳时间序列建模，使用 Johansen 协整检验判别协整关系；基于面板数据的向量自回归模型则在数据量和变量系统反馈等方面具有优势。陈建军等（2008）、贾兴梅等（2014）、吴舒等（2016）分别基于上述两种方法对我国产业集聚对索洛剩余及竞争力的影响、蔬菜产业集聚与产业成长的关系、农业产业集聚与农业经济增长的关系进行检验。

社会网络分析近年来逐步被应用于探索检验产业集聚的运行机制及效应。产业集群的优势在于集群创新氛围。当下，邻近性对集群创新的影响备受关注。但是，随着通信技术与交通设施的日益发展，地理邻近性被视为基础性特征，社会邻近、关系邻近、组织邻近、制度邻近、知识邻近的重要作用逐步被纳入研究视野（Amin and Conhendet，2003；Boschma，2005；Agrawal et al.，2008；李琳等，2012）。社会网络分析以“关系”为基本分析单位，采用图论工具、代数模型技术描述关系模式并探究这些关系模式对结构中成员或整体的影响，是一种针对“关系数据”的跨学科分析方法，在社会学、经济学、管理学等领域得到广泛应用，已成为一种新的研究范式，对农业产业集聚研究有一定的意义。史焱文等（2016）基于社会网络分析方法及多元线性回归模型，从多元邻近性视角探索蔬菜企业地理邻近、关系邻近对当地农业产业集群创新的影响，具有一定的启示性。但是，社会网络分析方法对于关系主体的数量、主体间关系判断的准确性有所要求。

此外，面板数据模型及空间计量模型也被用于检验产业集聚对产业发展的贡献（朱英明，2006；吴玉鸣等，2007；王艳荣等，2012a；邓宗兵等，2013a），二者已在前文加以介绍，在此不做赘述。

4. 农业环境可持续发展的分析方法

结合本研究的需要，重点对农业低碳生产与农业水资源节约利用的研究方法等文献进行综述。其中，对农业低碳生产的研究方法主要集中于碳生产率的相关研究，对农业水资源节约利用的梳理则集中于前文所述的最具有微观可操作性的滴灌技术采用的相关研究，具体如下：

关于碳生产率影响因素的研究主要集中在工业领域，基于面板数据模型（李亚冬等，2017；高文静等，2018）、空间计量模型（沈能等，2014）、门限回归模型（高文静等，2017；刘习平等，2017）等，验证了能源价格、研发投入、外商直接投资、政府干预、产业集聚、工业化、城镇化、污染治理等是影响碳生产率的重要因素。在对农业碳生产率影响因素的研究中，具有代表性的有宋博等（2016）基于联立方程组模型与似不相关回归方法，以北京市蔬菜种植户为例，对农户的专业化生产对农业产出和农业碳生产率的促进作用的研究，以及程琳琳等（2016，2018）运用空间计量模型，基于我国省级面板数据测算得出城镇化是影响农业碳生产率的重要因素结论的研究。

Logit、Probit、Tobit 等二元选择模型一直以来被应用于滴灌技术采用的影响因素检验中（刘亚克等，2011；王格玲等，2015；贾蕊等，2018；李玉贝等，2017；贺志武等，2018；胡伦等，2018）。当被解释变量为离散、分类或是顺序变量的情况时，运用最小二乘法对模型估计会造成结果的有偏无效（刘亚克等，2011），离散选择模型则在估计被解释变量取值为有限的离散结果时具有突出优势，二元选择模型对于因变量是农户是否采用滴灌技术的模型而言具有较强的适用性。与此同时，在二元选择模型的基础上，学者们在估计方法上进行拓展，令对农户滴灌技术采用影响因素的研究更加丰富细致，如在 Logit 模型估计过程中增加中介效应估计。以贺志武等（2018）为代表的研究表明，农户风险偏好会通过风险认知的中介作用，间接影响农户节水灌溉技术采用的意愿；王格玲等（2015）运用分位数回归检验社会网络与农户节水灌溉技术采用之间的关系，得出社会网络对农户节水灌溉技术采用的影响总体上呈现倒“U”形关系的结论，并用门限回归模型对社会网络指数及结构与农户节水灌溉技术采用之间的倒“U”形关系进行稳健性检验；乔丹等（2017）运用结构方程模型检验社会网络对节水灌溉技术采用影响的直接效应与间接效应。此外，黄腾等（2018）还在农户节水技术采用成因分析的基础上进行拓展，运用内生转换模型分析有效节水灌溉技术采用对农业收入的影响，对本研究有重要的启示意义。

1.2.5 已有国内外相关研究的特点与评述

通过对文献的梳理可以将已有研究的特点归纳为以下几点：

第一，改革开放以来，中国农业生产地理集聚水平不断增强，主产地带状或块状分布逐步成为农业产业新格局。同时，主产地明显的区域化、专业化特征，即产业集聚发展模式，带来了明显的增收效果。对此，学者们从主产地的演变特征、形成原因及经济效应等角度进行系统梳理、深入探讨，为本研究的现实性与可行性奠定了坚实的基础。

第二，在主产地内部，农业生产呈现出多层次发展格局，农业专业村不仅是农业主产地发展最基础的空间单元，也是结合中国国情下最适合激发农业发展活力的新型组织形式。目前，对于专业村优势的发掘主要集中于成因及经济效应层面，仍有广阔的拓展空间。

第三，现有研究运用区位熵、行业集中度、泰尔指数、莫兰指数、空间基尼系数等多种统计指标探究农业产业空间格局变化规律，运用面板数据模型、空间计量模型、结构方程模型等对农业产业空间集聚形成因素进行检验，运用时间序列模型、面板数据模型、空间计量模型、社会网络模型、门限回归模型、分位数模型等对产业集聚特征带来的经济效应进行检验，为本研究方法选择提供了颇有价值的参考。

从对国内外已有文献的详细梳理可以看出，现有研究在以下几个方面尚有待完善和深化：

第一，以村庄为基本空间单元的农业主产地，其产业集聚表现形式虽依托专业村内部及外部的产业集聚特征，但是当前对以省域为单元的主产地集聚形成的研究有余，对专业村形成机制的研究不足。事实上，在不同地理尺度上的集聚有不同的形式、成因及效应，对具有基础性地位的专业村的形成及效应进行深入研究，不仅符合我国国情的现实需要，还需要在理论上取得突破。

第二，现有研究对主产地产业集聚的经济效应分析得较为充分，对农业生产要素配置与环境可持续效应的分析则略显不足，对专业村集聚效应的研究也集中在经济领域，并且以描述性分析为主。当前，乡村振兴战略指明了保障农产品有效供给、促进农民持续快速增收和农业可持续发展的方向，着力提高农业发展质量效益和竞争力，走产出高效、产品安全、资源节约、环境友好的农业现代化发展道路。由此观之，对专业村产业集聚特征是否有利于经济发展、资源配置优化，以及环境可持续进行系统的理论推理与实证检验迫在眉睫。

第三，对于不同层次的研究对象，研究方法的选择将有所差异，从省域或县域等宏观视角的研究在方法选择时必将区别于从村域或农户层面等微观视角的研究，既有研究为本研究方法的选择提供了重要的参考，但在测算过程中，本研究将选择更加适合的方法。

第四，主产地专业村发展呈现集中“连片”趋势，但现有研究对专业村的协同发展缺乏考察。专业村之间比较优势不同，在蔬菜生产供大于求的背景下，村际分工协作、扬长避短，形成多样化的竞争策略是必然趋势。目前，国内只有少数相关研究停留在定性描述上。

1.2.6 本书的研究视角

本研究借鉴已有研究，展开对我国蔬菜专业村的分析，着眼于以下几个方面的拓展：第一，创新融合既有理论，梳理专业村形成机制、产业集聚特征下的作用机理，并预期效果；第二，对中国蔬菜生产空间格局进行全面描述，明确专业村在主产地中的基础性地位，探索专业村与主产地发展的互动关系；第三，梳理专业村的形成机制及驱动因素，并进行实证检验；第四，检验专业村产业集聚特征对专业村的经济发展、农业生产要素配置效率、环境可持续发展的影响作用；第五，探索专业村之间的协同发展潜力，提出相关政策建议。

1.3 研究内容和技术路线

1.3.1 研究目标与研究内容

本研究的总体目标是从村级视角出发，研究蔬菜专业村的形成机制，并基于产业集聚的溢出机理，把握蔬菜专业村的形成对其经济发展、农业生产要素配置优化、环境可持续发展的作用途径及效果，并考察专业村协同发展的可能性及方向，为保障蔬菜有效供给、促进农民持续快速增收、推动农业持续发展、提高农业发展竞争力提供参考依据。本研究的具体目标主要如下：

第一，综合梳理产业集聚的相关理论，构建专业村形成及效应的理论框架，奠定全书的理论分析与实证基础。

第二，明确蔬菜专业村与主产地的层级关系及其关键地位，丰富与完善蔬菜专业村的形成机制研究，从村级视角出发把握蔬菜主产地发展壮大的驱动因素。

第三，进行蔬菜专业村的溢出效应研究，即把握基于产业集聚发展模式的溢出机制对专业村经济发展、农业生产要素配置效率与环境可持续发展潜力产生的影响。

第四，通过对处于不同发展阶段，具有差异性比较优势的蔬菜专业村进行优势互补分析，把握专业村之间协同发展的可能性及发展方向。

基于研究目标，本研究以农业经济学、新经济地理学、环境经济学等学科理论为指导，综合采用定性分析方法与计量模型等定量分析方法开展对蔬菜专业村发展及相关问题的研究，具体研究内容如下：

第一部分是蔬菜专业村形成及其效应的理论分析。全面梳理新古典贸易理论（比较优势理论、要素禀赋理论、内生比较优势理论）、集聚理论（杜能农业区位理论、马歇尔产业区理论、韦伯工业区位理论、新经济地理学理论、波特竞争优势理论）、与集聚相关的其他理论（分工专业化理论、熊彼特的创新产业集聚理论、威廉姆森假说），对蔬菜专业村的形成机制及溢出机制与效应从理论层面阐释，位于本书第2章。

第二部分是蔬菜专业村的形成机制及驱动因素分析。在对我国蔬菜主产地的时空格局进行层次分析，明确蔬菜专业村在主产地中的基础性与核心地位的基础上，结合第一部分理论分析，构建专业村形成机制的理论框架，并选取自然资源、人力资本、技术储备、标准化生产、市场需求、政府支持等为专业村形成的驱动因素。在具体建模过程中，为了能更丰富、多维地反映各驱动因素，采用结构方程模型对基于农户调研的数据进行实证检验，位于本书第3章至第5章。

第三部分是对蔬菜专业村溢出效应的研究，即分别检验专业村基于产业集聚发展模式的溢出机制对专业村经济、农业生产要素配置、环境可持续发展3个方面的影响作用，具体如下：

专业村的经济效应。首先，对专业村的经营体系、生产体系、产业体系发展情况进行分析，对专业村产业发展现状形成直观认识。在此基础上，结合第一部分理论分析，梳理专业村产业集聚发展模式对本村农民收入的溢出机理，提出相关假设，并构建联立方程组模型加以验证。同时，进一步对专业村之间的溢出关系提出假设，并构建空间计量模型加以验证，位于本书第6章。

专业村的农业生产要素配置效应。结合第一部分理论分析，梳理专业村产业集聚发展模式对农业生产要素配置效率的溢出机理，提出相关假设，并运用异质性随机前沿函数模型、分位数模型、样条模型等验证产业集聚如何影响蔬菜生产技术效率，位于本书第 7 章。

专业村的环境效应。一方面，探索产业集聚发展模式对农业碳生产率的影响；另一方面，探索产业集聚发展模式如何通过影响节水技术采用而影响水资源利用率，进而影响专业村环境的可持续。具体而言，结合第一部分理论分析，提出相关假设，通过联立方程组模型、门限回归模型等进行验证，位于本书第 8 章。

第四部分是对蔬菜专业村产业集聚发展模式下的溢出效应的汇总与对专业村协同发展的探索。包括对全书专业村产业集聚影响效果的汇总，以及结合专业村自身发展阶段与差异性比较优势，采用描述分析方法探索专业村之间协同发展的潜力部分，位于本书第 9 章。

1.3.2 研究的技术路线

本研究采用理论与实证分析相结合的方法，全方位、多角度评价我国蔬菜专业村的成因、效应及发展前景。结合对已有相关研究成果的梳理、总结与上述研究目的和研究内容，概括具体研究思路如下：一是对新古典贸易理论与产业集聚及相关理论进行梳理、分析，构建专业村形成及效应的全书理论框架与实证基础。二是在分析我国蔬菜主产地空间格局演变，明确蔬菜专业村基础性与核心地位及其与各层级产地互动关系的基础上，探索蔬菜专业村的形成机制、驱动因素，并展开实证检验。三是检验蔬菜专业村产业集聚发展模式对专业村经济、农业生产要素配置及环境可持续发展的溢出效应。四是全面汇总蔬菜专业村形成的溢出效应，并探索专业村之间协同发展潜力。五是归纳总结全书，得到相关对策建议。

在研究方法上，本研究采用理论分析与实证分析相结合、定性分析与定量分析互补的方式，展开全书研究。理论分析方法包括理论分析法、文献研读法、归纳法；实证分析方法包括描述统计分析、计量经济分析等。其中，运用文献研读法、理论分析法、归纳法梳理既有理论与文献成果，为本研究的逻辑思路、理论分析、方法选择提供借鉴。描述统计分析法主要用于对蔬菜主产地的空间层级及蔬菜专业村发展地位与现状进行初步分析，具体包括行业集中度、区位熵、莫兰指数、锡尔熵、空间基尼系数、比较优势指数等。此外也应用于对蔬菜专业村协同发展的分析。计量经济分析法是验证本研究目标假设的重要手段，主要包括结构方程模型、联立方程组模型、空间计量模型、异质性随机函数模型、分位数模型、样条回归模型、门限回归模型等。

本研究整体的分析逻辑路线图如图 1－1 所示。

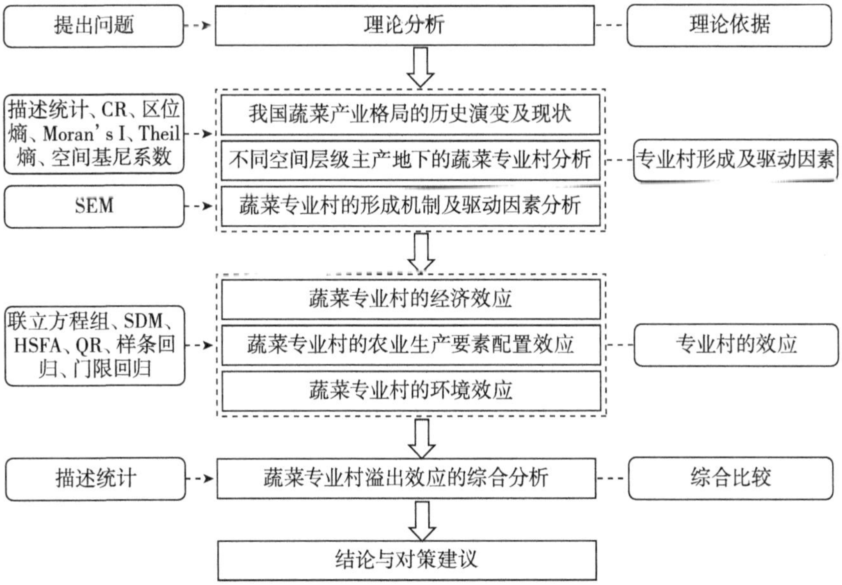

图 1－1　分析逻辑路线图

1.4 可能的创新

本研究在以往相关研究的基础上，对我国蔬菜专业村的形成及产业集聚发展模式下的溢出效应进行全面分析，可能的创新点主要体现在以下几个方面：

第一，构建了对专业村形成及其效应的系统分析研究框架。在既有相关领域的理论和实证分析中，以国家、地区等宏观区域为单元，以农户等微观个体为单元的研究较为多见，以村为单元的经济学分析尚属少见。专业村是主产地的基础空间单元，也是社会关系与行政规划的基本载体，还是承担着维护环境可持续发展职责的能动主体。本研究从既有关于农业主产地的复杂研究中抽丝剥茧，直指主产地的关键单元——专业村。首先，明确蔬菜专业村在多层次产地格局中的基础性地位，以及专业村与各层级产地的联动关系；其次，探索蔬菜专业村的形成机制及驱动因素；再次，对专业村的产业集聚发展特征进行分析，并展开对技术溢出、社会化服务共享、基础设施共享与要素集聚等溢出机制如何影响专业村经济发展、农业生产要素配置效率与环境可持续潜力的多维度评价；最后，系统梳理专业村产业集聚发展模式下的优势与问题，探索专业村之间协同发展方向，提出因地制宜发展乡村特色产业、有效对接小农户与大市场、激发农村发展活力、实现主产地环境可持续发展的相应对策。

第二，进一步完善了产业集聚理论在农业领域中的应用。专业村实质上是村域尺度上的产业集聚，但到目前为止，鲜有成果从理论上系统、全面考察专业村的形成机制及其产业集聚特征带来的影响。本研究在对既有理论进行梳理的基础上，对产业集聚如何影响农村经济、农业生产要素配置，以及环境可持续展开机制分析，而对该问题的探索，一方面丰富了不同地理尺度与产业层面的产业集聚理论研究，另一方面也是进行相关问题实证分析的基础。

第三，在对专业村的数量经济分析方法上表现出特色。基于经济学理论与专业村发展，运用实证分析方法对村域尺度上的产业集聚理论展开了检验：一方面，在产业集聚的溢出机制——技术溢出、社会化服务共享、基础设施共享与要素集聚的对应变量选择上对既有研究进行了丰富；另一方面，综合考虑理论需要、样本特性与数据可行性，选择更加适合、能有效完成研究目的的计量方法，如结构方程模型、联立方程组模型、异质性随机前沿函数模型、分位数模型、门限回归模型等对理论假设进行检验。

2　蔬菜专业村的理论分析

早在20世纪初就有学者提出产业集聚的重要价值，即工业组织将工厂集中在特定的地方，能够降低成本、促进技术进步、提高劳动生产率，直至今日这已成为学术界的共识。尽管产业集聚在农业领域的应用起步较晚，但建设和培育规模化、特色化和专业化的农业地理集聚区已成为世界农业发展的重要趋势，国外学者们对此展开研究，并取得了一定成效。在中国农业产业集聚快速发展的背景下，既有研究为开展相关研究提供了重要的理论参考。本章内容包含对本研究中涉及的关键概念的界定，对产业集聚及其溢出效应所涉及的经济理论的系统性分析与归纳总结，创新融合既有理论与中国农业发展国情，提出系统的蔬菜专业村形成及其效应的理论框架，为全书奠定理论基础。

2.1　相关概念界定

本小节对全书的关键概念，即农业产业集聚、主产地、专业村、溢出效应进行界定，以便利而准确地理解全书。

2.1.1　农业产业集聚

产业集聚的概念最早由马歇尔于19世纪90年代在其著作《经济学原理》中提出。马歇尔指出，产业集聚的三个核心优势在于：一是集聚区内有专业化投入和服务的发展；二是集聚区的“劳动力池”效应，即提供拥有专业化技能工人集中的市场；三是集聚区内的企业可以通过知识与技术溢出获得额外收益。由厂商地理集聚形成的外部性，带来行业的规模经济与范围经济，有利于劳动生产率的提高、技术的创新，并带来集聚区内产业的发展与竞争力的提升（张元智，2001）。产业集聚现象的普遍性及其巨大优势，使这一概念自提出以来便一直受到广泛关注。在马歇尔之后，韦伯的工业区位理论、熊彼特创新产业集聚理论、克鲁格曼的新经济地理学理论等层出不穷，为产业集聚研究奠定了坚实的理论基础。随后，波特的竞争优势理论给出了关于产业集聚（集群）比较权威的定义，即产业集聚是一组地理上相互邻近，处于同一或相关产业领域的生产者和相关支持机构，基于相同特征与互补特征而联系在一起，并形成强劲持续竞争优势的现象。

随着工业化进程的不断推进，农业机械逐步取代劳动力，农业生产规模化、专业化、区域化成为世界农业发展的重要趋势。经济合作与发展组织（OECD）对农业产业集聚概念进行了初步界定，即以农产品的生产基地为中心，具有共性或互补性的、数量相当的相关企业与关联支撑机构和生产基地紧密结合，形成的有机群体。伴随中国对外开放与市场化改革的双重推进，各地区发挥比较优势，农业生产亦呈现区域化布局之势。国内学者们对农业产业集聚的概念进行了相关探索，但其往往对于农业产业集聚、农业产业集群、农业区域专业化等概念不加以区分，并基于概念上的相似性替换使用（吴娜琳，2014）。考虑到这三个定义之间均涵盖了“以自然禀赋为基础，农户、合作社、龙头企业等主体有机合作，在特定区域内规模化布局、产业化发展、专业化生产，形成一定空间范围的适度集聚，专门生产一种或几种农产品，充分发挥规模经济、比较优势，提升市场竞争力”等内容，本书亦将农业产业集群、农业区域专业化生产并称为农业产业集聚。农业产业集聚作为产业集聚的子部分，拥有产业集聚的优势。亦有研究认为，集群是集聚的另一种表现形式，是集聚发展从初级阶段向高级阶段过渡的过程，集聚是集群的必要条件，只有集聚主体间的关系发展到一定程度，方可称为集群。换言之，集群的质量较集聚更胜一筹。

2.1.2 主产地

主产地的概念可以追溯到日本学者对主产地形成理论的研究，其是指达到一定规模的，内部有大部分农户从事同类农产品生产经营的地区。具体而言，学者们从不同视角出发，对主产地的概念进行了诠释。浅见淳之（1989）基于理性人视角，认为主产地是由于供需双方在某特定农产品市场中的均衡博弈，作出的有利可图的竞争性决策的结果。武部隆（1993）立足农业经营学，认为某地区某农产品在生产所在地市场上获得了确定的评价，并且配套有大量流通主体共同推动该产品发展，构成了产地的两大主要特征。崛田忠夫（1976）从农业生产和内部组织的角度，认为产地形成是由于农业生产活动的空间分布与结构及其在时间过程中的变迁。在时间与空间的演进下，具有相同或相似区域环境的农业生产相互依存、有机发展，最终形成农业产地。结合生产的广度、密度与方法，市场评价及农户组织程度等判断指标可将主产地的发展过程归纳为生产地区、产地、主产地以及高度主产地 4 个阶段（卢凌霄，2008）。

国内研究对主产地虽然没有统一的定义，但可以概括为农业区域化、专业化进行到一定阶段而表现出的生产经营者在地理上集中的特点，是自然资源禀赋、技术支持、交通条件、市场经济等发展到一定程度的产物。其具有如下几个特征：一是拥有资源禀赋优势；二是以农户地理集中生产为基础；三是空间上相对集聚；四是规模化、专业化生产；五是在保障国家主要农产品有效供给中占基础性地位（赵波，2011；顾莉丽等，2011）。本研究中，将主产地定义为充分发掘当地优势，以农户地理集中生产某项主要产物为基础，在政府、农业企业与农业社会化服务组织的共同支持下，进行规模化、专业化、标准化、品牌化生产的主要农产品供给区域，其可以视为农业产业集聚的宏观表现形式。

2.1.3 专业村

我国对专业村概念的界定最早来自孙洪志（1982）的研究，他以村中从事专业生产的农户数量及其收入，以及村庄是否以“一业”作为判断是否专业村的主要标准。具体而言，用专业收入占基本核算单位收入50%以上的专业户是否占村中农户总数的30%以上衡量。李小建、乔家君等是专业村领域研究的领军人物，结合时代发展对专业村的概念加以更新并获得了广泛的认可，即在村庄内有大部分农户商品性地从事一种或多种相互关联的生产或服务活动，并且以该产值构成这个村的社会产值主体，这样的村庄被称为专业村（李小建等，2009；乔家君等，2013）。一般而言，可基于产业、产品、收入，或者组织形式等标准，判断村庄是否专业村。但李小建等（2009）也指出，可以因地制宜采取与当地情况相符的标准，即将一些尽管还存在问题但已经出现很好的经济发展效果或发展前景的村庄作为专业村，这样有利于适应不同地区的异质性发展水平并更灵活地反映各地区专业村发展潜力。本书结合专业村的概念，将书中的蔬菜专业村定义为依托当地资源、技术、市场与政策支持，在村庄范围内拥有大部分商品性地从事蔬菜生产的农户，建设有提供专业化产品与服务的社会化服务组织，配备相对完善的基础设施，具有较大吸引现代要素集聚的潜力，并以蔬菜产值构成该村社会产值主体的村庄，或是村庄蔬菜产业发展具有较大发展潜力的村庄。

从现实出发，专业村是主产地的基本空间单元，从概念上看，也可以视为农业产业集聚的微观表现形式。由此观之，结合中国国情，主产地富有更加丰富的含义，是一个多层次立体概念。农民是主产地形成与发展的能动主体，基于当地的资源禀赋与技术储备开展农业生产，在市场需求与政策支持的引导下，通过个别成功农户的示范，带动更多农户开展地理集中生产，并依托市场与交通条件等吸引更多要素集聚，形成小型专业化的产地，而在区域生产要素流动的影响下，形成了更大范围的主产地，即走上了一条“一户带多户、多户带全村、一村带多村、多村连成片”的圈层扩散式发展道路，形成了专业村（镇）片区、主产地、产业带的动态演变。

专业村与主产地的关系如图 2－1 所示。

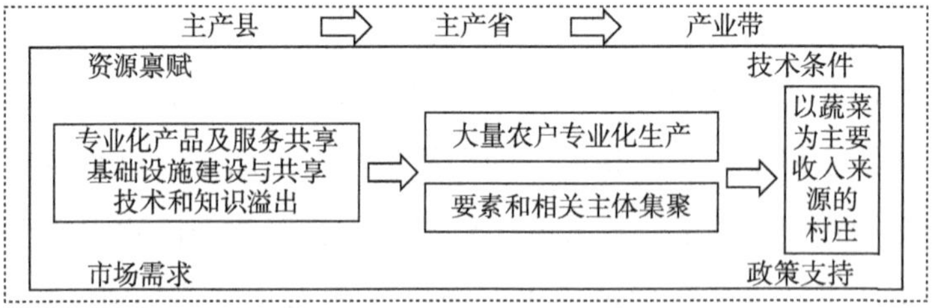

图 2－1　专业村与不同空间层次主产地框架图

2.1.4　溢出效应

溢出的概念最早由马歇尔提出，用于解释马歇尔外部性，即外部规模经济，是产业集聚发展模式的成因与内生动力。具体而言，溢出机制包括以下几方面：第一，建立在人力资本和面对面交流基础上的高度专业化的劳动力之间的知识与思想溢出；第二，专业化投入服务的可得性；第三，现代基础设施的存在与共享；第四，大规模生产，这是一种行业规模经济和范围经济。在集聚区内，企业基于溢出机制实现规模报酬递增，带来劳动生产率提高、技术创新，实现集聚区内产业的发展与竞争力的提升。西托夫斯基（1954）还将这种外部性分为技术的外部性和资金的外部性。前者主要指不经由市场交互作用的影响，后者则主要指必须参与到依托价格机制的市场交换中产生的影响。斯蒂格利茨（1997）也给出了溢出效应的定义，即经济活动中产生的非预期效果，对活动主体外的其他人与环境产生的非补偿性影响。

在本研究中，溢出效应主要指农业产业集聚发展模式下经由溢出机制对专业村发展产生的影响。具体而言，大量农户与相关经济组织的空间集中形成以村为单元的规模化生产经营，一是有利于为经营主体间的交流提供便利条件，有利于信息、技术，特别是缄默知识和黏性知识的传播；二是有利于获得以合作社为代表的社会化服务组织提供的专业化投入和服务的发展；三是有利于推进基础设施的建设并提高利用率，吸引更多现代化要素集聚，而在这些溢出机制的作用下，对专业村的经济、农业生产要素配置效率，以及环境可持续发展产生的影响被称为溢出效应。在本研究中，溢出效应反映在多个层面上，既包含对微观层面农户的影响，又包括对中观层面蔬菜产业及相关辅助产业的影响，即本专业村的产业集聚发展模式通过溢出机制对本村农户与蔬菜产业发展产生的溢出效应，还涵盖对宏观层面专业村之间的影响，即专业村之间基于存在空间黏性的技术、资本、劳动力等要素的辐射溢出产生的溢出结果。此外，尽管专业村的溢出效应具有“一户带多户，一村带多村”的动态特征，但本研究采用截面数据，故主要对当前溢出机制产生的影响进行分析与测算，这也是未来可以进一步丰富和完善的地方。

2.2 理论基础及分析

本研究的核心理论基础是产业集聚及其相关理论，这些理论搭建了专业村形成及优势发挥的逻辑框架，是本研究赖以开展的根基，是实施实证检验的依托。

产业集聚的相关思路可追溯至亚当·斯密时期，从新古典贸易理论中的区域分工专业化中可见一斑。随后，杜能的农业区位理论、马歇尔的产业区理论、韦伯的工业区位理论、克鲁格曼的新经济地理学理论，直至波特的竞争优势理论都在不断丰富产业集聚现象的理论基础。此外，分工专业化理论、熊彼特的创新产业集聚理论，以及威廉姆森假说也对产业集聚形成的优势与问题加以阐释，丰富了本研究的理论内涵。

本小节首先对既有理论进行梳理，并分析既有理论在农业领域的适用性，在此基础上构建起蔬菜专业村形成及如何依托产业集聚发展模式带来溢出效应的基本逻辑框架，为后续研究奠定基础。

2.2.1 新古典贸易理论

1. 比较优势理论

产业布局与区域化分工可追溯至由亚当·斯密提出的绝对优势理论。亚当·斯密认为商品交换产生于绝对优势，如果一个国家或地区由于自然条件、资源禀赋、技术条件等优势能够比其他国家或地区更擅长生产某种产品，那么它便应专门从事该产品生产，并用以交换其他国家或地区擅长生产的产品。但是，该理论的主要局限在于，以绝对成本衡量国家间的贸易将使处于绝对劣势的国家或地区无法参加贸易，这与现实情况不符。李嘉图在亚当·斯密绝对优势理论的基础上形成了相对优势理论，指出即使是处于绝对劣势的国家或地区，只要该区域内部的产品之间存在差异性劣势，就可以通过专门生产具有相对优势的产品参与贸易分工，继而获得需要消耗较高成本的产品的利益。亚当·斯密与李嘉图都认为专业化产生于比较优势，但相较于亚当·斯密的内生专业化，李嘉图的外生专业化更符合现实，对区域化布局与专业化生产的研究思路更有指导意义、适用性更强。图 2－2 直观展示了比较优势理论的核心，两条线分别为甲、乙两国生产 A、B 两种产品的生产可能性边界，两条线的斜率分别代表了甲、乙两国分别用 A 产品生产来衡量 B 产品生产的机会成本。如图可知，相比乙国，甲国生产 B 产品的机会成本更高。因此，甲国需要通过生产并出口 A 产品来与乙国贸易，换取 B 产品。

2. 要素禀赋理论

赫克歇尔和俄林在比较优势理论的基础上进一步提出了要素禀赋理

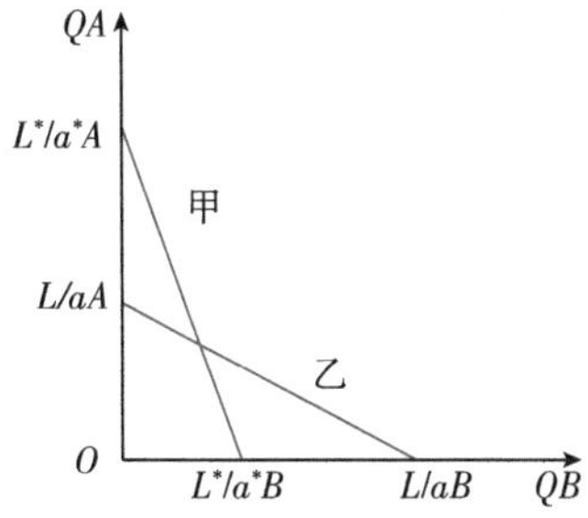

图 2－2　比较优势理论

论，该理论假定两个国家分别生产两种产品，具有相同的技术和生产函数，不存在规模经济，商品市场和要素市场是完全竞争的，并且国家之间贸易自由。这样的假设意味着，各国的比较优势主要产生于本地拥有的不同的生产要素，出售由充足的要素生产的产品，买入由稀缺的要素生产的产品，以此实现比较优势，更加直观地反映了土地、资本、劳动与技术等要素禀赋差异对区域分工的影响，则图 2－2 可转化为图 2－3。其中，令 *A* 产品为劳动密集型产品，则甲国为劳动丰裕的国家，*B* 产品为资本密集型产品，乙国为资本丰裕的国家，甲国的生产可能性曲线更偏向于 *QA* 轴，乙国的生产可能性曲线更偏向于 *QB* 轴，甲国通过生产并出口 *A* 产品与乙国生产的 *B* 产品交换。

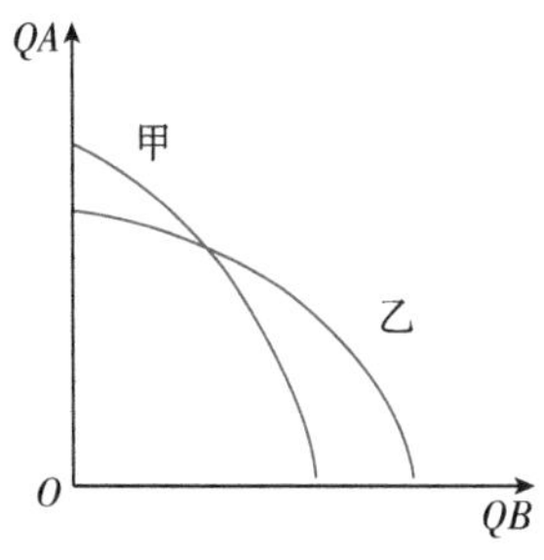

图 2－3　要素禀赋理论

要素禀赋理论对于立足自然再生产的农业而言更加重要。对自然资源依赖的不可替代性，使农业生产区域选择对于自然资源（土地、水资源)、气候条件等的选择更加严格，这不仅是当地能否进行农业生产，也是当地能否获得比较优势进行经济再生产的基础，还是农业产业布局的决定性因素。尽管要素禀赋理论中也考虑了商品运输费用及其他要素流动成本，但是仍在规模报酬不变与完全竞争的框架下对区域分工进行分析，这意味着区域分工专业化仍是由外生禀赋差异所决定的。

3. 内生比较优势理论

杨小凯在前述理论的基础上提出内生比较优势理论，更贴近现实。杨小凯指出，内生比较优势是通过后天的经验积累、专业化学习或技术创新等人为方式获得的，是比较优势的内生化和动态化。具体而言，分工专业化可以通过“熟能生巧”提高一国或地区的生产效率，而伴随生产效率的提升，比较优势将会进一步提高，形成正向循环促进作用。这意味着，对于缺乏比较优势的国家或地区而言，对于分工过程的参与能推进其自发获得并实现内生比较优势。

在农业领域，自然禀赋约束是难以逾越的标准，人力资本与技术运用则可以通过训练、培养得到强化。以家庭为单位的农业生产主体——农户是农业生产活动的主要执行者，农户生产水平决定了农业发展水平，是影响区域农业比较优势形成的关键因素之一。在生产过程中，“干中学”是农户提高技术储备与田间管理水平的主要方式，多年来积累的农业生产经验有助于农户在重复生产过程中提高资源配置效率，并且在应对突发灾害时更加娴熟。由此观之，相比文化素质低、种植经验少、培训经历不足的农户而言，受教育年限与种植年限更长、接受过技术培训的农户在生产中会更富有比较优势，从农业生产中获得的收益更高，更容易形成专业化生产，更容易形成农业优势产区并发展壮大。

2.2.2 集聚理论的发展变化

1. 杜能农业区位理论

空间是人类经济活动的基础，早期经济学家却一直忽略了空间因素对人类经济活动的影响。在很长一段时间内，空间因素一直难登主流经济学的"大雅之堂"，完全竞争、规模报酬递减（不变）、商品可以贸易且运输成本为零，是传统经济理论的基本假设。在这样的背景下，是杜能将运输成本作为区位分析的起点，提出了农业生产布局中地租和运输成本之间的替代关系，发现了农业区形成的动力。在地租与运输成本的共同作用下，杜能的孤立国以城市为中心，由内向外依次排列形成6个生产同心圆，从第一圈发展生鲜易腐或运输成本大的产业，如蔬菜、水果，直至第六圈发展运输成本较小的产业，如畜牧业。

式（2-1）展示了杜能区位理论形成机制。

$$R = PQ - CQ - KtQ = (P - C - Kt)Q \tag{2-1}$$

其中，R 为地租收入；P 为农产品市场价格，C 为单位农产品生产成本，Q 为农产品总产量（销售量），K 为生产地与城市（市场）的距离，t 为农产品运费率。

据此，图2-4展示了"杜能圈"格局，由地租曲线组成。具体而言，每种作物都有一条地租曲线，其斜率大小由运费率决定，不容易运输的农作物斜率较大，容易运输的农作物斜率较小，构成了杜能圈层式农业土地利用结构。

2. 马歇尔产业区理论

马歇尔在《经济学原理》一书中写到，劳动力市场共享、中间产品和技术外溢3个因素是工业组织专门集中于特定地方从事生产的原动力，也是后果。马歇尔从新古典经济学的角度，以工业组织为例，说明除自然禀赋、市场需求与政治影响外，企业追求外部规模经济获得收益

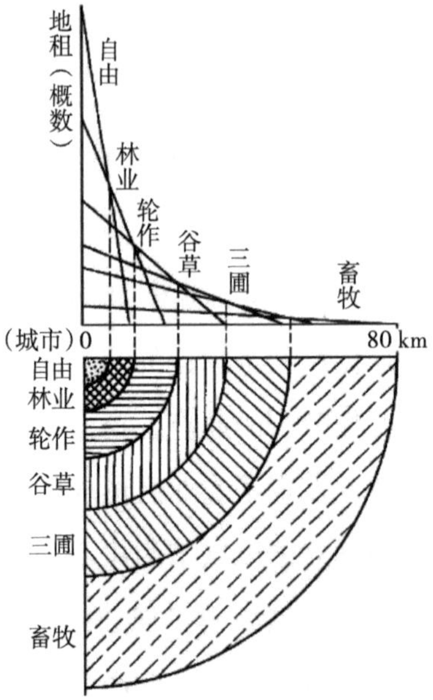

图 2-4 "杜能圈"格局

是导致企业在特定地区形成集聚的重要原因。具体而言，中间投入品、公共基础设施和专业化服务的共享促进了分工的深化；大型劳动力市场的形成促进了企业获得更稳定的劳动供给，并保障了劳动者的稳定就业；集聚区技术和知识的溢出促进了新思想、新技术和新知识的迅速扩散，即要素共享、劳动力池和技术溢出三者共同作用形成规模报酬递增优势，进而实现集聚区技术进步、生产率提升、竞争力加强，如图 2-5 所示。

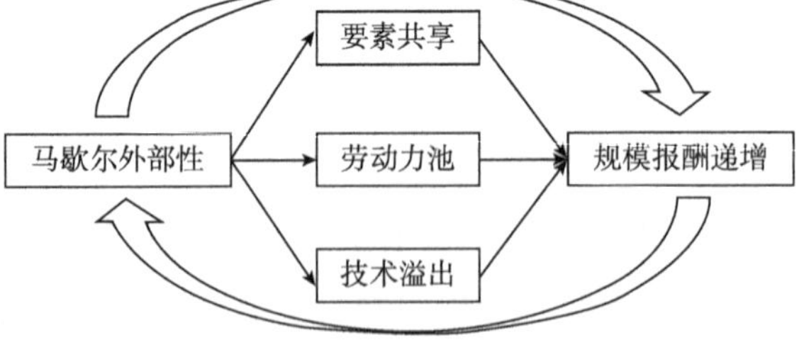

图 2-5 马歇尔产业区理论

在农业产业中，由于生产过程具有高交易成本，高度依赖密集投入土地资源和劳动力资源的特征，使农业生产更倾向于向优势区域集中，从而形成主产地，以充分利用资源禀赋优势降低专业资产投资风险，提高基础设施及相关服务的利用率等。反之，集聚发展模式下的马歇尔外部性也会形成规模报酬递增特性，强化本地优势，使优势区进一步发展壮大，形成“集聚→规模报酬递增→集聚”的正向循环。

3. 韦伯工业区位理论

韦伯的《工业区位论》一书奠定了韦伯工业区位理论奠基人的地位。韦伯所研究的核心问题是，是什么力量导致了企业区位的选择，以及区位的转移，这对集聚理论发展有着重要意义。韦伯工业区位理论的前提是：费用最小的区位是最好的区位。韦伯认为，在完全竞争市场条件下，单个企业由于无法干预市场价格，只能通过减少产品的运输费用来谋求最大利润，即企业要考虑原材料到工厂及产品到市场的距离，以及原材料的消耗，以实现区位费用最小化，而当所有企业均按照该原则进行选址时，就形成了企业的特定空间集聚现象。

式（2-2）为总运费 S 的计算方程。

$$S=f\cdot\sum_{i=1}^{n}m_i r_i=f\cdot\sum_{i=1}^{n}m_i\sqrt{(X-X_i)^2+(Y-Y_i)^2}\qquad(2-2)$$

其中，假设原材料、市场有 n 个，运量分别为 m_1，m_2，…，m_n；距离最小运费点 P 的距离分别为 r_1，r_2，…，r_n；f 为运费率。欲使 S 最小，需对 X、Y 分别求导，并令其等于 0。通过求解方程组，可获得最小运费点 P，图 2-6 直观地展示了这一过程。正是在运输成本节约的基础上，集聚中心的吸引力得到强化，即集聚程度增加→集聚的节约指数提高→吸引力的范围扩大。韦伯工业区位理论的思路和结构可以归结为区位三角形理论，他进一步将影响企业选址的因素划分为特殊因素和一般因素：特殊因素主要指交通条件、资源禀赋，而一般因素则包含对专业化技术设备、专业化劳动组织的需求，市场条件和主营业务成本等。

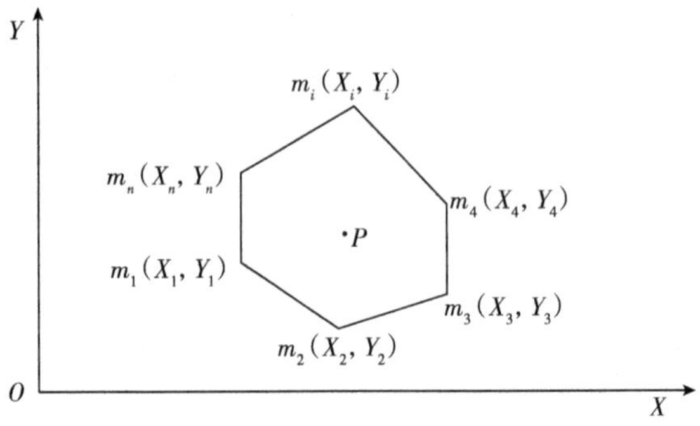

图 2-6　韦伯工业区位理论

工业区位论与农业区位论的核心主张具有相似之处，均强调了交通成本对生产布局的决定性作用。对于农业产业而言，农产品具有季节性、地区性、易腐性、不便储存等特点，是否靠近市场、市场规模与数量、交通是否便利是影响农业主产地形成的重要因素。但工业区位论除论述产地与市场之间的交通成本对产地布局的影响外，还考虑了生产资料供给的交通成本对产地布局的影响。随着农业现代化进程的不断推进，现代生产资料投入更加密集，农户生产更倾向于在基础设施建设完备、生产资料获得便利的区域扩大生产。此外，依照选址的“一般因素”，当地的技术支持、政府支持等也是重要的影响因素。

4. 新经济地理学理论

关于产业集聚的研究一度游离于主流经济学之外，但自 20 世纪以来，经济世界的非平衡性让空间经济学再度受到广泛关注，克鲁格曼、Fujita 作为新经济地理学的代表人物，将空间的概念与产业集聚再度纳入主流经济学视野。新经济地理学可以被理解为“空间意义上的经济学”，与传统的主流经济学不同，是在规模报酬递增与不完全竞争的假设下，对经济集聚现象进行解释的流派。新经济地理学理论主要包括 3 个方面：第一，规模报酬递增。具有密切经济关联的企业由于地缘的邻近性而形成外部规模经济，继而带来成本节约。第二，空间集聚。由价格指数效应（Price Index Effect）和本地市场效应（Home Market Effect）联合作用形成产业集聚。具体而言，价格指数效应意味着运输成本的存在使企业集聚的区域消费者价格指数较低，集聚区工人即便与非集聚区工人名义工资相同，但具有更高的实际工资，促进工人进一步流入集聚区。同时，劳动供给的增加使集聚区的企业能够支付更低的名义工资，进一步降低生产成本，即通过前向关联（Forward Linkage）促进产业集聚的形成。本地市场效应则指企业为尽可能降低运费而倾向于选址在市场需求（潜能）较大的区域，而企业建立的同时将增加当地的消费者数量，进一步提高当地的消费需求，需求的增加将进一步促进产业集聚，即所谓的“后向关联”效应。第三，路径依赖。克鲁格曼认为产业集聚的形成是基于循环积累而强化与调整的偶然事件，即产业集聚往往始于当地初始优势的“路径依赖”放大效应，即所谓的“锁定效应”（见图2－7）。新经济地理学的一个突出贡献在于，把规模报酬递增的源泉模型化并应用于产业集聚中。在新经济地理学模型中，比较具有代表性的有“中心—外围”模型、区域专业化模型，以及全球化和产业扩散模型。总体而言，新经济地理学是对既有集聚理论的提炼与升华，并将数理模型纳入分析中，成为研究集聚现象及其效应不可或缺的重要理论基础。在此基础上，新经济地理学还逐步向区域经济增长的动态变化方向扩展，因这不在本研究的范围内，故不加以赘述。

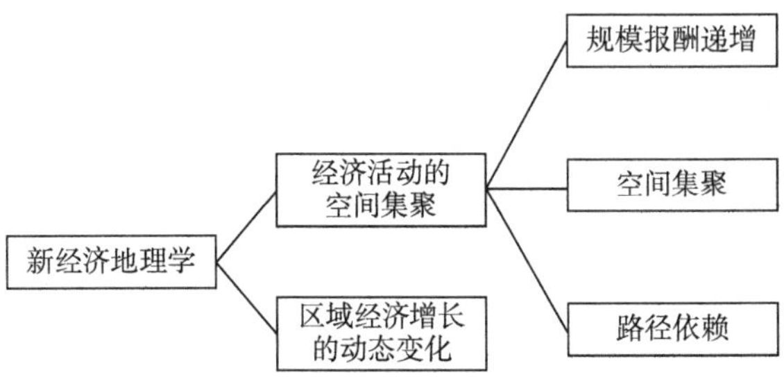

图2－7　新经济地理学理论

克鲁格曼的新经济地理学秉承了马歇尔产业区理论的规模报酬递增内涵，同样强调了生产者空间集聚形成的规模经济有利于降低经营成本，提高区域竞争力。同时，新经济地理学还突出了产业集聚发展过程中的动态性。结合本研究而言，在农业主产地中，生产资料需求与供给都更加集中，意味着生产成本的降低，以及农产品价格的连带下降，而农产品价格的下降将增加消费者的需求，消费需求的增加则会进一步增加生产者对生产资料的需求，吸引更多要素供应商集聚。生产资料供应者、生产者、消费者都在集聚过程中享受到更多收益，促进空间集聚。此外，产地的初始形成往往由于历史偶然因素，但一旦形成了先发优势，就将通过规模报酬递增优势形成这种经济活动的长期集聚过程，如寿光蔬菜产地的发展壮大。

5. 波特竞争优势理论

波特正式对产业集群的概念进行了界定，指出在特定行业中，在空间上集聚的同时具有竞争与合作关联关系的企业、专业化供应商、服务供应商、相关产业的厂商，以及相关机构所形成的具有一定竞争力的经济体即产业集群。波特认为，产业集群具有三大基本优势：第一，集群内经营主体通过接近中间产品供给、“劳动力池”、技术溢出等大大降低交易成本，有利于提高集群内经营主体的生产率，提高集群经济发展水平与竞争力。第二，有利于提高集群内经营主体的创新能力。集群内经营主体彼此通过非正式或正式渠道互通信息，能够更迅速地获取市场需求，降低搜寻成本，增加其创新激励。第三，有利于强化集群内既有经营主体的竞争力，同时降低经营主体进入与退出的风险。波特将成功集群具备的共同要素整合成了著名的“钻石模型”，涵盖要素、需求条件、相关支持性产业及企业策略、企业结构与同业竞争 4 个基本因素，以及政府政策与机遇两个附加要素（见图 2 – 8）。波特的主要贡献在于，从竞争优势的角度为产业集群的形成提供了另一种解释，但亦有研究认为，波特对产业集群内部经营主体之间的竞争合作关系的形成原因缺乏探讨（郑宏星，2008）。总而言之，波特的竞争优势理论提出了一个明确的集群表现形式，并系统地分析了产业集群发展优势所在，为研究农业产业集聚及竞争力发挥提供了分析框架。

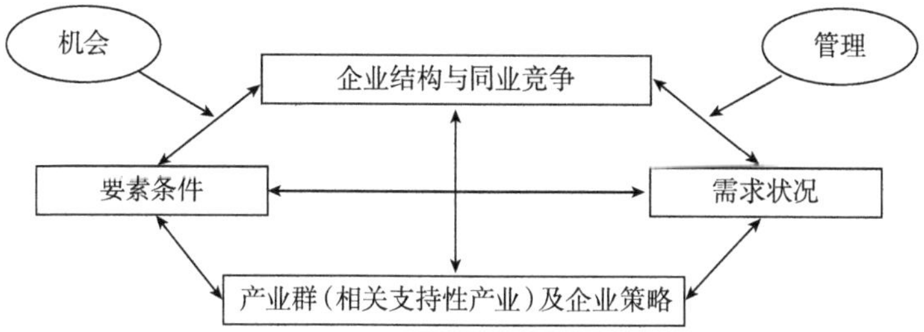

图 2－8　波特竞争优势理论

6. 外部性理论

由前述分析可知，外部性（外部规模经济）是除交通成本、自然禀赋外，影响产业集聚形成与发展的核心动力，本部分梳理出前述各个理论中涉及外部性的部分，这也是后文中专业村产业集聚的溢出机制的核心理论基础。

外部性思想最早由马歇尔提出，即企业在空间上的集中通过中间产品、服务与基础设施共享、“劳动力池”和技术溢出形成外部规模经济，影响集聚区技术创新、生产效率、经济水平，以及区域竞争力。在此基础上，外部性带来规模报酬递增的思想为新经济地理学所吸收，并以此为重要组成部分进行模型化，构建了“核心—外围”模型。同时，马歇尔外部性还被扩展为马歇尔－阿罗－罗默外部性（Marshall－Arrow－Romer Externalities），MAR 外部性主要在同一产业内产生，强调区域专业化的外部性，并指出垄断更有利于技术创新和经济增长。与之相对应，雅各布斯外部性（Jacobs Externalities）则强调了在不同产业之间形成的外部性，突出多样化的外部性，并强调竞争是经济增长的源泉。MAR 外部性与 Jacobs 外部性将静态的马歇尔外部性扩展为针对技术的动态外部性。在 20 世纪末，波特提出的竞争优势理论与 MAR 的关于专业化，以及 Jacobs 的关于竞争的观点一致。因此，也有学者将波特的观点单独称为波特外部性。

此外，依据作用方式，可将外部性分为技术外部性和货币外部性。技术外部性主要依赖物理距离的接近，货币外部性则能够实现更大范围的溢出，即在不完全竞争的条件下，通过市场价格机制使生产者之间、生产者与消费者之间形成溢出关系。依据作用范围可将外部性划分为产业外部性、地理外部性和时间外部性：产业外部性是由于产业特征产生的外部性；地理外部性也叫空间外部性，主要与距离衰减和规模经济有关；时间外部性则强调经营主体间过去的相互作用对当前生产率产生的影响。

在本研究中，通过对既有理论的分析与梳理，假设在农业主产地中，具有合作与竞争关系的生产者、专业化服务供应商，以及相关产业的企业在空间上形成集聚，在产业集聚的发展模式下，能够通过技术溢出、专业化服务共享、基础设施共享，以及要素集聚等溢出机制形成外部规模经济。而这将影响集聚区生产效率、经济水平，以及区域竞争力，并进一步推进主产地的发展壮大，这是本研究依托与检验的出发点与落脚点。

2.2.3 与集聚相关的其他理论

由 2.2.2 的理论梳理可知，产业集聚优势发挥的关键体现于企业空间集中通过中间产品、服务与基础设施共享、“劳动力池”和技术溢出等溢出机制获得外部规模经济，对集聚区的生产效率、经济水平以及区域竞争力产生影响。但是与此同时，分工专业化理论、创新产业集聚理论、威廉姆森假说等也是与集聚相关并对集聚区发展产生影响的重要理论。

1. 分工专业化理论

分工专业化起源于斯密开创的古典经济学。斯密指出分工能够促进生产率的提高，劳动分工与生产率提高之间互相推动，是国民财富增长的重要原因。具体而言，劳动分工形成专业化，并通过“干中学”积累、推动技术进步，产生收益递增，从而增加国民财富，但斯密认为分工程度受制于市场规模。在斯密的基础上，新古典经济学中如杨格等，意识到分工深化虽然受制于市场规模，但亦能够扩展市场规模：随着分工的深化，生产迂回环节增加，生产迂回方式演进，技术不断进步，产品价格持续下降，需求和市场不断扩大，导致分工进一步深化，形成“分工—市场”的自我循环，进而带动经济增长。由此可知，在产业集聚区中，同类产业或同类产品生产企业之间存在着分工网络，通过信任、合作来建立贸易伙伴关系，有利于交易效率提高；同时，企业在地理上的集中，使得资源的共享、知识的扩散，以及信息的传播更加容易，在一定程度上有利于企业分享规模效益，从而提高企业效率，提高集聚区收益。此外，随着集聚区内迂回市场产业链条的延长，市场范围不断扩大，促使分工进一步深化，提高集聚区竞争力（见图2－9）。

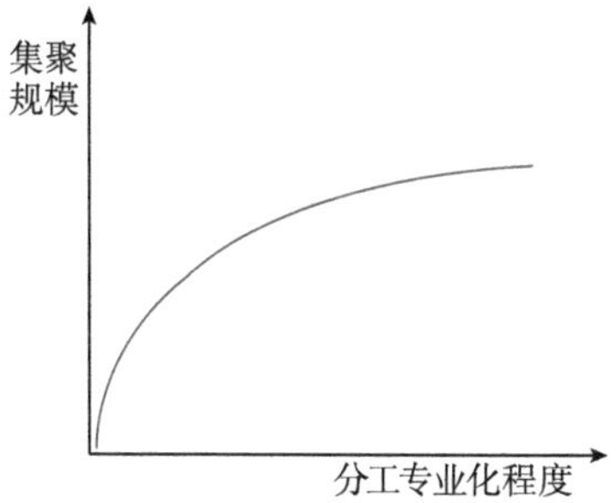

图2－9　分工专业化理论

在农业主产地内部，不同类型的经营主体各司其职，农户依托种植传统与家庭禀赋专业从事农业生产，合作社等社会化服务组织将农户组织起来，担负生产资料供应、技术指导、生产性服务、产品销售等功能，解决一些一家一户干不了或干不好的事情，农业龙头企业将现代生产要素引入农业生产，并将小农户与大市场对接。在这个过程中，各个主体分工协作，发挥比较优势，实现生产效率与经济收入的提高，享受集聚发展模式下的分工协作、外部性带来的规模经济。与此同时，由于主产地对产品与生产资料的需求巨大，将吸引、衍生更多经营主体加入，延长产业链条，扩大市场范围，进一步扩大主产地的规模，提高主产地的专业化水平，促进主产地提质、增效、增收。

2. 熊彼特的创新产业集聚理论

以创新经济学理论著称的熊彼特还将技术创新与产业集聚联系在一起。熊彼特将创新定义为新技术、新发明在生产中的首次应用，是建立一种新的生产要素或供应函数，是在生产体系中引进一种生产要素和生产条件的新组合。熊彼特所说的创新包括5种情况：创造新产品，采用新的生产方式，开辟新的市场，取得或控制原材料或半成品的新来源，实现新的产业组织方式或企业重组。熊彼特指出，创新并不是孤立事件，不是在时间上均匀分布。相反，它们更倾向于通过成功者的带动扩散而具有群集特征，形成一种互为促进的关系，是一个创新者、模仿者、改进者相互竞争和蚕食的过程，这个过程是创新发展和成熟的过程。集聚为企业和科研机构提供了广阔的交流学习平台，使创新可以在多个层面、多个环节中发生。在集聚区内，新的思想与技术出现后会迅速扩散并频繁反馈，在反复碰撞和震荡中，进一步激发新体系、新方法、新模式等，实现互动共赢。换言之，由于创新不单是企业的个体行为，更需要企业间的相互合作和竞争才得以实现，所以产业集聚有利于企业开展创新活动。

科学技术是第一生产力，是提高农业产出、维护农业生产可持续发展的关键力量。在主产地，具有血缘、地缘与业缘密切联系的农户之间通过社会网络彼此交流学习，对于生产过程中面临的共性与特例问题进行相关意见交换。同时，合作社、农业龙头企业等新型经营主体及政府农业技术推广部门也积极发挥作用，为农业生产注入新要素，提供科技支持。在整个过程中，主产地内部的新技术、新方法被不断传播，并通过不断实践得到优化，技术的适用性与效果不断突破，有利于主产地农产品稳定供应、农民增收与环境可持续发展。

3. 威廉姆森假说

威廉姆森假说（Williamson Hypothesis）是指产业的空间集聚在经济发展初期能显著促进效率提升，但达到一定程度后，集聚对经济增长的影响变小，“拥挤”效应超过集聚效应，甚至不利于经济增长。这是由于在产业集聚初期，特别是交通与通信等基础设施建设不足时，空间集聚有利于基础设施共享、提高生产效率，但随着基础设施和市场不断发展壮大，企业过度集中导致的“拥挤”会造成资源争夺、地价提高、环境污染，反而不利于生产效率的提高，导致经济活动趋向分散。图 2 - 10 展示了产业集聚程度与效率之间的倒“U”形关系。

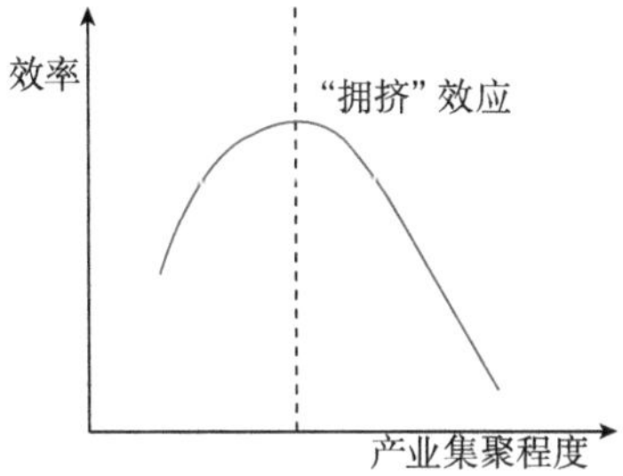

图 2 - 10　威廉姆森假说

当今的农业是商品化的农业，是现代化的农业，对机械、基础设施等投入有较高的要求，特别是对于主产地而言，良好的灌溉条件、稳定的电力供应、适合的农机服务等对于保障农产品生产的质量和效率都具有重要意义，良好的交通条件则是将产品转化为收入，实现经济再生产的重要保障。但是，公共基础设施与社会化服务具有一定的竞争性，过多的农户使用会产生“拥挤”问题，如水、电供应不足，交通堵塞，服务质量下降，等等。因此，产业集聚程度过高会因集聚引发的要素比例失衡（过度集中或相对稀缺）而造成规模不经济，进而降低资源配置效率与收益。

2.2.4 可持续发展理论

自20世纪60年代起，人们逐渐意识到了人类经济活动与资源、环境之间的矛盾，并提出了可持续发展理论。可持续发展理论的核心思想是公平，包括代内公平和代际公平。有关当代人和后代人之间的利益关系，以及谁优先的问题，不仅涉及经济学，还涉及社会学，以及人类的文化和道德观念问题。尽管当代人掌握着生产与发展的优先权，但“节俭原则”“高效原则”“创新原则”和“人道原则”应得到同等的重视，即当代人在处理经济与社会发展、资源与环境问题及其他有关涉及当代人与后代人利益关系的问题时，应坚持可持续发展原则，不能毫无节制地使用资源或占有福利。要节约利用资源，注意资源利用的集约化，有意识地通过创新来破解环境与发展之间的矛盾，对人类后代秉持人道主义原则。

农业生产是自然再生产与经济再生产相结合的过程，对资源环境的依赖性较强。在主产地，农业收入在农户家庭收入中占据重要地位，农户往往出于经济利益考虑而加大对自然资源的攫取力度，并密集投入化肥、农药等生产资料，导致水资源紧缺，碳消耗增加。这对资源与生态环境产生了较高的要求与压力，对农业可持续发展提出了挑战。由此观之，在市场需求与自然约束的双重压力下，农业主产地应逐步由以增加面积为主的粗犷扩张型发展模式向以改进质量、提高效率和效益为主要内容的发展模式转变，坚持质量第一、效益优先，提高生产效率。

2.3　关于蔬菜专业村的研究框架

2.2小节对产业集聚及其溢出效应所涉及的经济理论进行了系统性的分析，基于研究需要与便于阅读，本小节将其归纳总结为产业集聚的形成、溢出机制与效应两个部分，如图2－11与图2－12所示，具体机制如2.2小节中分析，在此不再赘述。

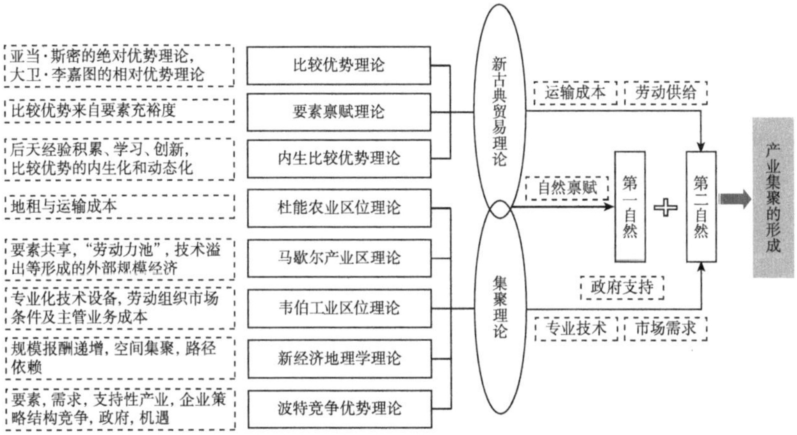

图2－11　产业集聚的形成

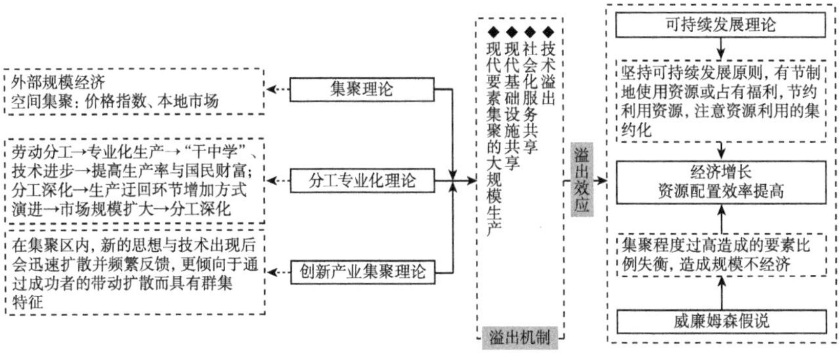

图2－12　产业集聚的溢出机制及其效应

理论上讲，专业村是村域层面的产业集聚（高更和等，2011）。从现实来看，专业村生产专业化、规模化、组织化、社会化已逐步成为解决中国“三农”问题的重要途径（吴娜琳等，2016）。但是，综观国内专业村的相关研究，对其发展动力源泉的探索不足，对克服问题与优势发挥机制亟待探索。基于前述理论梳理，本研究试图归纳出专业村发展的理论机制并加以实证检验，以指导专业村的健康成长，为中国农业发展激发更多活力。蔬菜专业村形成及其产业集聚发展模式下的溢出机制及效应研究框架如图 2－13 所示。

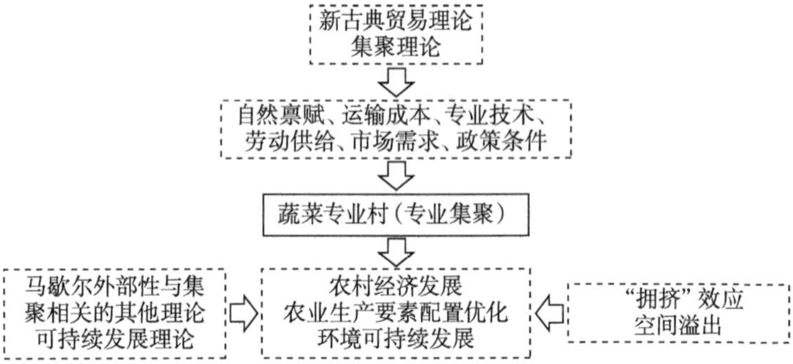

图 2－13　蔬菜专业村形成、溢出机制及其效应研究框架

结合对前述新古典贸易理论、集聚相关理论的梳理，以及专业村发展现实，对专业村形成、溢出机制及效应的理论分析如下：

历史积淀、劳动禀赋是形成专业村的基础内生要素，自然资源、区位条件、技术储备、市场需求、政府支持是影响专业村形成的重要客观因素。富有比较优势的专业村，其内部分布着大量从事商品性蔬菜生产的蔬菜种植户，衍生并吸引了一批新型经营主体，如专业合作社、农业龙头企业等，进行现代农业生产要素供给、技术推广、生产服务等，形成分工专业化的产业集聚发展模式。在产业集聚发展模式下，专业村内的经营主体之间通过技术溢出、社会化服务与基础设施共享等溢出机制形成外部规模经济。一方面，有利于降低专业村生产成本，通过“价格指数效应”和“本地市场效应”扩大专业村经营规模，延长产业链，提高专业村收益；另一方面，有利于主体之间的交流碰撞，推动技术进步，提高资源配置效率，稳定产品供给，增加农民收益。需要注意的是，衡量产业集聚发展模式下是否能够实现蔬菜专业村蔬菜生产的经济与生态环境兼顾，推动专业村环境可持续发展，是“两型农业”关注的重点。此外，产业集聚程度过高也会产生“拥挤”效应，有碍于专业村的进一步发展壮大，需要将其重点纳入考察范围。同时，尽管既有理论暗示了外部性的空间范围性特征，但随着市场经济的逐步建立与完善，通信条件及运输能力的改善与提高，区域间技术、资本及劳动力等要素呈现出越发明显的溢出现象，对专业村之间溢出的研究已成为不可忽视的议题。

结合实地调研数据与实证模型对以上推论进行系统验证，不仅是对我国蔬菜专业村形成与发展的理论体系进行完善，更有利于指导现实，推动各地区结合当地比较优势进行专业村的复制推广，并更好地应对我国“三农”发展存在的问题，助力推动乡村全面振兴、加快建设农业强国。

综上，在界定相关概念与梳理理论的基础上，本书构建了“蔬菜专业村发展现状与形成机制—集聚的溢出机制与效应—协同发展与优化路径”逻辑框架展开研究，各部分主要研究内容及检验手段如图 2 – 14 所示。

结合本书的研究总目标——研究蔬菜专业村的形成机制，并基于产业集聚的溢出机理，把握蔬菜专业村的形成对其经济发展、农业生产要素配置优化、环境可持续发展的作用途径及效果，考察专业村协同发展的可能及方向：第一，梳理产业集聚的相关理论，构建专业村形成及其效应的理论框架（第 2 章）。第二，在分析我国蔬菜主产地空间格局演变，在明确蔬菜专业村基础性与核心地位及其与各层级产地互动关系的基础上，探索蔬菜专业村的形成机制、驱动因素，并运用结构方程模型展开实证检验（第 3 章至第 5 章）。第三，立足理论基础，对专业村产

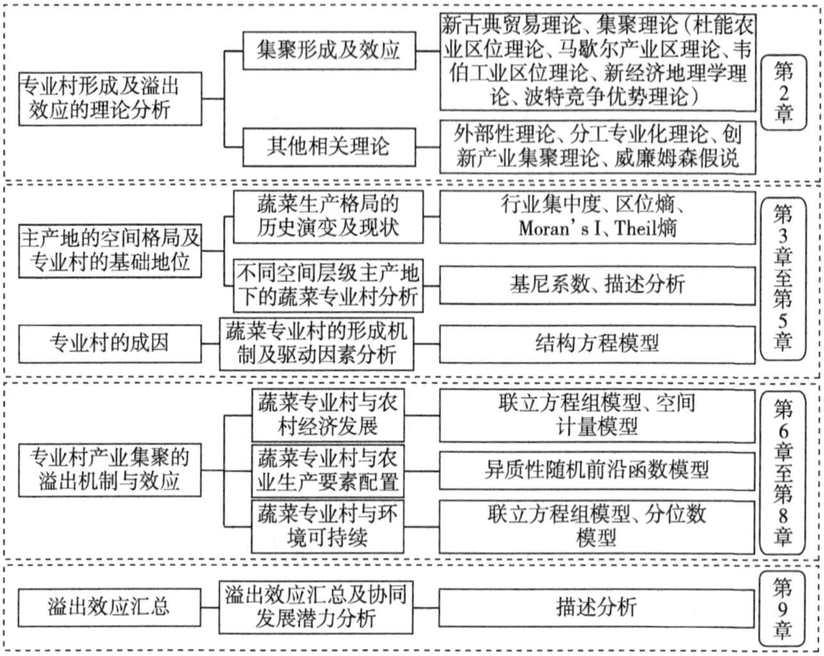

图 2-14 关于蔬菜专业村的研究框架

业集聚发展模式影响农村经济发展、农业生产要素配置效率，以及环境可持续的机制及效应进行实证检验（第 6 章至第 8 章）。其中，第 6 章从经济视角考察产业集聚对专业村经济发展的影响，包括产业成长、农民增收，更进一步将专业村之间的溢出效应纳入考虑范围，第 7 章从资源配置效率角度出发，检验产业集聚对技术效率的影响，第 8 章对专业村产业集聚发展背景下是否有利于实现环境可持续发展进行检验。最后，在第 9 章全面汇总书中专业村产业集聚的溢出效应，探索专业村协同发展潜力，以及健康发展的优化路径。

2.4 本章小结

对关键概念、理论的明晰及梳理是开展后续理论与实证研究的基础。本章首先对农业产业集聚、主产地、专业村、溢出效应等重要概念进行界定；其次，对新古典贸易理论、产业集聚理论，与集聚相关的其他理论，以及可持续发展理论进行细致的梳理；最后，构建了全书研究的理论框架。主要内容概括如下：

第一，本书的研究对象蔬菜专业村，是指依托当地资源、技术、市场与政策支持，在村中拥有大部分商品性地从事蔬菜生产的农户，建设有提供专业化产品与服务的社会化服务组织，配备相对完善的基础设施，具有较大吸引现代要素集聚的潜力，并以蔬菜产值构成该村社会产值主体的村庄，或是村庄蔬菜产业发展具有较大潜力的村庄，是农业产业集聚的微观表现形式。溢出效应是指在农业产业集聚发展模式下，基于溢出机制对专业村发展产生的影响，主要涵盖大量农户与相关经济组织在专业村内部空间集中生产经营带来的技术溢出、社会化服务共享，以及基础设施共享与要素集聚等溢出途径对专业村经济、农业生产要素配置效率，以及环境可持续发展等产生的影响。在本书中，溢出效应反映在多个层面上，既包含对微观层面农户的影响，又包括对中观层面蔬菜产业及相关辅助产业的影响，即本专业村的产业集聚发展模式通过溢出机制对本村农户与蔬菜产业发展产生的溢出效应，也涵盖对宏观层面专业村之间的影响，即专业村之间基于存在空间黏性的技术、资本、劳动力等要素的辐射溢出产生的溢出结果。探索专业村的形成及其通过产业集聚发展模式带来的溢出效应，有利于为实现农产品供给稳定、农民收入提高、资源配置优化、农业生产可持续、农业产业竞争力增强提供对策，是本研究关键的创新点，具有重要的理论及现实意义。

第二，新古典贸易理论（比较优势理论、要素禀赋理论 、内生比较优势理论）、集聚理论（杜能农业区位理论、马歇尔产业区理论、韦伯工业区位理论、新经济地理学理论、波特竞争优势理论、外部性理论）和其他与集聚相关的理论（分工专业化理论、创新产业集聚理论、威廉姆森假说）构成了产业集聚形成及溢出效应的理论基础，对上述理论的梳理为全书的机制分析与实证检验提供了坚实的依据。

第三，本书构建了“蔬菜专业村发展现状与形成机制—集聚的溢出机制与效应—协同发展与优化路径”逻辑框架，对我国蔬菜专业村的形成及溢出效应展开研究：首先，梳理产业集聚的相关理论，构建专业村形成及其效应的理论框架；其次，在分析我国蔬菜主产地空间格局演变，在明确蔬菜专业村基础性与核心地位及其与各层级产地互动关系的基础上，探索蔬菜专业村的形成机制、驱动因素，并运用结构方程模型展开实证检验；再次，分别从经济视角、资源配置视角与环境可持续发展视角考察专业村产业集聚的溢出机制及其效应；最后，全面汇总专业村产业集聚的溢出效应，探索专业村协同发展潜力，以及健康发展的优化路径。

3　我国蔬菜产业格局的历史演变及现状

改革开放以来，中国市场经济体制逐步确立，计划经济体制下固化的要素配置和封闭的流通格局被打破（沈辰等，2013），要素的大规模流动，带动了城镇化和工业化的快速发展。在要素配置格局、消费格局的变化中，蔬菜产业格局也发生了改变，形成了一批专业化程度高、特色鲜明的蔬菜主产地，蔬菜作为第一大经济作物，为推动农业种植结构调整，稳定“菜篮子”供应，提高农民收入作出重要贡献。本章首先结合流通体制改革政策，对我国蔬菜产业总体演进过程进行梳理，并进一步从空间维度掌握其空间格局基本情况。本章的意义在于，从时间、空间两条线出发，立足宏观视角对我国蔬菜产业集聚发展有一个初步的认识，了解蔬菜专业村的宏观发展环境。

3.1　蔬菜产业发展的政策背景及特征

让市场在资源配置中发挥决定性作用的重要性毋庸置疑，但在国情与市场失灵等问题的约束下，政府往往通过行政手段进行干预，以维持生产、生活的顺利运行。其中，中国农产品流通政策作为干预农产品产销衔接的基础政策，通过影响农产品交易流通来改变农户决策与要素布局，是影响蔬菜产业发展的重要因素。本小节结合我国农产品流通政策体系改革变迁过程（杨青松，2011）（见表 3 - 1），侧重对我国蔬菜产业总体演进发展特征（见图 3 - 1）进行介绍（限于数据可得性，主要从 1978 年开始），为我国蔬菜产业空间格局演变研究奠定基础。

表 3－1　中国农产品流通政策体系改革变迁过程

政策阶段	农产品流通体制改革前		农产品流通体制改革后	
	1949—1952 年	1953—1984 年	1985—1991 年	1992 年至今
政策目标	保障农产品供给，稳定市场价格	保障农产品供给，稳定市场价格，满足社会主义改造需要	发展社会主义有计划的商品经济，提高农民生产积极性，保障农产品供给	建立和完善市场经济，提高生产效率，保障农民收入，保护消费者利益，提高国际竞争力
政策内容	国家干预下的市场调节	统购统销	双轨制	深化社会主义市场经济体制改革，接轨国际市场
政策手段	运用农产品储备调控市场，运用农产品销售中的各种差价维持市场的正常运转	农产品计划收购，农产品计划供应，严禁私商自由经营农产品，由中央与地方分工负责农产品管理	提高农产品收购价格，缩小农产品统购派购范围、扩大市场调节比重，全面改革统购派购制度，逐步转换农产品价格形成机制和管理体制	政府运用间接调控手段，进一步转换农产品价格形成机制，由国家直接定价过渡到由市场定价，但政府采取保护性措施
政策效果	农产品供给呈飞跃式增长	缓和农产品的供需矛盾，支持"十一五"计划正常进行，但影响了商品化进程和农民积极性	缓和了长期以来工农业产品差价过大、价格严重背离价值的状况，调动了农民生产积极性，农产品供需矛盾得到缓解	保障农产品供给，提高农民积极性，推进农产品广域流通，提高农产品国际竞争力，但政府财政负担较重

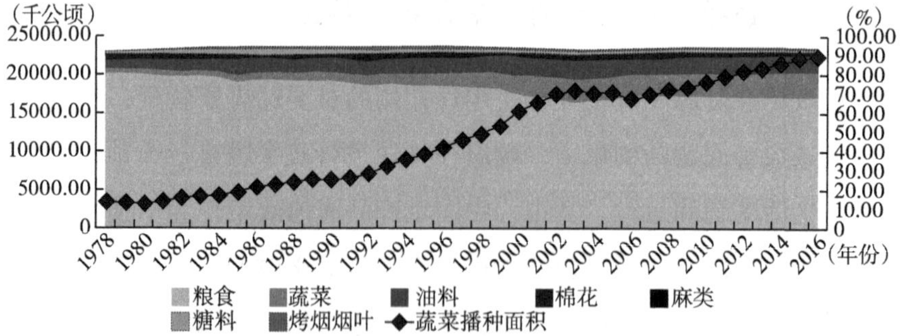

图 3－1　我国蔬菜播种面积及主要农作物种植结构

资料来源：中国国家统计局，限于数据可得性，从 1978 年开始。

3.1.1 自由经济阶段至完全计划经济阶段（1949—1977 年）

新中国成立至 1952 年，蔬菜等生鲜农副产品流通以市场购销调节为主，价格主要由市场供求形成。当时，国营商业、具有半社会主义性质的合作社商业、民族资本主义商业、个体商业和国家资本主义商业是主要流通经营参与主体，其中资本主义商业和个体商业等私营商业占主要地位，达到 90% 以上（杨青松，2011）。但是，为稳定物价，1951 年国家采取了全面撤销批发市场的方式打击投机资本，逐步扩大了流通领域国营商业和合作社商业的比重。

1953—1977 年，计划经济体制在中国开始实施，农产品流通进入了“统购统销”阶段，蔬菜自由购销被国营商业企业计划销售取代。1961 年，中共中央文件对不同类别的农产品提出了 3 种收购和销售政策：第一，针对粮、棉、油等重要的农产品，由国家统一制定价格，实行“统购统销”；第二，针对关系国计民生的重要农副食品和工业原料，国家实行强制性和指令性的非全额“合同派购”政策；第三，针对统购派购以外的农副产品，国家推行议价政策，但市场价格仍受到政府干预（许云梦，2012）。在计划经济阶段，由于经济价值规律被否定，社会资源配置扭曲，严重打击了农业市场主体的积极性、主动性与创造性，不利于农业产业发展。

在“统购统销”阶段，粮食生产仍是最受关注的问题，国家对蔬菜等经济作物的重视不足，蔬菜种植品种稳定、规模扩大缓慢、流通范围较小，总体上处于徘徊发展阶段。

3.1.2 有计划的商品经济阶段（1978—1984 年）

1978 年中共十一届三中全会以来，农产品流通体制逐步改革，“统购统销”的范围被调整。1979 年，部分城市尝试建立了以蔬菜社队自产自销为主要形式的经营试点，集市交易也逐渐恢复。截至 1984 年底，粗菜是国家计划收购、计划价格的主要部分，精细菜则逐渐开始开放经营、开放价格。1983 年，中央相关文件首次提出要建设农产品批发市场，并在北京、上海、深圳等大城市率先展开试点。同时，农村集贸市场和传统农副产品市场也得到了恢复和发展（许云梦，2012）。

在这个农产品自由流通逐步得到政府许可的阶段，蔬菜的经济收益较高，在市场的刺激及家庭联产承包责任制确立的背景下，农户的积极性得到充分调动，各地基于比较优势调整种植结构，蔬菜产业得到发展，总播种面积缓慢而稳定提升。总体来看，这个阶段的商品蔬菜生产布局呈现出由大中城市郊区向远郊区，以及由城市郊区向农区扩展两大变化趋势，表现出了远郊、近郊结合，城郊、农区结合的多层级网络空间格局（周应恒等，2007）。

3.1.3　双轨制经济至徘徊经济阶段（1985—1997 年）

1985 年是蔬菜产销体制变化的重要转折点，中央政府放开了生鲜农产品——蔬菜、水产品等的经营和价格，开始了由计划经济向市场经济体制的转轨。主要蔬菜品种由国营蔬菜公司与菜农签订蔬菜收购合同，非主要蔬菜产品的销售价格和数量放开。在该背景下，恢复和创新农贸市场及专业批发市场等多种形式经营，其中批发市场的交易份额稳步提高，销售辐射由区域范围向全国范围扩展。大型批发市场有效衔接了生产与销售，在一定程度上解决了供求矛盾，全国出现了批发市场建设的高潮。1988 年，国家开始实施“菜篮子”工程建设，以缓解蔬菜等副食品供应紧销的状态。

由于市场经济发育并不完备，在调节农产品的供求与资源配置上存在一些问题，致使粮食等重要作物的供需缺口扩大，以及粮价的大幅波动，引致国家农产品流通重新回归“双轨制”。

尽管这个阶段我国农产品流通处于徘徊阶段，但是以“菜篮子”工程为代表的蔬菜生产仍迎来迅速发展期。一方面，突出了政策优势——“菜篮子市长负责制”；另一方面，在大力开展蔬菜生产基地建设的同时也与市场体系关系日益密切，为保障大中城市蔬菜充足供应作出了重要贡献（卢凌霄，2008）。

3.1.4 市场经济阶段（1998 年至今）

进入市场经济阶段，特别是在 2003 年中共十六届三中全会后，中国经济进一步落实了以公有制为主体、多种所有制经济共同发展的基本格局，在多元主体的推动下，形成了业态多元化发展的商业流通新格局，蔬菜产业也借此迅速扩张。

2003 年，我国蔬菜播种面积达到阶段性顶峰（1795.38 万公顷）。但种植结构调整导致我国粮食价格出现了 6 年来首次全面上涨，稳定粮食供应再次被提到首位，在“粮食直补”（2004）、“农资综合直补”（2006）等政策的推动下，农民种粮的积极性不断提高，蔬菜生产规模在一定程度上为粮食生产所替代。

尽管受到一定冲击，在市场需求的引导下，各地区仍结合经济利益与比较优势进行种植结构调整。同时，在政策支持下，如《优势农产品区域布局规划（2003—2007 年）》，以及《特色农产品区域布局规划（2006—2015 年）》，我国蔬菜生产格局不断演变，形成了一批专业化程度高、特色鲜明的蔬菜产地，并于 2016 年达到播种面积历史新高（2232.80 万公顷）。

3.2 蔬菜生产格局的空间演变

基于市场需求、政策导向，以及交通运输能力改善的影响，我国蔬菜产业不断发展并伴随着空间格局而不断调整，“大市场、大流通”的蔬菜供需格局基本形成。结合卢凌霄（2008）等的研究，本小节从空间维度出发，运用行业集中度、区位熵、莫兰指数、泰尔指数等指标，从我国蔬菜产业格局的规模集中度与空间集中度两方面出发，全面考察我国蔬菜生产的宏观格局。

3.2.1 行业集中度

行业集中度（CR_n）是最重要的也是运用最普遍的绝对集中度指标，早先该指标通过衡量行业内规模排名前几位的企业占整个市场或行业的份额来判断某行业的集中度，通常用的标准有 CR_4、CR_8 和 CR_{10}，即 4 企业集中度、8 企业集中度和 10 企业集中度。本研究运用该指标考察排名前 4 位、前 8 位、前 10 位的蔬菜主产省份在我国蔬菜产业中的地位。

表 3 - 2 和表 3 - 3 展示了我国 1990—2016 年蔬菜生产排名前 10 位省份的蔬菜播种面积（千公顷）、产量（万吨）与相应的 CR_4、CR_8 和 CR_{10} 指标值变动情况。整体来看，蔬菜播种面积与产量排名前 10 位的省份存在一定的变化，但总体而言比较稳定。从蔬菜播种面积变动情况来看，山东、江苏、河南、河北、广东、广西、湖南、湖北、四川等省份稳居前 10 位，但这些省份各年对应的行业集中度则呈现不断上升趋势，除 CR_4 从 1990 年的 0.3 变动至 2016 年的 0.29 外，CR_8、CR_{10} 分别由 1990 年的 0.51、0.59 上升至 2016 年的 0.53、0.63，表现出各省份结合自身比较优势进行种植结构调整的趋势。从蔬菜产量变动情况来看，基本上列前 10 位的省份与播种面积列前 10 位的省份相似，但河北省产量列第 2 位，明显高于其在播种面积中的排名，在单位产量上优势明显，这与蔬菜种植品种、设施生产等情况有关。蔬菜产量的 CR_4、CR_8、CR_{10} 均呈现上升趋势，1990—2016 年，3 个指标分别由 0.32、0.53 和 0.62 上升至 0.40、0.60 和 0.67，再次验证了蔬菜产业的集中化特征。

表3-2　1990—2016年我国蔬菜播种面积及行业集中度变动情况

类别	年份	省份/播种面积						
蔬菜播种面积（千公顷）及相应排名前10位省份	1990	四川	广东	河南	湖北	湖南	CR_4	CR_{10}
		636.40	517.33	408.87	373.07	371.73	0.30	0.59
		山东	江苏	河北	江西	广西	CR_8	
		361.53	356.33	288.47	269.20	260.53	0.51	
	1995	山东	四川	广东	河南	湖北	CR_4	CR_{10}
		855.50	833.30	829.97	607.40	584.10	0.32	0.63
		江苏	广西	湖南	江西	河北	CR_8	
		567.90	555.80	450.70	436.10	408.90	0.55	
	2000	山东	河南	江苏	广东	湖北	CR_4	CR_{10}
		1788.35	1189.20	1056.01	1010.10	968.64	0.33	0.65
		广西	河北	四川	湖南	江西	CR_8	
		899.51	866.13	858.55	720.27	560.10	0.57	
	2005	山东	河南	江苏	广东	河北	CR_4	CR_{10}
		1847.69	1595.85	1194.36	1162.72	1104.78	0.33	0.66
		广西	湖北	湖南	四川	浙江	CR_8	
		1094.35	1004.82	997.05	991.51	666.73	0.57	
	2010	山东	河南	江苏	广东	四川	CR_4	CR_{10}
		1770.79	1704.06	1229.77	1179.79	1166.22	0.31	0.64
		河北	湖南	湖北	广西	安徽	CR_8	
		1138.57	1133.14	1020.84	1007.60	774.16	0.54	
	2015	山东	河南	江苏	广东	湖南	CR_4	CR_{10}
		1888.60	1751.70	1431.35	1382.00	1372.91	0.29	0.63
		四川	河北	广西	湖北	云南	CR_8	
		1349.60	1242.10	1221.00	1212.90	1004.00	0.53	
	2016	山东	河南	江苏	湖南	广东	CR_4	CR_{10}
		1869.30	1772.50	1430.40	1420.30	1414.80	0.29	0.63
		四川	广西	湖北	河北	贵州	CR_8	
		1379.40	1269.70	1248.00	1236.20	1050.40	0.53	

资料来源：《中国农村统计年鉴》。

表 3-3　1990—2016 年我国蔬菜产量及行业集中度变动情况

类别	年份	省份/产量						
蔬菜产量（万吨）及相应排名前10位省份	1990	四川	山东	江苏	河北	广东	CR_4	CR_{10}
		1900.80	1401.20	1168.00	1157.00	976.83	0.32	0.62
		湖北	河南	湖南	辽宁	浙江	CR_8	
		976.22	913.21	861.50	861.30	736.63	0.53	
	1995	山东	河北	广东	湖北	河南	CR_4	CR_{10}
		3694.80	2148.40	1703.86	1663.36	1660.80	0.35	0.67
		江苏	四川	广西	辽宁	湖南	CR_8	
		1600.00	1389.56	1302.00	1268.10	1134.63	0.58	
	2000	山东	河北	河南	江苏	湖北	CR_4	CR_{10}
		7256.80	4454.00	3981.80	3144.72	2717.30	0.41	0.68
		四川	广东	湖南	辽宁	广西	CR_8	
		2312.60	2214.80	1779.93	1757.00	1613.20	0.61	
	2005	山东	河北	河南	江苏	湖北	CR_4	CR_{10}
		8606.98	6467.60	5880.25	3604.69	2916.91	0.44	0.70
		四川	广东	湖南	广西	辽宁	CR_8	
		2714.29	2596.02	2399.05	2130.59	1954.80	0.62	
	2010	山东	河北	河南	江苏	四川	CR_4	CR_{10}
		9030.75	7073.60	6624.26	4234.00	3408.30	0.41	0.68
		湖北	湖南	广东	辽宁	安徽	CR_8	
		3131.53	3122.93	2718.59	2668.20	2137.36	0.61	
	2015	山东	河北	河南	江苏	四川	CR_4	CR_{10}
		10272.90	8243.70	7456.50	5595.70	4240.80	0.40	0.67
		湖南	湖北	广东	辽宁	广西	CR_8	
		3996.90	3852.00	3438.80	2932.80	2786.40	0.60	
	2016	山东	河北	河南	江苏	四川	CR_4	CR_{10}
		10327.05	8193.37	7807.61	5593.91	4388.58	0.40	0.67
		湖南	湖北	广东	广西	安徽	CR_8	
		4196.40	4001.70	3569.12	2928.81	2774.69	0.60	

资料来源：《中国农村统计年鉴》。

3.2.2　区位熵

区位熵（LQ），也称生产地区集中度指标或专业化率，通过衡量各地区的要素分布情况来反映区域专业化程度，计算公式如下：

$$LQ_{ij} = \frac{q_{ij}/q_j}{q_i/q} \tag{3-1}$$

在本研究中，设 LQ_{ij} 为 j 地区蔬菜产业在全国的区位熵；q_{ij} 为 j 地区蔬菜播种面积（千公顷）；q_j 为 j 地区主要农作物播种面积（千公顷）；q_i 为全国蔬菜播种面积（千公顷）；q 为全国主要农作物播种面积（千公顷）。

表 3-4 展示了我国各地区蔬菜生产区位熵变动情况。具体从各地区变动情况来看，河北、江苏、浙江、安徽、福建、山东、河南、湖南、广东、广西、海南、重庆、云南、陕西、甘肃、青海、宁夏等省份的专业化率呈上升趋势，其中甘肃、青海、宁夏等省份的专业化率提升速度最快；北京、天津、山西、内蒙古、辽宁、吉林、黑龙江、上海、江西、四川、西藏等省份的专业化率呈下降趋势，其中黑龙江、吉林、辽宁等省份的专业化率降幅最明显，尽管北京、天津处于下降态势，但其原本专业化水平就处于全国领先地位，目前仍位居前列；湖北、贵州、新疆等省份的专业化率呈波动趋势。总体来看，1990—2016 年，我国蔬菜生产区域专业化水平日益提升，是各地区结合比较优势进行种植结构调整的表现。

表 3-4　1990—2016 年我国蔬菜生产区位熵变动情况

省份	1990 年	1995 年	2000 年	2005 年	2010 年	2015 年	2016 年
北京	2.78	2.60	2.43	2.56	1.83	2.37	2.34
天津	2.23	2.24	2.46	2.31	1.58	1.39	1.30
河北	0.76	0.74	0.98	1.12	1.12	1.08	1.06
山西	0.64	0.64	0.61	0.57	0.52	0.52	0.52
内蒙古	0.32	0.04	0.36	0.32	0.32	0.28	0.27

续表

省份	1990年	1995年	2000年	2005年	2010年	2015年	2016年
辽宁	1.63	1.45	1.17	0.83	0.88	0.90	0.77
吉林	1.00	0.76	0.67	0.38	0.40	0.27	0.26
黑龙江	0.62	0.54	0.49	0.26	0.11	0.15	0.14
上海	2.86	2.54	2.75	2.89	2.82	2.54	2.73
江苏	1.00	1.14	1.36	1.39	1.38	1.40	1.39
浙江	1.32	1.20	1.43	2.09	2.13	2.04	2.08
安徽	0.65	0.69	0.61	0.65	0.73	0.76	0.77
福建	2.10	2.24	1.97	2.35	2.52	2.46	2.46
江西	1.09	1.16	1.01	0.91	0.82	0.80	0.81
山东	0.77	1.25	1.64	1.53	1.4	1.30	1.27
河南	0.80	0.79	0.93	1.02	1.03	0.92	0.91
湖北	1.18	1.25	1.31	1.21	1.09	1.16	1.19
湖南	1.09	0.91	0.92	1.06	1.18	1.19	1.21
广东	2.12	2.48	2.00	2.15	2.23	2.19	2.19
广西	1.18	1.53	1.47	1.54	1.46	1.51	1.54
海南	1.84	1.93	1.67	1.96	2.21	2.37	2.43
重庆	1.24	1.06	0.93	1.03	1.50	1.55	1.55
四川	1.19	1.03	0.91	0.93	1.06	1.06	1.06
贵州	1.38	1.03	0.77	0.88	1.14	1.34	1.40
云南	0.84	0.67	0.62	0.72	0.89	1.06	1.08
西藏	0.89	0.50	0.33	0.68	0.76	0.69	0.67
陕西	0.70	0.61	0.51	0.67	0.91	0.92	0.92
甘肃	0.41	0.49	0.51	0.73	0.85	0.94	0.96
青海	0.29	0.35	0.29	0.48	0.71	0.67	0.67
宁夏	0.42	0.55	0.49	0.42	0.70	0.77	0.78
新疆	0.45	0.37	0.39	0.42	0.55	0.40	0.42
平均值	1.15	1.12	1.10	1.16	1.19	1.19	1.20

资料来源：《中国农村统计年鉴》。

3.2.3 莫兰指数

在对各省份蔬菜生产规模集中度考察的基础上，跨越省级边界，从更广泛的空间集中度视角探索蔬菜生产空间格局。一个很有效的衡量方法即莫兰指数，可测量区域间是否存在“空间自相关”。换言之，测量位置相近的区域是否有相似的变量取值，计算公式如下：

$$I = \frac{\sum_{i=1}^{n}\sum_{j=1}^{n} W_{ij}\ (x_i - \bar{X})\ (x_j - \bar{X})}{S^2 \sum_{i=1}^{n}\sum_{j=1}^{n} W_{ij}} \tag{3-2}$$

在本研究中，设 I 为全域莫兰指数，$I>0$ 表示各地区蔬菜生产存在空间正相关关系，$I=0$ 表示各地区蔬菜生产不存在相关关系，$I<0$ 表示各地区蔬菜生产存在空间负相关关系；W_{ij} 为空间权重矩阵，本研究将 i 地区和 j 地区空间相邻赋值为 1，否则为 0；x_i 和 x_j 均为各地区蔬菜播种面积（千公顷）；$\bar{X}$ 为各地区蔬菜播种面积的均值（千公顷）；S^2 为各地区蔬菜生产播种面积的方差。

表 3－5 展示了我国蔬菜生产全域莫兰指数变动情况，从莫兰指数的大小及显著性水平来看，除 1990 年我国蔬菜生产空间格局并未展现出显著的区域相关性外，其他年份均通过了 5% 以上的显著性检验，并均大于 0，且处于不断上升态势。可以看出，我国蔬菜生产区域布局呈现一定的集聚趋势，蔬菜生产大省之间往往相互靠近。这是自然与区位条件的相似性，技术、信息、劳动力、资本等要素流动的便利性等原因共同影响所致。

表 3－5 我国蔬菜生产全域莫兰指数变动情况

年份	I	$E(I)$	$sd(I)$	Z	p
1990	0.089	－0.033	0.107	1.144	0.252
1995	0.184	－0.033	0.108	2.002	0.045
2000	0.273	－0.033	0.105	2.901	0.004
2005	0.287	－0.033	0.108	2.977	0.003
2010	0.275	－0.033	0.108	2.850	0.004

续表

年份	I	$E(I)$	$sd(I)$	Z	p
2015	0.293	-0.033	0.109	2.985	0.003
2016	0.301	-0.033	0.110	3.050	0.002

资料来源：《中国农村统计年鉴》。

3.2.4 泰尔指数

在对我国蔬菜生产空间整体集聚状态及其变动进行考察的基础上，进一步探索各集聚区的差异及变动趋势有利于对我国蔬菜产区有一个更全面、细致的了解，结合地理布局与《全国蔬菜产业发展规划(2011—2020年)》，本研究将我国蔬菜产区划分为六大产区，分别为华南区（包括广东、广西、福建、海南4个省份）、长江区（包括四川、重庆、湖北、湖南、安徽、江西、江苏、浙江、上海9个省份）、西南区（包括云南、贵州2个省份）、西北区（包括宁夏、甘肃、陕西、新疆、青海、西藏6个省份）、东北区（包括黑龙江、吉林、内蒙古3个省份）、黄淮海与环渤海区（包括河北、河南、山东、北京、天津、辽宁、山西7个省份）。

泰尔指数（Theil）由Theil和Henri于1976年提出，又称泰尔熵，可将区域的空间总体差异分解为空间的组间差异和空间的组内差异两部分，计算公式如下：

$$I_{Theil} = I_{BR} + I_{WR} \tag{3-3}$$

在本研究中，设I_{Theil}为我国蔬菜总体泰尔指数，I_{Theil}越大表明各蔬菜产区发展差异越大。将I_{Theil}做一阶段分解，可将我国蔬菜生产总体差异分解为六大产区间的差异（I_{BR}）和产区内省际差异（I_{WR}）。若以人口数的比重加权，产区间的差异（I_{BR}）的计算公式为

$$I_{BR} = \sum_{i=1}^{N} (P_i/P) \log (P_i/P) / (S_i/S) \tag{3-4}$$

式中，N为蔬菜产区个数；P_i、P分别为i产区、全国的人口数

（万人）；S_i、S 分别为 i 产区、全国的蔬菜播种面积（千公顷）。同样以人口数比重加权，I_{Theil}的计算公式为

$$I_{Theil} = \sum_i \sum_j (P_{ij}/P_i) \log (P_{ij}/P) / (S_{ij}/S) \tag{3-5}$$

式中，P_{ij}为 i 产区内 j 省的人口数（万人）；S_{ij}为 i 产区内 j 省蔬菜播种面积（千公顷）。产区内部省际差异（I_{WR}）等于各产区内部各省际非均衡性指标的加权和，则第 i 产区内部的省际差异计算公式为

$$I_i = P_i/P \sum_j (P_{ij}/P_i) \log (P_{ij}S/P_iS_{ij}) \tag{3-6}$$

式中，$\sum_j$为对 i 产区内 j 省进行求和计算。全国蔬菜产区内部省际整体差异指标（I_{WR}）则由 I_i 求和得出，其计算公式为

$$I_{WR} = \sum_{i=1}^{n} I_i \tag{3-7}$$

表3－6展示了我国蔬菜生产泰尔指数变动情况。从 I_{Theil} 总体走势来看，从1990年的0.018上升到2016年的0.046，增长了155.56%，表明各产区发展差异逐年扩大，产区之间发展的不平衡性越来越明显。进一步将总体发展差异分解为六大产区内省际差异（I_{WR}）和产区彼此之间的差异（I_{BR}）。可以看出，产区内省际发展差异日益扩大。1990—2016年，产区内省际差异对总差异的贡献率由74.432%上升至81.288%，产区间的差异则呈缩小态势，由1990年的25.568%下降至2016年的18.712%。表明我国蔬菜生产即便在产区内部也呈现“抱团”与“空间俱乐部趋同”特征，产区之间的不平衡发展是造成我国蔬菜产业发展总差异的主要原因。

进一步，从1990年、2000年、2010年与2016年我国六大蔬菜产区生产空间格局变动情况可以看出，各产区的播种面积均不断增加。同时，在产区内部，各省份的蔬菜生产布局更加集中，表现出明显的产业集聚特征，与前文结论相呼应。

表 3-6　我国蔬菜生产泰尔指数变动情况

年份	I_{WR}	I_{BR}	I_{Theil}	产区内省际差异贡献率	产区间差异贡献率
1990	0.013	0.005	0.018	74.432	25.568
1995	0.039	0.019	0.058	66.514	33.486
2000	0.017	0.006	0.022	74.501	25.499
2005	0.015	0.001	0.016	92.317	7.683
2010	0.025	0.003	0.028	88.934	11.066
2015	0.034	0.008	0.042	81.715	18.285
2016	0.037	0.009	0.046	81.288	18.712

资料来源：《中国农村统计年鉴》。

3.3　本章小结

本章结合我国流通政策体系变化对蔬菜产业总体演进发展特征及空间格局变迁进行描述分析，以对我国蔬菜主产地发展动态有一个全面综合的了解，主要研究结论概括如下：

第一，我国农产品流通政策经历了自由经济、完全计划经济、有计划的市场经济、双轨制经济、徘徊经济、市场经济 6 个阶段。在该政策背景下，我国蔬菜生产经历了逐步发展、迅速发展、萎缩发展与恢复发展 4 个阶段。截至 2016 年，我国蔬菜产业播种面积达 22328 千公顷，稳居种植业第 2 位，产量达 79779 万吨，中国“大市场、大流通”的蔬菜供需格局基本形成。

第二，从我国蔬菜产业布局的规模集中度与空间集中度两方面出发，运用行业集中度指数、区位熵指数、莫兰指数与泰尔指数进行测算可知，我国蔬菜产业空间集聚程度不断提升，区域专业化水平有所提高，具体如下：

(1) 1990—2016 年，我国蔬菜产业播种面积的 CR_4、CR_8、CR_{10} 分别由 0.30、0.51、0.59 上升至 0.29（微弱下降）、0.53、0.63，表现出

了各省份结合自身比较优势进行种植结构调整的趋势。蔬菜产量的 CR_4、CR_8、CR_{10} 分别由 0.32、0.53 和 0.62 上升至 0.40、0.60 和 0.67，再次验证了蔬菜生产的集中化特征。

（2）1990—2016 年，我国蔬菜产业区位熵由 1.15 上升至 1.20，其中河北、江苏、浙江、安徽、福建、山东、河南、湖南、广东、广西、海南、重庆、云南、陕西、甘肃、青海、宁夏的区域专业化程度呈上升趋势（甘肃、青海、宁夏提高最为迅速）；北京、天津、山西、内蒙古、辽宁、吉林、黑龙江、上海、江西、四川、西藏的区域专业化程度呈下降趋势（黑龙江、吉林、辽宁降幅最为明显）；湖北、贵州、新疆的区域专业化程度呈波动趋势。

（3）1990—2016 年，我国蔬菜生产全域莫兰指数逐步增加且通过显著性检验，揭示了我国蔬菜生产的空间相关性及不断强化的特点。

（4）1990—2016 年，我国蔬菜泰尔指数（I_{Theil}）由 0.018 增加 155.56% 至 0.046，26 年间，六大产区内省际差异（I_{WR}）对总差异的贡献上升至 81.288%，产区间差异（I_{BR}）对总差异的贡献率则下降至 18.712%，我国蔬菜生产即便在产区内部也呈现“抱团”与“空间俱乐部趋同”特征。

第三，总体来看，我国蔬菜产业的集聚特征日益明显，一批批专业化程度高、特色鲜明的蔬菜主产地不断兴起，为推动农业种植结构调整，稳定“菜篮子”供应，提高农民收入作出重要贡献。从国际经验来看，农业产业集聚区在降本增效、环境友好、提高产业竞争力等方面表现出良好的效果，是世界农业的发展趋势。而中国的主产地便是农业产业集聚的宏观表现之一，其优势亟待发掘。实际上，蔬菜主产地内部呈现出层次化空间格局特点。本研究便以此为出发点，探索中国特色适度规模经营的新出路，从村级视角出发把握蔬菜主产地发展壮大的机制及其效应。

4 不同空间层级主产地下的蔬菜专业村分析

综合考虑地理气候、区位优势等因素，可将全国蔬菜产区划分为华南与西南地区冬春蔬菜优势区、长江流域冬春蔬菜优势区、黄土高原夏秋蔬菜优势区、云贵高原夏秋蔬菜优势区、北部高纬度夏秋蔬菜优势区、黄淮海与环渤海设施蔬菜优势区 6 个优势区域。六大蔬菜优势产区有着各自鲜明的特点与优势，从供给数量到供应种类上为满足我国广大居民的多元化消费需求提供了有力的支撑，也为增加农民收入、提高我国蔬菜产业竞争力发挥了重要作用。六大蔬菜产区内部产品供应在空间结构上呈现出相似性：在六大蔬菜产区内部，蔬菜生产格局存在空间层次性，蔬菜主产省由其内部蔬菜主产县构成，蔬菜主产县由其内部蔬菜专业村构成，专业村是主产地发展的基本空间单元。由此观之，蔬菜专业村的发展关乎主产地的良好运行，其重要性不言而喻。本章的意义在于，细致梳理蔬菜主产地的空间层次，由省至县、由县至村，明晰专业村的基础性与核心性地位及其与各层级主产地发展之间的互动关系，为后文研究奠定坚实的现实基础。

伴随我国农业现代化进程的不断推进，传统农业逐步向规模化、资本化、产业化的现代农业转变，设施农业蓬勃发展，在提高土地产出率、劳动生产率、资源利用率与农业效益方面发挥着排头兵作用。其中，设施蔬菜作为设施农业的重要组成部分，拥有广泛的发展前景。1985 年以来，我国设施蔬菜产业发展迅速，经过 30 余年的发展，设施蔬菜不仅基本解决了蔬菜周年均衡供应的问题，还在提高农民收入和资源利用效率，推动农业现代化等方面作出了历史性的贡献。因此，本研究以黄淮海与环渤海设施蔬菜优势产区为例进行研究，具有重要的现实意义与前瞻性。

位于黄淮海与环渤海设施蔬菜优势产区内部的蔬菜主产省份，在地理气候、区位优势等方面具有一定的可比性。与此同时，结合《全国蔬菜产业发展规划（2011—2020 年）》（国家发展和改革委员会、农业部），以及《全国设施蔬菜重点区域发展规划（2015—2020 年）》（农业部），课题组选定黄淮海与环渤海设施蔬菜优势产区中的北京、天津、辽宁、河北、山东、山西六省市为研究区域。本研究所用宏观数据来自《中国统计年鉴》《中国农业年鉴》《北京区域统计年鉴》《天津统计年鉴》《辽宁省农业农村经济统计手册》《河北经济年鉴》《山东统计年鉴》《山西统计年鉴》。微观数据来自课题组于 2016—2017 年的调研，包括两部分：第一部分是以村为单元进行的调研，通过对北京、辽宁、山东、山西四省市相关统计材料进行梳理，对四省市蔬菜主产县进行抽取，并在此基础上对以黄瓜、番茄、青椒、茄子等大路果类蔬菜为主要生产品种的蔬菜专业村发展情况进行抽样调查，其中抽取北京蔬菜专业村 15 个，辽宁蔬菜专业村 115 个，山东蔬菜专业村 57 个，山西蔬菜专业村 118 个，合计 305 个样本村；第二部分是以农户为单元进行的调研，并调研对应的村庄数据，在综合统计相关材料的基础上，课题组首先采用分层抽样方法对六省市蔬菜主产县进行抽样，然后对主产县中以黄瓜、番茄、青椒、茄子等大路果类蔬菜为主要生产品种的专业村及其蔬菜种植户展开随机抽样，共覆盖了 15 个县 46 个乡镇 92 个村，获得有效问卷 531 份。本章及后续 5 章的数据均来源于此，后文不再赘述。

4.1 主产省内部的蔬菜主产县

在地域广阔的蔬菜主产省内部，各区县结合气候情况、资源禀赋、区位条件、交通设施、技术储备、市场需求，以及政策调控等进行生产调整，形成了蔬菜主产县与非主产县，并呈现“俱乐部”分布特征。本小节对六省市蔬菜主产县的地理分布状态及主产县对主产省蔬菜产业发展的作用进行描述分析。

4.1.1 主产省内部蔬菜生产的分布

县域是我国最重要的农业生产单元之一。目前，主产省蔬菜生产在各区县的分布并不均衡，呈现出“俱乐部”形态。本研究运用改进的洛伦兹曲线（Lorenz Curve）描绘主产省内部蔬菜生产分布情况。具体而言，先分别将各蔬菜主产省的各区县按蔬菜产量进行升序排列，然后计算出区县累计百分比与对应的蔬菜产量累计百分比，在此基础上绘制出主产省蔬菜生产布局的洛伦兹曲线，揭示主产省内蔬菜生产分布状态。表4－1与图4－1对应，揭示了六省市内部区县蔬菜生产分布的非平衡性。

如表4－1所示，对于六省市蔬菜产量位列前30%的区县，其蔬菜产量之和占全省市蔬菜总产量之比分别为74.71%、67.89%、73.22%、69.89%、71.82%、81.66%，超过全省市蔬菜总产量大半。而蔬菜产量位列前50%的区县，其蔬菜产量之和占全省市蔬菜总产量之比分别为94.77%、92.02%、91.91%、87.36%、89.00%、93.03%，接近全省市蔬菜总产量。由此观之，在蔬菜主产省内部，并不是所有的区县均担负着保障蔬菜供应的任务，只有少部分区县是蔬菜供应的主力担当——主产县，这是在市场化背景下比较优势推动的必然结果，也是因地制宜发展特色农业的直观表现。

表4－1　六省市蔬菜生产空间非平衡性分析

累计（%）	北京	天津	辽宁	河北	山东	山西
10	29.39	32.10	38.35	38.70	38.04	55.33
20	65.47	56.90	59.33	56.05	57.32	72.17
30	74.71	67.89	73.22	69.89	71.82	81.66
40	83.16	77.53	84.51	80.15	81.80	88.20
50	94.77	92.02	91.91	87.36	89.00	93.03
60	96.92	94.69	96.00	92.34	93.38	95.93
70	98.15	96.64	98.15	95.97	96.82	98.02
80	99.19	98.05	99.22	98.26	99.00	99.23
90	99.80	99.43	99.76	99.61	99.86	99.78
100	100.00	100.00	100.00	100.00	100.00	100.00

资料来源：《北京区域统计年鉴》《天津统计年鉴》《辽宁省农业农村经济统计手册》《河北经济年鉴》《山东统计年鉴》《山西统计年鉴》。

从空间分布来看，主产县在主产省内的空间分布也表现出明显的非平衡性。北京、天津、辽宁、河北、山东、山西六省市主产县蔬菜生产布局呈现“俱乐部”特征，即高产县与高产县集中分布，低产县与低产县互相连接，总体展现出一种同类“连片”发展的特点。

4.1.2　主产县在省域蔬菜产业发展中的作用

县域是农产品生产发展的重点，是农产品安全的关键（杨春等，2010），其中的原因在于，以县为单元能够更好地实现规模经济，调动经济力量，设定安全标准，获得政策支持，对于蔬菜产业而言亦是如此。

在省域蔬菜产业发展中，蔬菜主产县是关键的力量。规模化是市场化的基础，主产县规模较大，能够通过集中“连片”形成大规模的产业带和产业区。而形成产业带和产业区，则有利于发挥集群效应，并依托较强的经济基础，提高技术水平，优化资源配置，推广标准化措施，促进产业升级，形成品牌效应，并吸引政府更合理地对主产地进行规划，提供相关政策支持。在政府的支持下，将有利于更好地培育并发挥

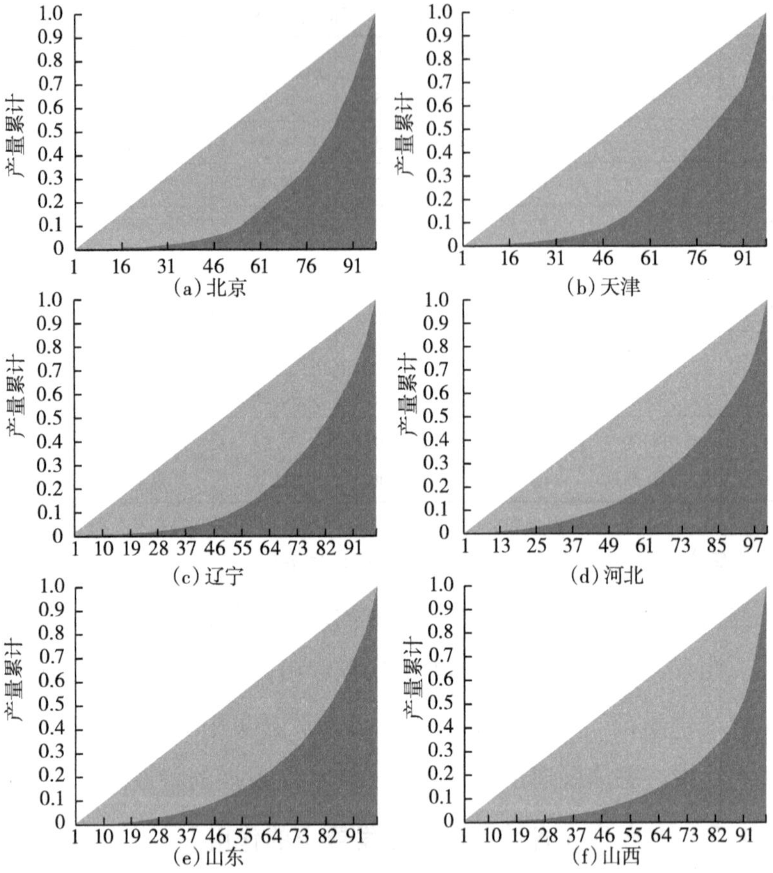

图4-1　六省市蔬菜生产空间非平衡性分析

资料来源：《北京区域统计年鉴》《天津统计年鉴》《辽宁省农业农村经济统计手册》《河北经济年鉴》《山东统计年鉴》《山西统计年鉴》。

规模经营主体，如家庭农场、农民专业合作社、农业龙头企业等的示范带动组织作用，甚至形成产业园区，并在结合各种社会力量的基础上，建设更加专业化、现代化的蔬菜主产县，成为主产省的中坚力量。

此外，蔬菜主产县较高的收益还会激发周边区县的生产积极性，促进主产省市内部种植结构调整，进一步提高专业化水平。主产县之间、主产县与非主产县之间通过资本、人才、技术等要素的交流还能够进一步提高彼此的生产能力，并进一步发展规模经济，推动省域蔬菜产业的发展壮大。

4.2 主产县内部的蔬菜专业村

蔬菜主产县在主产省中肩负着重要“责任”，是主产省发展壮大的发动机，但我国幅员辽阔，县级行政单元还包含着乡镇、行政村及下辖自然村，村庄是农民生产生活最基本的空间单元。在蔬菜主产县中，蔬菜专业村才是主产县中蔬菜供应的基础单元。表4-2统计了农业部发布的第一批至第七批全国“一村一品”示范村镇名单中六省市“一村一品”示范专业村与蔬菜示范专业村的建设情况。

六省市“一村一品”示范建设卓有成效，共评选出452个示范专业村，其中蔬菜示范专业村170个，占示范专业村总数的37.61%。具体来看，从总示范专业村与蔬菜示范专业村绝对量来看，山东列第一位，示范专业村总数与蔬菜示范专业村数量分别为142个和56个，接下来依次为河北、山西、北京、辽宁、天津五省市。从蔬菜示范专业村数量占示范专业村总数的比例来看，天津占比最高，达到51.43%，北京、山东、河北、辽宁、山西位列其后，占比为25%～50%，表明了蔬菜产业在六省市种植业中的重要地位。

表4-2 六省市“一村一品”与蔬菜示范专业村建设情况

省市	“一村一品”示范村数量/个	蔬菜“一村一品”示范村数量/个	所占比例/%
北京	65	27	41.54
天津	35	18	51.43
辽宁	47	16	34.04
河北	86	32	37.21
山东	142	56	39.44
山西	77	21	27.27
合计	452	170	37.61

资料来源：农业部，第一批至第七批全国“一村一品”示范村镇名单，笔者整理。

“一村一品”示范专业村只是专业村中极少的代表，但它们却是专业村发展的一个缩影。有更多的依托当地资源、技术、市场与政策支持，在村庄范围内拥有大部分商品性地从事蔬菜生产的农户，建设有提供专业化产品与服务的社会化服务组织，配备相对完善的基础设施，具有较大吸引现代要素集聚的潜力，并以蔬菜产值构成该村社会产值主体的村庄，才是蔬菜主产县中的主力军。

笔者在调研过程中获悉，正是蔬菜主产县中分布着的蔬菜专业村，才构成了主产县的供给主体。蔬菜专业村较普通村庄最大的区别在于，普通村庄中仅有部分农户出于自给自足目的或少量交易目的而进行蔬菜生产，蔬菜专业村则是以当地自然禀赋为基础，农户、合作社、龙头企业等主体有机合作、专业化生产、产业化经营，在村庄中形成适度集聚，专门进行蔬菜生产及相关活动，形成村域层面的规模化经营，充分发挥规模经济、比较优势，在技术储备、资金条件、社会化服务供给、基础设施建设、产品销售与品牌建设等方面形成较强的优势，是主产县中极具发展活力的单元。

4.2.1 专业村在县域蔬菜产业发展中的作用

蔬菜专业村虽是主产县内众多村庄中的少数群体，却是主产县蔬菜产业发展壮大的动力源泉。一方面，专业村自身具有成长的内生优势，是推动主产县增量增收、现代化发展的重要力量，是主产县的中流砥柱；另一方面，专业村还能通过资本、劳动力、技术等要素的流动带动更多村庄加入蔬菜专业生产队伍，进一步强化主产县竞争力。因此，可以说专业村作为主产地最基础的空间维度，其发展的好坏对主产地能否健康成长起着决定性作用。具体如下：

农民是理性主体，实现利润最大化是农民从事生产活动的根本目标，农户基于此进行生产决策，也是农民成为农业发展中最具能动力量的根本原因。在蔬菜专业村中，农民立足资源禀赋，结合市场需求与政策引导，在能人的带领下大力发展生产。在发展的过程中，经济收益明显，进一步激发了更多农民的种植意愿，吸引并衍生了更多要素集聚，形成了一户带多户、多户带全村的专业村发展局面。也正是这种拥有大部分商品性地从事蔬菜生产的农户，并以蔬菜产值构成该村社会产值主体的村庄，缓解了当下普遍存在的农户“小而分散”特征的尴尬局面，构造出“另类”规模经营形式，是与农业现代化目标对接的新手段。概言之，在专业村中，农户彼此间的信息互通带来技术共享，弥补了农民技术及管理储备的不足；集体协商推动基础设施建设，降低了生产成本和专业化投入的风险；规模种植形成规模经济与品牌效应，解决了卖难问题；推动社会化服务主体创新，满足了农业劳动力由于老龄化、兼业化问题加重而对农业生产性服务产生的外包需要。这意味着，专业村在先进技术推广、资金筹措、现代设备投资、社会化服务产品供给、一二三产业融合发展与品牌化建设上具有内生优势，继而提升专业村农业综合生产能力和农产品市场竞争力，进而使专业村成为蔬菜主产县中保障蔬菜供给、增加农民收入、推进蔬菜产业现代化发展的重要力量。

伴随专业村的形成和不断发展，村庄之间会通过资金、劳动力、技术、信息等要素的流动与扩散，带动更多专业村形成，形成更大范围的集聚，增强集聚效应。换言之，专业村发展好才能带动主产县更好地发展，推进主产县蔬菜规模化、专业化、特色化、品牌化发展，构成良性循环，提高主产县竞争力。

4.2.2 蔬菜专业村的发展概况

目前，六省市蔬菜专业村发展迅速，是未来蔬菜主产地现代化发展过程中的关键力量，以下仅列举一些具有代表性的专业村，对六省市蔬菜专业村发展现状进行初步描述，直观揭示专业村在县域蔬菜产业中的活力地位。

1. 北京王各庄蔬菜专业村

北京市大兴区魏善庄镇王各庄村是以北京王各庄鑫鑫农产品产销专业合作社为依托，以绿源艺景农业发展有限公司为主导，实行“企业+协会（合作社）+农户”产销模式的蔬菜专业村。该村设立蔬菜生产园区，并将蔬菜生产园区内部核心区划分为蔬菜集约化育苗场、新品种新技术及特菜类种植展示区、产后加工区和办公区4个功能区，将核心区外500亩辐射区设置为订单蔬菜生产区，实行专业化种植、标准化生产。目前，王各庄蔬菜专业村注册了绿源艺景农产品商标，积极开展品牌化建设，并通过举办农产品展销会，以及利用微博、微信、电视台等网络媒体进行品牌宣传。共带动周围蔬菜种植户50余户，辐射农户80余户，使户均年收入增加10000元。

2. 天津后幼庄蔬菜专业村

2002年，天津市武清区大孟庄镇后幼庄村在天津市黑马工贸有限公司的支持下开始种植西蓝花。如今，后幼庄村可耕地面积2100亩中有1200亩用于西蓝花种植，成为远近闻名的西蓝花专业村。在专业村发展初期，各户零散种植，在公司及村委会的带动下逐步扩展，形成了“连片”种植的局面，并且通过不断调整种植季节和种植方式，促进种植水平不断提高。由于技术过硬、适销对路，后幼庄村声名远扬。随后，在村委会和镇政府的帮助下，后幼庄村还兴建了蔬菜专业合作社，实行统一采购籽种、统一检测、统一销售的生产经营模式，促使该村西蓝花产业化种植有了进一步发展，实现了降本、增效、增收。下一步，后幼庄村计划打出自己的蔬菜品牌，或者与一些蔬菜加工、保鲜企业开展合作，探索蔬菜深加工模式，促进西蓝花产业的精细化经营。

3. 辽宁利兴蔬菜专业村

辽宁省瓦房店市元台镇利兴村是一个温室蔬菜生产专业村，全村有90%以上的农户从事设施蔬菜生产。利兴村结合当地土壤和气候条件，以西红柿为主要种植品种，先后引进新品种100多个，其中“金棚夺冠”经过尝试越夏生产成功，实现温室生产二茬改三茬，每亩可增收1.5万元，占总收益的30%左右，有效改善农民生活水平。元台镇利兴村蔬菜协会是当地的“科技当家”，主要担负着新品种与新技术的示范和推广工作，并大力培养科技示范户帮助其实现次级推广。协会还通过建立图书室、聘请专家现场指导、开展网络电视科普等方式，推进便民农技学习。利兴村已成为大连地区最大的西红柿生产专业村之一，当地西红柿、芸豆和辣椒3种蔬菜获得了国家绿色食品认证标识。蔬菜协会荣获“全国科普惠农兴村先进单位”称号，“利兴宝”牌蔬菜还获得了辽宁省名牌农产品荣誉称号。

4. 河北城子蔬菜专业村

河北省保定市容城县为改变农民多年传统的种植模式，本着“政府引导、乡村规划、农民自愿”的原则，启动了“万亩设施蔬菜”建设工程。共拨款100万元奖补资金，建立种植推广、种子繁供、病虫测报、测土配方供肥、农机服务五大服务体系。同时，为确保设施蔬菜的科技含量，容城县常年聘请河北农业大学教授为农户提供技术咨询和服务，大力推广标准化生产。容城县贾光乡城子村是容城县“万亩设施蔬菜”建设工程中的蔬菜专业村之一，其以兴农蔬菜瓜果农业合作社为依托，主要种植西红柿等果类蔬菜。西红柿面积达到400亩，年产250万公斤，主要销往京津晋。全村年人均纯收入达到5892元，是全县闻名的县级科技示范园区。

5. 山东寿光蔬菜专业村

山东省寿光市是全国有名的蔬菜产业集聚区，被称为“中国蔬菜之乡”，下辖蔬菜专业村 587 个，蔬菜种植面积达到 80 多万亩，其中“三品”认证基地达 71 万亩，绿色、有机食品品牌达 290 个。总体来看，寿光市专业村在质量安全建设、新型经营主体培育、产销对接上取得了突出的成绩，表现在以下几方面：

（1）寿光市共有 86 个现代农业园区，每个园区都进行生产质量安全建档，开展农业投入品制度、产品检测制度、包装标识制度和质量追溯制度。同时，全国唯一在副省级城市以下设立的国家农产品检测中心已落户寿光，经检测，寿光蔬菜合格率为 100%，成为全国蔬菜产业的标杆。

（2）寿光市有农业龙头企业 410 家，其中省级以上龙头企业 15 家，已形成以农业企业投入为主的多元化高端投入体系。同时，经过 20 多年的孕育发展，已经培育出了一大批高端农业生产主体——科技型农民：10 万农民获得了“绿色证书”，2.4 万农民获得了“农民技术员”资格，180 名农民被评为“农民科技专家”。

（3）寿光市正在全力构建大中城市直营形象店、超市寿光蔬菜品牌专柜、大型社区加盟店、餐饮企业生鲜蔬菜厨房配送系统、蔬菜呼叫手机订购等高端市场直供网络体系。寿光拥有 500 余处专业市场，开通了全国第一家蔬菜网上交易市场，开通了寿光至北京、哈尔滨、湛江 3 条“绿色通道”和面向国际市场的“蓝色通道”，与 23 个大城市 405 家连锁超市签订了产销协议，约九成品牌蔬菜进入北京、上海等城市高端市场。

6. 山西孙家寨蔬菜专业村

山西省太原市小店区小店街办孙家寨村是有名的蔬菜专业村，获得了农业农村部“一村一品”开发村、山西省科技示范村、太原市无公害蔬菜标准化生产基地等诸多荣誉称号。全村一半以上的农民从事蔬菜生产，2650 亩耕地中有 80% 用于蔬菜种植，占地 2100 亩，其中设施蔬菜500亩。电动卷帘机、自动测温器、提温设施等一步到位，水、电、路等配套设施一应俱全，并因地制宜开发露地蔬菜、旅游观光采摘等片区。孙家寨村成功获得农业农村部无公害蔬菜产品认证，并注册了“并州绿”等品牌商标，大幅提升了蔬菜产业的规模、品质和知名度，形成了“一园一基地、一村一品牌、一业一市场”的蔬菜产业发展格局，使农民收入稳步提高，产业基础日趋巩固。

4.3 专业村与不同空间单元主产地的联动关系与核心地位

由前文描述分析可知，主产县是主产省的中坚力量，而专业村也依托资源禀赋、科技与装备支撑、企业引领与市场引导、政府支持与监管，在主产县中异军突起，是主产县中最具发展潜力的单元。但反观专业村的发展过程，来自主产县、主产地的支持也不容忽视，不同层级空间单元主产地之间呈现上下联动关系。对此，一方面，本小节结合前文分析，对不同层级空间单元主产地的联动关系链条加以梳理；另一方面，立足定量分析进一步揭示专业村在主产地中的优势力量，明确专业村在主产地的核心地位。

4.3.1 不同层级空间单元主产地的联动关系

蔬菜生产格局存在空间层次性，并且不同层次的蔬菜产地之间存在联动关系。对此，结合前文分析进行梳理：主产地发展存在“自下而上”的路线——蔬菜专业村是主产县、主产地发展的基础所在；主产地发展也存在“自上而下”的路线——更高的产地层次会通过发挥规模优势、经济优势、技术优势、品牌优势、政策优势等作用于主产县、专业村。专业村、主产县、主产省之间的相互作用关系如图4-2所示。

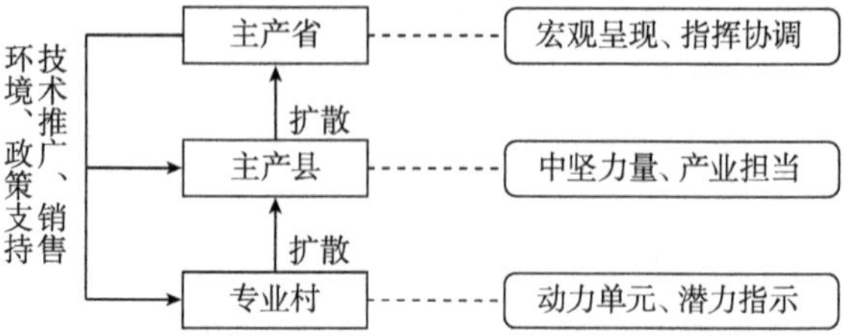

图 4-2　不同层级空间单元主产地下的联动作用分析

1. “自下而上”的路线

农户基于利润最大化的目标进行蔬菜生产决策，并通过经济利益吸引更多农户加入蔬菜生产队伍，一户带多户、多户带全村，在这个过程中，还吸引和衍生了为农业生产提供现代要素与服务的组织、市场等，形成专业村产业集聚发展模式。而基于产业集聚发展特征，专业村在先进技术推广、资金筹措、现代设备投资、社会化服务产品供给、一二三产业融合发展与品牌化建设等方面形成内生优势，这有利于提升专业村的综合生产能力和市场竞争力。

村庄之间通过资金、劳动力、技术、信息等要素的示范带动与扩散，促进更多专业村形成，并形成更大范围的集聚，增强集聚效应，即通过一村带多村、多村连成片推动主产县的形成。

主产县的形成会带来更大的规模经济，在经济基础、技术水平、资源配置、推广标准化生产、促进产业升级，以及形成品牌效应等方面具有更大的优势，并且更能吸引政府的支持，实现更好的发展。

同时，县域之间的溢出效应也会使主产县吸引更多的县加入蔬菜生产，并提高彼此的生产能力，进一步发挥规模经济，逐步壮大蔬菜主产地，成为保障蔬菜供给、增加农民收入、推进蔬菜产业现代化发展的重要力量，构成了“专业村→主产县→主产省”的“自下而上”的路线。

2. “自上而下”的路线

相比下级产地，更高的产地层级在资金实力、技术推广、品牌建设、统筹规划等方面往往具有更多优势。这一方面使上级主产地在生产上，基于较强的经济实力与技术研发能力，能够对下级蔬菜产地进行大规模、现代化的技术支持；另一方面，上级主产地也会基于地域品牌建设，改善下级蔬菜产地的销售环境。此外，上级主产地更容易获得政府的统一规划与政策支持，有利于改善主产地内部各级产地的政策环境与生产条件，为专业村的发展壮大提供基础性条件，具体如下：

首先，在技术推广体系建设方面。主产地农业生产向着现代农业的方向迈进，这对农户的技术及装备投入提出了更高的要求，也就意味着对农业技术推广体系的研发创新能力、综合服务能力，以及组织能力提出了更高的要求。在蔬菜主产地，基于雄厚的资金实力并结合当地的生产情况，往往建设有更完备的技术研发与推广机构，形成“省农委—市农技推广总站—区县农业行业服务中心—区县农业站（所）—乡镇农业服务中心”的基本构架。同时，在高校与科研院所的支持下，形成“产学研”一体化建设，全面提高各级蔬菜主产地技术水平。

其次，在销售环境方面。伴随消费者对健康生活要求的提高，质量安全农产品逐渐成为信任品，良好的口碑是影响消费者购买行为继而影响农民收入的关键。蔬菜主产地在多年生产中积累了良好的声誉，形成了产品品牌，甚至地理标志产品，如寿光蔬菜品牌驰名全国，受到消费者的认可，实现品牌溢价，为山东省各个层级产地提供了良好的销售环境，有利于增加农民收入并实现投资再生产，进一步壮大主产地。但是，在市场环境较差时，各级蔬菜产地也会受到共同的打击，造成集体性萎缩，造成系统性风险。

最后，在政策支持方面。政府职能的发挥往往通过制定相关政策与规章制度，如对所辖地域开展项目推广、基础设施建设、提供信贷支持等，为各级产地提供良好的政策环境、市场环境和生产环境。但是，政府的支持也要符合科学规律，对于不同空间层级、不同发展阶段的产地需予以差别化培养。此外，政府也要注意对主产地内各主产县之间、专业村之间进行布局规划，要从互补与协调高度出发，合理布局蔬菜品种，避免产业结构同化、特点同化，并推动各产地在产业链条不同环节间的合作，进而培育和建立起具有区域特色的集群品牌，构成“主产省→主产县→专业村”的“自上而下”的路线。

专业村是各级产地发展壮大的基础，上级主产地则为专业村发展提供支持，二者互动循环、相互依托、互为表里。总而言之，对主产地的根基——专业村展开研究对激发我国农业发展活力，实现乡村振兴具有重要意义。

4.3.2 蔬菜专业村在主产地中的核心地位

本小节基于生产效率比较优势指数［EAI_i，式（4－1）］、生产规模比较优势指数［SAI_i，式（4－2）］、综合比较优势指数［AAI_i，式（4－3）］对专业村基础性与竞争性核心地位进行数量验证，检验依托专业村，发展专业村对于增强主产地竞争优势的现实意义。本小节数据来自对北京、辽宁、山东、山西四省市蔬菜专业村级的调研数据。

$$EAI_i = AP_i / AP \tag{4-1}$$

$$SAI_i = \frac{GS_i / TS_i}{GS / TS} \tag{4-2}$$

$$AAI_i = \sqrt{EAI_i \times SAI_i} \tag{4-3}$$

在本研究中，生产效率比较优势指数是指某一专业村蔬菜单产（AP_i）与其所在主产县平均水平（AP）的对比：某专业村蔬菜生产效率比较优势指数小于1，说明该专业村生产效率与主产县的平均水平相比处于劣势；大于1，说明该专业村生产效率与主产县的平均水平相比处于优势。生产规模比较优势指数是指某一专业村蔬菜播种面积占该村农作物播种面积的比重（GS_i/TS_i）与主产县蔬菜播种面积占农作物播种面积的比重（GS/TS）之比：专业村生产规模比较优势指数小于1，说明该专业村生产规模与主产县平均水平相比处于劣势；大于1，说明该专业村生产规模与主产县的平均水平相比处于优势。综合比较优势指数则综合了效率比较优势和规模比较优势，全面反映专业村蔬菜生产在主产县中的优势程度：当综合比较优势指数小于1时，说明专业村蔬菜生产与主产县平均水平相比处于劣势；大于1，则说明专业村蔬菜生产与主产县平均水平相比处于优势。

四省市蔬菜专业村的平均生产效率比较优势指数、生产规模比较优势指数，以及综合比较优势指数如表4－3所示。总体来看，四省市蔬菜专业村的三类比较优势指数均超过了主产县的平均水平。一方面，反映了在主产县内部，专业村在生产效率、规模及综合竞争力方面均具有较大的优势，通过数据对专业村在主产地中的发展潜力与优势地位的验证，证实了专业村是主产地发展壮大的根基。另一方面，验证了本研究样本选择的合理性，其中北京、山东、山西三省市在主产县中规模比较优势突出，北京专业村在北京区县中规模比较优势格外明显，山东蔬菜专业村的效率比较优势与规模比较优势则比较均衡，辽宁蔬菜专业村在主产县中生产效率比较优势突出。

表4－3　四省市蔬菜专业村在主产地中的核心地位

省市	效率比较优势	规模比较优势	综合比较优势
北京	1.72	2.88	1.83
辽宁	3.93	1.85	1.50
山东	2.23	2.56	1.72
山西	1.73	2.51	1.42

图4－3具体展示了四省市蔬菜专业村的生产效率比较优势指数、生产规模比较优势指数与综合比较优势指数的分布情况，即四省市蔬菜专业村在主产县中是否具有比较优势的分布比例。

如图4－3所示，并结合表4－3中的结果可知，四省市蔬菜专业村

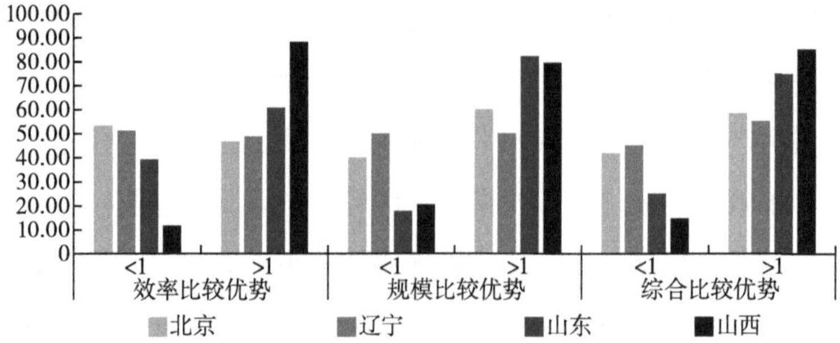

图 4 -3　蔬菜专业村的比较优势分布情况

资料来源：根据本研究村级问卷调研数据整理。

大部分都在生产效率、生产规模与综合竞争力方面更具有优势。但是，从北京蔬菜专业村的生产效率比较优势分布情况来看，专业村之间的效率差别比较大，意味着专业村发展可能存在周期性，专业村也需要经历一个不断提高比较优势的阶段，图 4 -4 便展示了这一过程。

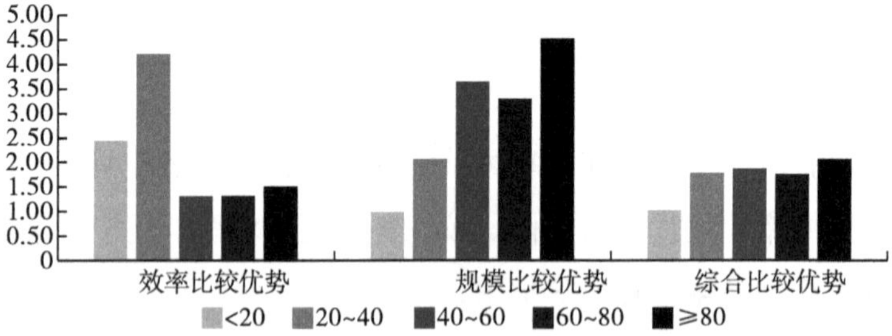

图 4 -4　不同发展程度下蔬菜专业村的比较优势分布

资料来源：根据本研究村级问卷调研数据整理。

图 4 -4 为不同发展阶段（以菜地面积占耕地面积比衡量）的蔬菜专业村效率比较优势、规模比较优势与综合比较优势的分布情况。其中，规模比较优势与综合比较优势随着专业村的壮大而提高较为明显，效率比较优势却呈现出上升、下降再上升的趋势，形成该现象的原因值得探索，其答案将有利于主产地的健康成长。

总而言之，专业村是主产县、主产省中极具优势的基本空间单元，探索专业村的形成、特征及发展机制，不仅有利于稳定农产品供给，提高农民收入，增强农业产业竞争力，更是推动乡村全面振兴，加快建设农业强国的重要手段。

4.4 本章小结

关于主产地的既有研究主要以区域（地带）、省域等宏大的地理单位为对象，但是主产地内部呈现出多层级空间结构，并表现出主产县“俱乐部”与专业村“连片”发展的空间格局，专业村才是承载主产地发展的最具有活力的、最能反映主产地健康发展潜力的单元。本章以黄淮海与环渤海设施蔬菜优势产区中北京、天津、辽宁、河北、山东、山西六省市为研究对象，探析我国蔬菜主产省内部生产格局，并分析不同空间层级产地在主产地发展中的作用。在此基础上，梳理不同层级空间单元主产地的联动关系，主要研究结论概括如下：

第一，在省域蔬菜产业发展中，主产县具有经营规模较大、经济基础较强、技术水平较高、政策环境较好等优势，在现代生产、产品供给、产业升级、品牌建设等方面成效显著，是主产省的中坚力量。同时，在发展较好的主产县的带动下，更多区县加入蔬菜生产队伍，并形成了“俱乐部”发展趋势：六省市中，蔬菜产量位列前 30% 的区县，蔬菜产量之和占全省市蔬菜总产量的比重约达 70% 以上，蔬菜产量位列前 50% 的区县，蔬菜产量之和占全省市蔬菜总产量的比重约达 90% 以上。

第二，在主产县中，专业村是主产县蔬菜产业发展壮大的动力源泉。一方面，专业村具有成长的内生优势，是推动主产县增量增收、现代化发展的重要力量，是主产县的中流砥柱；另一方面，专业村还能通过资本、劳动力、技术等要素的流动带动更多村庄加入蔬菜专业生产队伍，进一步强化主产县竞争力。专业村作为主产地最基础的空间维度，其发展的好坏对主产地能否健康成长起着决定性作用。此外，比较优势指数测算，也验证了专业村在主产县发展中具有较大的生产效率比较优势、生产规模比较优势，以及综合比较优势，但值得注意的是，专业村发展也存在周期性，探索充分发挥专业村优势的途径意义重大。

第三，蔬菜主产地内部格局具有空间层次性，且不同层级的蔬菜主产地之间存在联动关系，存在“自下而上”和“自上而下”两条路线。一方面，蔬菜专业村是主产县形成的基础，主产县是主产地发展的依托；另一方面，更高的产地层级，也会基于规模优势、经济优势、技术优势、品牌优势、政策优势等，在技术推广体系建设、销售环境、政策支持等方面反作用于主产县、专业村的发展。总而言之，专业村是各级产地发展壮大的基础，上级主产地则为专业村发展提供支持，二者互动循环、相互依托、互为表里，对主产地的根基——专业村展开研究，对激发我国农业发展活力，推动乡村全面振兴，加快建设农业强国具有重要意义。

5 蔬菜专业村的形成机制及驱动因素分析

专业村是我国蔬菜主产地中极具发展活力的空间单元，是以村为单元的规模化经营形式，是对接小农户与现代农业的创新组织形式，兼具基础性与重要性地位。摸清专业村的形成规律，有效“复制”专业村，有利于保障农产品有效供给，促进农民持续快速增收，提高主产地农业发展质量、效益和竞争力。考虑到专业村形成的现实情况及其在某种程度上难以完全依靠计量方法反映的特点，本章首先以延庆区康庄镇小丰营蔬菜专业村为例进行专业村形成机制的定性分析。在此基础上，结合有关理论，运用实证方法进一步验证蔬菜专业村的形成机制与对应的驱动因素。

既有研究主要基于定性判断或描述统计的形式阐述专业村的成因，并将专业村形成的影响因素归纳为企业家精神、资源禀赋、交通条件、技术储备、市场需求，以及政府推进几大方面，为本研究提供了重要的参考（李小建等，2009；高更和等，2011；乔家君等，2014）。但仍存在一些不足：一是定性判断的理论基础有余而与实际联系不足；二是描述统计的范围狭小，结论的区域性较强，不具有普遍适用性；三是无法获得各影响因素对专业村形成贡献的大小，不利于制定更有针对性的扶持政策，具有一定局限性；四是产业集聚及其影响因素往往很难用单一变量或单一维度的变量表示，甚至无法用显变量描绘，传统回归方法容易引发由于遗漏重要变量造成的有偏估计。

综上，本章一方面从现实视角，以小丰营蔬菜专业村为例，通过案例分析的方式，定性梳理专业村的形成与发展路径；另一方面，将既有理论和当前蔬菜专业村发展特征相结合，理论联系实际，构建蔬菜专业村形成的逻辑框架，建立相应的驱动因素体系。考虑数据特征，选择用结构方程模型对理论假说进行实证检验，探讨有效推动专业村发展壮大的路径。

5.1 延庆区康庄镇小丰营蔬菜专业村案例分析

5.1.1 小丰营村蔬菜生产历史

延庆区康庄镇小丰营村有数百年的蔬菜种植历史，早在 20 世纪 80 年代，小丰营村的大白菜便在延庆区家喻户晓，但是由于农户经营小而分散、种植结构单一、受自然影响较大、缺乏在市场上的话语权等，当地蔬菜种植户收入较低、生产积极性不高。随后，北京市开展“菜篮子”工程建设，城市市场成为小丰营村农民蔬菜销售的主要目标，但是蔬菜生产的季节性导致蔬菜的集中上市压低了价格，不利于农民收入的提高。进入 21 世纪后，延庆区开始推广反季设施农业，小丰营村走在前列，并开始尝试无公害农产品的种植，发展潜力逐步被挖掘。

5.1.2 绿菜园蔬菜专业合作社的诞生

2007 年，响应并依托《中华人民共和国农民专业合作社法》，在康庄镇的规划下，小丰营村农民逐渐意识到了合作在致富路上的巨大能量。在当地农民商讨与村委的宣传下，北京绿菜园蔬菜专业合作社成立，并通过选举推选出“能人”赵玉忠作为合作社理事长，共有 298 户农民加入合作社，带动农民 400 余户。

由于传统蔬菜种植模式已经无法满足农民增收的需求，经过多方面考察，合作社基于设施农业资源走上了发展有机菜的道路。2007 年以来，绿菜园蔬菜专业合作社已建成 2000 亩无公害蔬菜种植基地，500

亩有机蔬菜基地。在种植品种选择上，既包括大路菜，如黄瓜、茄子、西红柿、生菜等，也包括菜椒、紫薯和雪莲果等具有市场前景的特色菜，是合作社蔬菜创收的重要组成部分。合作社的创立极大地带动了小丰营村的经济发展，2009 年小丰营村经济总收入便达到了 10556.5 万元，超过康庄镇经济总收入的1/10，人均收入 13518 元，其中社员人均收入 14194 元，约是全镇人均收入的 1.3 倍（孙志元等，2010）。截至 2015 年，绿菜园蔬菜专业合作社年收入约 610 万元，盈利 57 万元，成员户均收入3 万余元（耿延峰，2015）。此外，合作社还通过土地流转、带动农民参加就业等增加农民收入，致富效果显著。

截至 2015 年，绿菜园蔬菜专业合作社先后收获北京“菜篮子”工程优秀生产基地、全国农民专业合作社示范社、北京市科普示范基地、北京市农业农村信息化示范基地、北京市农民专业合作社先进单位等荣誉称号。

5.1.3 绿菜园蔬菜专业合作社与专业村的发展

绿菜园蔬菜专业合作社发展迅速，带动小丰营村蔬菜产业发展，将小丰营村打造成为远近闻名的蔬菜专业村，可将主要做法归纳为以下几点：

利用历史资源，发掘现代方向。小丰营村坐落于延庆区康庄镇，自然资源丰富，交通便利发达，具有悠久的种菜历史。但是，随着经济的不断发展与消费水平的日益提升，历史沿袭的经营模式已经不足以支撑当地蔬菜产业发展与农民收入提高的要求。对此，在“能人”的牵头下，绿菜园蔬菜专业合作社成立，结合市场与农户的需求，推动当地蔬菜生产由传统向现代、由旧品种向有机菜转型。

在各级政府、各部门的支持下，绿菜园蔬菜专业合作社在小丰营村设立基地，开展有机蔬菜种植。在 2009 年，合作社将从农户处流转的 500 亩土地建成了有机蔬菜种植示范基地和出口基地，其中春秋棚 95

个、日光温室 132 个，当年便取得了 130 万元的纯收益。在接下来的 2 年内，合作社先后获得了西芹、西蓝花、茄果类、叶菜类、葱蒜类等 60 余个蔬菜品种的有机认证，这为小丰营村有机蔬菜优质优价提供了底气。当时，小丰营村有机蔬菜价格便比绿色蔬菜平均高出 5 倍[①]。在合作社的带动下，小丰营村进一步开拓市场，为当地蔬菜产业迎来了生机，更是增加了农民的收入，使小丰营村成为远近闻名的专业村。

科技指导生产，严格质量把关。品质保障是有机蔬菜得以立足的关键，是合作社与专业村赖以生存和发展的基础。绿菜园蔬菜专业合作社一直坚持以科技指导生产，严把质量关，为了让消费者对“绿菜园”的有机菜放心，在生产人员管理、质量管理等方面下了很大力气，具体如下：

（1）在生产上实行合作社统一指导、成员承包经营的生产模式。合作社按照岗位需要设置管理人员和植保人员，为成员的生产经营提供管理服务和技术指导，并依据岗位设置和生产情况确定薪酬，根据出勤天数和产品优品率进行奖励与处罚。

（2）建立严格的生产、检查、监测与产品跟踪制度。第一，标准化生产制度：合作社实行“六统一”管理，即统一种植规划、统一育苗、统一农资供应、统一病虫防疫、统一技术指导、统一品牌销售。科学统一的管理节约了生产成本，提高了农业产业化程度，更是保证了蔬菜的质量。第二，每日检查制度：每日派专人抽查设施大棚的温度、湿度、防疫等情况，并由当日工人确认签字。第三，产品检测制度：严格检测每一批蔬菜的农药残留、等级认证等项目，只有通过检测的蔬菜才能上市，从源头保证了质量安全。第四，产品跟踪制度：合作社将蔬菜的生产日期、品种与数量，以及相关生产者与管理者的姓名标注于包装箱内，并为蔬菜建立追溯码系统，确保蔬菜质量安全“实名制”（孙志

① 资料来源：《依靠科技创新，走出合作社成功之路——北京绿菜园蔬菜专业合作社》，https://www.docin.com/p-1630579259.html。

元等，2010）[①]。“绿菜园”对蔬菜质量的严格把关使“绿菜园”品牌深入人心，小丰营蔬菜专业村再次家喻户晓。

推动科学管理，公证利润分配。“合作社的发展要靠科学管理”是合作社坚持的基本理念，绿菜园蔬菜专业合作社将企业管理模式应用于合作社基地中，有利于实现农业生产规范化、管理科学化，并在劳动力管理与利润分配上取得了重要突破。

（1）“定岗、定则、定报酬、定奖惩”承包管理。合作社按需定岗，并根据岗位如管理岗、植保岗和生产岗的不同确定差异化薪酬。同时，结合实际情况奖惩，以充分调动各岗位人员的工作积极性。此外，合作社还十分注意强化员工培训，提高员工生产技能，包括生产、营销与管理等多方面的指导。

（2）建立健全财务与利润分配制度。在财务制度上，实行年度预算和决算，加强生产、销售成本的控制与分析，并定期进行财务公开，做到合作资金使用情况有据可查。在利润分配上，合作社创立了“三七开”的分配模式，即让农民“零风险投入，高收益回报”。同时，合作社还按照当年取得的可分配盈余的60%按成员与合作社交易额比例返还。返还后剩余的部分，以成员账户中记载的出资额和公积金份额，以及接受国家财政直接补助和他人捐赠形成的财产平均量化，按比例分配给合作社成员，并记载在成员个人账户中。此外，遇到种植蔬菜受灾，农民还可以获得每月1800元的最低工资补偿。

通过科学管理，合作社经营透明、运转高效，更有效地激发了当地农民的积极性，绿菜园蔬菜专业合作社也逐步壮大成为延庆当地有名的蔬菜龙头社。合作社科学管理经验不断影响着小丰营村农民的思想，提高了当地农民创新创业的动力与能力。

---

① 孙志元，黄立新．科学管理走出农民专业合作社成功之路：北京绿菜园蔬菜专业合作社调查记实[J]．中国农民合作社，2010（4）：54－55.

创新销售渠道，打造名优品牌。多元化的销售渠道、响亮的产品品牌是合作社增收增效的重要助力。绿菜园蔬菜专业合作社除批发市场交易模式——八达岭蔬菜市场交易外，还专门设立了蔬菜销售部负责社员和基地的蔬菜销售任务[①]，主要销售模式包括超市销售、小区专柜销售、礼品销售、网上销售、出口销售、农宅对接销售 6 种。合作社还负责组织蔬菜分级、加工、包装、直送，送菜上门，并与社区智能配送服务柜合作，有效满足消费者对生鲜蔬菜的需要。合作社已经先后注册“北菜园”“大白菜—祥云”“阔野田园”等品牌商标，通过品牌化战略提高知名度、扩大市场份额，推动合作社进一步发展壮大。

此外，在绿菜园蔬菜专业合作社的发起下，还成立了北京北菜园农产品产销联合社，由延庆区 12 个乡镇的 17 家合作社和公司构成，开创了有机农业抱团发展的新格局，对于解决单一合作社规模小、集约化程度低，促进打造农产品名优品牌，增强市场竞争力具有重要意义。通过联合社平台使各社联系紧密，更多农民获得收益。以小丰营村为核心，蔬菜产业不仅在一个村中成为主导产业，更是形成了“一村一品”“多村连片”的发展格局。

总而言之，小丰营蔬菜专业村的形成，是结合政府支持，在“能人”的带动下，以市场为导向，由村民积极响应，创建绿菜园蔬菜专业合作社，并通过合作社规模化经营、现代化转型、高品质生产、科学化管理、品牌化销售，焕发了具有蔬菜生产悠久历史的小丰营村新生，使其成为远近闻名的蔬菜专业村，并对延庆区蔬菜产业发展起着积极的促进作用。

5.1.4 专业村发展面临的难题

尽管小丰营村在以赵玉忠为“带头人”的绿菜园蔬菜专业合作社

① 孙志元，黄立新．科学管理走出农民专业合作社成功之路：北京绿菜园蔬菜专业合作社调查记实[J]．中国农民合作社，2010(4)：54－55.

的带动下取得了丰硕的成果，但仍主要存在以下几个方面的问题：

第一，关键技术不足。有机蔬菜首要保证的就是质量安全，为满足有机蔬菜生产要求，在生产过程中要严格依照不使用任何化学合成的农药、化肥的要求，这使绿菜园蔬菜专业合作社在生产过程中基本上只采用生物防治手段，如天敌防治、黄蓝板、防虫网等。在生产环境消毒方面则主要采用低温消毒、高温闷棚、土壤消毒、硫黄熏棚等。但是，用上述方法进行病虫害防治起到的作用主要还是预防，对于已经生病的幼苗基本上只能做拔秧处理。高成本、低产量成为有机蔬菜的劣势之一，如何进行更有效的预防和病后治疗，需要科研人员和相关生产者的进一步研究。同时，对于更多的蔬菜专业村而言，过于依赖传统技术、绿色生产意识不足、标准化操作不到位，不利于当地增产增效与良好口碑的形成。

第二，经营人才缺乏。能人在绿菜园蔬菜专业合作社与小丰营蔬菜专业村发展过程中发挥了至关重要的作用，但在绿菜园蔬菜专业合作社未来的发展中，生产与经营方面缺乏相关专业人才的问题较为严重。一方面，由于传统观念的约束，大部分具有专业知识的学生在毕业后不愿意回到农村、致力于农村，优秀资源回流受阻。另一方面，工资与职位诱惑力的不足也会造成求职人员的心理落差，相关人员缺乏到合作社工作的动力。在合作社内部的劳动力中，绝大多数是 40 岁以上的农民，文化水平一般，并且在农忙时期还会出现人手不足的问题，这也是当前农村劳动力老龄化、空心化的体现，是难以扭转的趋势。

第三，销售渠道受阻。如何让有机菜卖出有机价是合作社考虑的主要问题。话语权和运力是保证有机蔬菜优质优价的重要保证。在话语权方面，下级经销商如超市等往往出于利润与市场竞争力考虑压低合作社蔬菜收购价格，并收取如柜台费、回扣、宣传费等各项额外费用，影响了合作社的利润。在运输条件上，保证蔬菜新鲜、无污染的送达是消费者最大的需求，但是合作社的冷链物流尚不够完备，有机蔬菜网购尚属一个比较新兴的业态，还有很长的路要走。

然而，绿菜园蔬菜专业合作社在发展过程中还具有两个突出的优势。一方面，合作社具有充足的资金来源。合作社自发成立了资金互助会，该互助会以国家标准利率的2倍吸引民间资金加入，以供给合作社发展所需要的资金。由于小丰营村农民收入水平较高、市场经济意识较强，甚至合作社不得不限制融资规模。这种新型的农村金融机构对于全国来说有一种良好的示范效应，让钱从农民中来，到农民中去，更加灵活地扭转部分农业主体资金不足和部分农民资金无处使用的矛盾局面。另一方面，合作社获得政府的大力支持。绿菜园蔬菜专业合作社每年都会获得示范社的荣誉，而且各级政府的项目与扶持的重点也落在示范社上。基于政府及各级相关部门的帮扶与支持，绿菜园蔬菜专业合作社有着更广阔的舞台。但是，大多数专业村在发展过程中，在推动基础设施建设、拓宽销售渠道、引进高端人才与先进技术等方面往往缺乏足够的资金支持，政府出于资源有效配置与典型示范考虑也往往出现“扶强不扶弱”的现象，这也是影响专业村发展壮大的重要外部因素。

5.2 专业村形成的理论分析

实际上，专业村的形成也有坚实的理论基础。立足调研实际，并结合对比较优势理论、要素禀赋理论、内生比较优势理论、杜能农业区位理论、马歇尔产业区理论、韦伯工业区位理论、新经济地理学理论、波特竞争优势理论等的梳理，结合调研实际与理论基础，可将专业村产业集聚的形成机制归纳为自然资源、人力资本、技术储备、标准化生产、市场需求、政府支持6个方面（张哲晰等，2020），如图5－1所示。具体如下：

第一，自然资源。自然资源是专业村形成的基础。自亚当·斯密提

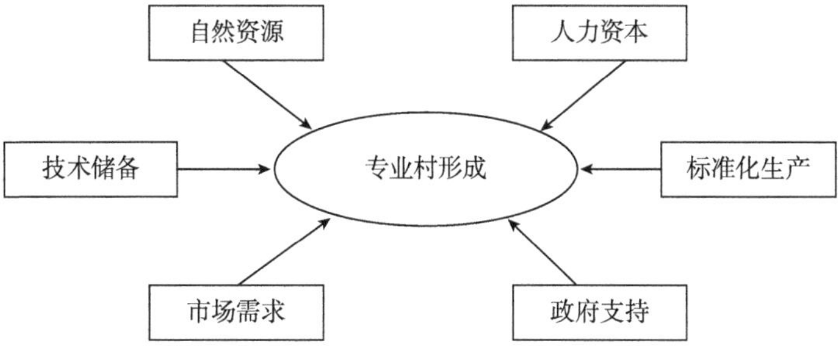

图5－1　专业村形成的逻辑框架

出绝对比较优势理论以来，相对比较优势理论与资源禀赋理论等被相继提出，阐明拥有不同生产资源禀赋的地区会形成差异性比较优势，并基于比较优势进行生产交换，获得收益。对于自然再生产的农业领域而言，自然资源具有不可替代性，在人多地少的中国，气候条件是否适合生产，自然资源（土地、水资源等）是否优沃，是决定能否开展农业生产的关键因素。同时，农业生产也是经济再生产，在具有自然资源禀赋优势的地区开展生产，是使当地获得更高收益，进行经济再生产的基础。对于专业村而言，农产品商品化交易是其突出的特征。因此，优沃的自然资源一方面影响农民的收入来源，另一方面则影响农民收益的高低。此外，新经济地理学中，"路径依赖"意味着产业集聚的形成是基于循环积累而强化与调整的偶然事件，即产业集聚往往始于当地初始优势的"路径依赖"放大效应。综上，本研究选取农户家庭耕地禀赋、水资源禀赋、设施禀赋，以及生产传统作为反映影响专业村形成的自然资源方面的变量。

第二，人力资本。内生比较优势理论指出，后天经验的积累、专业化的学习可以通过"熟能生巧"来提高生产效率，并提高比较优势。对于农业产业而言，自然禀赋是难以改变的客观条件，人力资本则是可以改进的内生要素。对于生产执行者——农民而言，通过自身的"干中学"进行农业生产经验的积累，通过与其他农户交流获得输入性技术，有利于其在重复生产过程中提高资源配置效率，并在应对突发灾害时更加娴熟。对于专业村而言，村中农民的知识储备越高、生产经验越丰富、劳动力越充足，对于蔬菜这个劳动密集型与技术密集型的产业而言越有利，人力资本的提高将提高专业村蔬菜生产过程中的比较优势。此外，人力资本高的农民更容易成为具有企业家精神的“能人”，具有敏锐捕捉市场信息，引进先进技术与资源，带动村庄改革（李小建等，2013）等能力，是推动专业村形成的重要力量。综上，本研究选取农户户主年龄、受教育年限、蔬菜种植年限，以及家庭劳动力数量等作为反映影响专业村形成的人力资本方面的变量。

第三，技术储备与标准化生产。从内生比较优势理论与韦伯的工业区位理论中获悉，技术是影响产业布局的重要因素。技术储备较高的地区不仅能够利用先进技术发掘当地原本不能利用的资源，还能优化既有投入要素的配置水平，提高生产效率，而生产效率的提高有利于提高单位要素产出，降低生产的边际成本，提高当地生产的比较优势。标准化生产则是对标准技术流程的遵循，是对达到技术最佳利用水平的必然要求。农业生产资料价格快速上涨，挤压了农民的经营利润，只有通过提高技术储备、优化技术操作水平，才能提高要素配置效率，尽可能降低生产成本、增加收益。同时，在消费者对农产品质量安全要求日益提高与社会对农业可持续发展需求日益迫切的背景下，一些质量安全与环境保护类型技术的采用，以及农户对技术操作流程的遵守，不仅能实现降本增效，还能够降低环境污染并迎合消费者需求，一举两得。蔬菜是技术密集型与资本密集型产品，较高的技术储备与积极的标准化生产将有利于从经济与环境两方面提高专业村竞争力。综上，本研究分别用农户技术采用类型及数目、对标准化生产的积极性作为反映影响专业村形成的技术储备与标准化生产方面的变量。

第四，市场需求。市场需求是农产品生产的出发点与落脚点，生产出消费者所需要的产品并通过各类物流方式运送到消费者的手中，是农户获得收益的基本途径，也是维持农业再生产的重要保障。杜能的农业区位理论、马歇尔的产业区理论、韦伯的工业区位理论、新经济地理学理论、波特的竞争优势理论中均提到了市场需求与交通成本对集聚区形成的影响。市场需求与交通成本对农业生产布局的重要影响不言而喻，农产品季节性、易腐性、不易储存的特征使农产品有必要靠近消费市场。当前，在农产品价格构成中，物流成本占据较高比例，压低了生产者的利益。因此，农民更倾向于在市场周边进行集中生产，以尽可能降低物流成本与损耗来增加收益。同时，市场需求越大，农民获得的经济收益越多，将会吸引更多农民加入生产行列。不仅如此，产品市场的扩大还会推动要素市场的发展，促使农民获取生产资料成本的降低，消费者与生产者都将获得更高效益，而在这种正向激励的情形下，整个市场规模将不断扩大，规模经济优势越发凸显，促进生产进一步集聚。综上，本研究用农户与市场的距离、农产品市场建设与发育水平作为反映影响专业村形成的市场需求方面的变量。

第五，政府支持。政府支持对产业集聚的形成有着重要的影响，经济地理学自 20 世纪 80 年代中期起将制度因素纳入模型中。在中国，政府支持对专业村形成的影响更是不容忽视。中国农村普遍存在技术储备薄弱、基础设施建设不足、风险防范能力差等问题，专业村也不能避免。此时，政府的相关支持，如农业保险、投资基础设施建设等，对专业村的形成与发展具有不可替代的作用。综上，本研究用政府是否提供技术指导、农业保险，以及农户对当地基础设施建设满意度作为反映影响专业村形成的政府支持方面的变量。

综上，本研究提出如下假说：

假说一：自然资源丰沛是推动专业村形成的基础条件。

假说二：劳动力充足、人力资本高是促进专业村形成的内生动力。

假说三：技术先进、生产标准化是影响专业村形成的重要推力。

假说四：市场需求大、运输成本低是激发专业村形成的关键引力。

假说五：政府支持是带动专业村形成的外部助力。

5.3 结构方程模型构建

由理论分析可知，自然资源、人力资本、技术储备、标准化生产、市场需求、政府支持是影响专业村形成的六大机制，但各项机制都很难通过单一变量或单一维度的变量全面表示。同时，用传统的回归方法进行估计还容易引发由于遗漏重要变量而导致的有偏估计。对此，本研究借鉴周应恒等（2012）的研究，采用结构方程模型完成对假说一至假说五的检验。在本研究中，借鉴 Fu（2007）的研究，选取所在村菜地面积占耕地面积比重，以及所在村蔬菜种植户占农户数量比重①作为反映专业村产业集聚形成的变量。

5.3.1 模型简介

结构方程模型是一种综合运用多元回归分析、路径分析和验证性因子分析的统计分析工具（杜健等，2008），具有识别多个关键目标结构及其重要影响因素，灵活设定模型结构与变量间的关系，对潜变量解释程度较高等优势（刘奕等，2017）。概言之，结构方程的本质是基于对既有的理论和知识的梳理，构建推论和假设，并最终通过联立方程进行求解的过程。

结构方程模型通常由两部分组成，即测量模型与结构模型。

其中，测量模型用来规定潜变量和观察变量之间的关系，通常写为

---

① 产业集聚程度是判断专业村发展水平的重要标准，集聚程度越高意味着村庄的专业化水平越高，结合《农业部关于加快发展农村一村一品的指导意见》的产业衡量标准，本研究选择产业面积标准及产业人口标准表示关键变量专业村发展水平（产业集聚程度），后文中主要采用产业面积标准。

以下形式：

$$X = \hat{x}\xi + \delta \tag{5-1}$$

$$Y = \hat{y}\eta + \varepsilon \tag{5-2}$$

式（5－1）是外生变量的测量方程。X 为测量的自变项，是外源指标变量向量，即受外源潜变量影响的可观变量向量；ξ 为外源潜变量向量，在本研究中指自然资源、人力资本、技术储备、标准化生产、市场需求、政府支持等潜在变量；$\hat{x}$ 为外源指标变量向量在外源潜变量向量上的因子负荷矩阵。式（5－2）是内生变量的测量方程。Y 为测量的因变项，是内生指标变量向量，即受内生潜变量影响的可观变量向量；η 为内生潜变量向量，在本研究中指专业村形成（产业集聚程度）；$\hat{y}$ 为内生指标变量向量在内生潜变量向量上的因子负荷矩阵。δ 和 ε 为误差向量。

对于内生潜变量和外源潜变量之间的关系，则通常写成如下的结构方程模型：

$$\eta = B\eta + \Gamma\xi + \zeta \tag{5-3}$$

式（5－3）中，B 为表示内生潜变量之间关系的矩阵；Γ 为表示外源潜变量对内生潜变量影响的矩阵；ζ 为结构方程的残差向量，反映在方程中未能解释的部分。假定 δ 和 ε 均值均为 0，且它们与内生潜变量 η 、外源潜变量 ξ 和结构方程的误差项 ζ 不相关（吕超，2011）。

结构方程模型包括模型的构建、拟合、评价和修正 4 个步骤，本研究将以此为顺序，完成对专业村形成机制的检验。

5.3.2 变量说明及检验

本研究运用前文提到的农户单元数据，为六类机制及专业村的形成选择了对应的可观测变量，表 5－1 反映了结合本章需要进行数据清理的各观测变量的说明及描述性统计情况[①]。具体而言，从自然资源情况来看，专业村蔬菜种植户家庭平均耕地面积为 7～10 亩，其中菜地面积

① 为便于理解，书中的描述分析为由未经极差标准化的原始数据计算获得。

占家庭耕地面积的40%～60%，设施面积占菜地面积的40%～60%，表明专业村蔬菜生产尚处于小规模状态，且土地装备实力较低；同时，专业村水资源供应情况并不乐观，一半以上的蔬菜种植户表示水资源不足。此外，现有蔬菜专业村多是“半路出家”，受经济作物的收益吸引而形成，但尚未找到真正适合当地环境的特色作物。从人力资本情况来看，专业村蔬菜种植户家庭平均人口数3.87人，其中约40%的劳动力从事蔬菜生产；户主平均年龄52岁，初中文化水平，平均种菜经验17年，在“干中学”过程中积累了丰富的经验，具有发展成为有企业家精神的“能人”潜质。从技术储备与标准化生产情况来看，专业村蔬菜种植户户均采用6种增产增效型技术，但质量安全型技术、环境保护型技术采用数目较少，分别为3种和2种，表现出技术储备不足，绿色生态环保意识薄弱等问题；在对待标准化生产的态度及行为上，大部分农民持积极态度。从市场需求情况来看，专业村蔬菜种植户家庭平均距离市场2.64千米，交通较为便利；其所在乡镇一般会有1个大型批发市场与多个集贸市场，但仍有近一半的农户表示经历过轻微或严重的滞销影响。从政府支持情况来看，约有30%的专业村获得政府提供的生产指导，50%的专业村享受政策性保险及补贴，政府在交通与灌溉设施建设方面的投入也受到了农民的普遍认可，但笔者在调研过程中发现，这远不能满足农民对先进技术的诉求与风险规避的需求，影响了农民的获益能力与种植积极性。从产业集聚程度来看，专业村菜地面积占耕地面积的比重与蔬菜从业劳动者占村民总数的比重均约为50%，产业集聚水平仍有很大的提升空间。

表 5－1　变量说明及描述统计

<table>
<tr><th>指标分类</th><th>潜变量</th><th>编号</th><th>观测变量</th><th>编号</th><th>平均值</th><th>Cronbach’s alpha</th></tr>
<tr><td rowspan="26">外源潜变量</td><td rowspan="5">自然资源</td><td rowspan="5">X_1</td><td>农户家庭菜地面积①</td><td>a1</td><td>2.99</td><td rowspan="5">0.51</td></tr>
<tr><td>农户家庭菜地面积比重②</td><td>a2</td><td>2.99</td></tr>
<tr><td>农户家庭设施菜地面积比重②</td><td>a3</td><td>3.01</td></tr>
<tr><td>当地水资源是否缺乏③</td><td>a4</td><td>0.61</td></tr>
<tr><td>农户家庭是否经常改变种植品种③</td><td>a5</td><td>0.33</td></tr>
<tr><td rowspan="5">人力资本</td><td rowspan="5">X_2</td><td>农户家庭人口数④</td><td>b1</td><td>0.32</td><td rowspan="5">0.51</td></tr>
<tr><td>农户家庭劳动力占比④</td><td>b2</td><td>0.44</td></tr>
<tr><td>户主蔬菜种植年限④</td><td>b3</td><td>0.63</td></tr>
<tr><td>户主年龄④</td><td>b4</td><td>0.47</td></tr>
<tr><td>户主受教育年限④</td><td>b5</td><td>0.53</td></tr>
<tr><td rowspan="3">技术储备</td><td rowspan="3">X_3</td><td>家庭增产增效技术采用数④</td><td>c1</td><td>0.33</td><td rowspan="3">0.55</td></tr>
<tr><td>家庭质量安全技术采用数④</td><td>c2</td><td>0.52</td></tr>
<tr><td>家庭环境保护技术采用数④</td><td>c3</td><td>0.30</td></tr>
<tr><td rowspan="4">标准化生产</td><td rowspan="4">X_4</td><td>对进行标准化生产能获得成就感认同程度⑤</td><td>d1</td><td>4.00</td><td rowspan="3">0.65</td></tr>
<tr><td>对进行标准化生产是基本要求认同程度⑤</td><td>d2</td><td>4.13</td></tr>
<tr><td>对是否投入更多的精力进行标准化生产认同程度⑤</td><td>d3</td><td>3.98</td></tr>
<tr><td>对投入更多的金钱进行标准化生产认同程度⑤</td><td>d4</td><td>3.83</td><td rowspan="2">0.51</td></tr>
<tr><td rowspan="4">市场需求</td><td rowspan="4">X_5</td><td>家庭地址与蔬菜销售市场距离⑥</td><td>e1</td><td>2.64</td></tr>
<tr><td>家庭所在镇是否有批发市场③</td><td>e2</td><td>0.81</td><td rowspan="7">0.50</td></tr>
<tr><td>家庭所在镇集贸市场个数④</td><td>e3</td><td>1.91</td></tr>
<tr><td>是否存在蔬菜滞销现象③</td><td>e4</td><td>0.55</td></tr>
<tr><td rowspan="4">政府支持</td><td rowspan="4">X_6</td><td>所在村是否有政府生产指导③</td><td>f1</td><td>0.28</td></tr>
<tr><td>所在村是否有政策性保险及补贴③</td><td>f2</td><td>0.51</td></tr>
<tr><td>农户对所在村交通设施满意程度⑦</td><td>f3</td><td>4.06</td></tr>
<tr><td>农户对所在村灌溉设施满意程度⑦</td><td>f4</td><td>4.04</td></tr>
</table>

续表

指标分类	潜变量	编号	观测变量	编号	平均值	Cronbach's alpha
内生潜变量	产业集聚	Y_1	所在村菜地面积占耕地面积比重②	g1	2.56	0.67
			所在村蔬菜种植户占农户数比重②	g2	2.48	

注：观测变量测算方式如下：①1 = 0 ~ 3.5 亩，2 = 3.5 ~ 7 亩，3 = 7 ~ 10.5 亩，4 = 10.5 ~ 14 亩，5 = 14 亩及以上；②1 = 0 ~ 20%，2 = 20% ~ 40%，3 = 40% ~ 60%，4 = 60% ~ 80%，5 = 80% 及以上；③1 = 是，0 = 否；④极差标准化；⑤1 = 非常不同意，2 = 比较不同意，3 = 无所谓，4 = 比较同意，5 = 非常同意；⑥1 = 0 ~ 5 km，2 = 5 ~ 10 km，3 = 10 ~ 15 km，4 = 15 ~ 20 km，5 = 20 km 及以上；⑦1 = 非常不满意，2 = 比较不满意，3 = 无所谓，4 = 比较满意，5 = 非常满意。

对样本数据的合理性与有效性进行分析和检验是运行结构方程模型的前提。首先，样本量的合理性。一方面，样本量不能太小，否则估计的结果会缺乏稳定性。一般而言，200 以上的样本数方可满足稳定性。另一方面，样本量也不能太大，否则会使卡方值过于敏感（吴明隆，2009）。本研究在样本量上满足要求。其次，样本数据分布状态的合理性。Kline（1998）认为，当偏度的绝对值小于 3，峰度的绝对值小于 10 时，表示正式调研的数据服从正态分布。本研究中变量的偏度系数基本在 3 以内，峰度系数则大部分在 0 附近，个别在 10 以内，符合该衡量标准。最后，样本数据信度与效度的有效性。本研究采用 SPSS 19.0 对样本数据进行相关分析，KMO 值达到 0.60，Bartlett 检验的近似卡方值为 2025.81，通过显著性检验，表明样本数据适合做因子分析。此外，由各潜变量的信度检验结果可知，均在可接受范围内，表明样本数据基本一致有效。综上，可以构建结构方程模型。

5.3.3 估计方法选择

本研究中，部分观测变量为连续变量，部分观测变量为分类变量，采用常用的极大似然估计法（Maximum Likelihood，ML）对计分点较少的分类变量进行估计会造成有偏。Muthén（1978，1983，1984）提出的均数—方差调整 WLS 估计方法（The Robust Weighted Least Squares Mean and Variance Adjustment，WLSMV）能够准确估计含有分类数据变量的结构方程模型。此外，该方法较 ML 估计法对于偏态和小样本表现得更加良好（Flora and Curran，2004；Beauducel and Herzberg，2006）。因此，本研究采用 WLSMV 估计方法对结构方程模型进行估计。

5.4　专业村形成的结构验证

本研究选择 Mplus 7.4 软件中的 WLSMV 估计方法，对所构建的结构方程模型进行拟合度检验与参数估计。经测算，并结合修正指数的提示与实际情况对模型进行修正后，模型的各项检验指标均达到了标准，如表 5－2 所示，其中 TLI 亦在可接受范围内。总体而言，修正后的模型对样本数据拟合效果良好。

表 5－2　模型拟合指数

拟合指数	指数值	参考标准
χ^2/df	2.20	<3
CFI	0.90	$\geqslant 0.9$
TLI	0.84	$\geqslant 0.9$
RMSEA	0.06	<0.08

表 5－3 展示了专业村形成的标准化路径系数，除技术储备与政府支持外，其他变量均通过显著性检验，对专业村形成有显著的影响，具体如下。

表 5－3　产业集聚形成的路径系数

路径	路径系数	*P* 值
自然资源→产业集聚	－0.29***	0.01
人力资本→产业集聚	0.16***	0.01
技术储备→产业集聚	－0.12	0.22
标准化生产→产业集聚	0.27**	0.03
市场需求→产业集聚	0.27**	0.05

续表

路径	路径系数	P值
政府支持→产业集聚	0.001	0.99

注：***、** 分别代表在1%、5%的水平下显著。

由标准化路径系数可知，自然资源与专业村形成之间呈明显的负相关关系，表明目前专业村所处的自然资源条件不利于专业村产业集聚的形成，与周应恒等（2012）得出的自然条件对蔬菜主产地形成没有显著而积极的影响相一致。由表5-1可知，专业村蔬菜种植户的生产经营规模小、土地装备程度较低，加之村庄水资源供应不足，比较优势不明显，在一定程度上限制了专业村蔬菜生产规模的进一步扩大。人力资本对专业村的形成有着显著的正向影响。一方面，对于劳动密集型作物蔬菜而言，劳动投入充足、种植经验丰富、文化素质较高，有助于保障蔬菜供给、提高生产效率。另一方面，“能人”还是推动专业村合作社等新型农业经营主体形成和村庄改革发展的关键力量，有利于带动增加农民收入，继而提高专业村的产业集聚水平。技术储备对专业村的形成则有负向影响，但并不显著。可能的原因是，尽管理论上科学技术能够弱化自然对农业生产的束缚，提高蔬菜的产量与品质，但当前农民拥有的技术主要来源于“干中学”，所支配的投入和知识储备都十分有限。蔬菜种植户户均采用6种增产增效型技术、3种质量安全型技术、2种环境保护型技术，且绝大部分为传统技术，缺少现代化要素投入。这一方面不利于生产效率的提高与生产成本的进一步降低，另一方面不利于与消费者健康消费理念对接，导致专业村蔬菜生产优势逐渐被削弱，使农民逐步放弃蔬菜生产，造成专业村的衰落。标准化生产与市场需求对专业村的形成产生显著的促进作用。这意味着，农业标准化生产是符合新时代消费者日益提高的健康观念与农业转型升级双重要求下的必然产物，是蔬菜专业村生产发展的必然方向。目前，大部分消费者已将食品质量安全意识提到一个较高的程度，当消费者的需要能够通过价格传导到生产者方面时，即形成优质优价，将直接提高农民种植积极性，将更多的精力投入高品质蔬菜生产。同时，高品质蔬菜生产也能够形成品牌效应，吸引更多的消费者，从而进一步引导更多农户及相关生产经营服务主体加入蔬菜供应行列，促进专业村的发展壮大。但在这个过程中，需要发达的市场体系、通畅的信息传播渠道、便利的物流体系、合理的价格形成机制等加以辅助。政府支持在推进专业村形成中扮演了一定的积极角色，其作用路径主要体现在扩大公共财政、公共产品与公共服务的供给（李宪宝等，2011）等改善农民生产条件的方面，但效果并不明显，可能的原因是政府对专业村的扶持力度尚显不足，或不符合农户需求与市场需要。

5.5　本章小结

无论是立足现实还是理论视角，摸清专业村的形成规律，有效“复制”专业村，都对激发主产地活力，促进我国对于农业现代化建设，提高农民收入，增强农业产业竞争力目标的实现具有重要意义。本章在以延庆区康庄镇小丰营蔬菜专业村为例进行专业村形成机制定性探讨的基础上，又从理论视角出发，基于比较优势理论、要素禀赋理论、内生比较优势理论、杜能农业区位理论、马歇尔产业区理论、韦伯工业区位理论、新经济地理学理论、波特竞争优势理论等，构建了我国蔬菜专业村形成机制的逻辑框架，并运用结构方程模型展开实证检验。其意义在于，不仅明晰了蔬菜专业村的形成原因，更是能够辨析不同要素对专业村形成影响的方向及幅度，有助于有针对性地对村庄发展予以帮扶，扬长避短，促进专业村发展壮大。主要研究结论概括如下：

第一，自然资源是影响专业村形成的基础性因素之一，但当前专业村生产者经营规模小、现代化装备水平低，叠加部分村庄自然禀赋并不理想、比较优势不明确，在一定程度上限制了专业村的发展壮大。

第二，人力资本是影响专业村形成的内生动力，劳动投入充足、种植经验丰富、文化素质较高、“能人”的组织带动有利于提高生产效率，保障蔬菜供给，增加农民收入，是专业村发展壮大的重要推动力。

第三，结合市场需求，开展标准化生产是专业村蔬菜生产发展的必然方向。但是，发达的市场体系，通畅的信息传播渠道，便利的物流体系，合理的价格形成机制是专业村开展标准化生产的前提保障。

第四，专业村的技术储备薄弱，政府的支持力度不足将不利于专业村进一步发展壮大。因此，专业村在现代技术与要素的引入与推广、公共产品与公共服务的供给等方面要加大投入力度。

6　蔬菜专业村对农村经济发展的影响

前文从多重视角描绘了专业村作为主产地中的基础性单元及其作为新阶段农业农村经济发展的重大组织创新（尹成杰，2006）——以村为单元的规模化经营活力地位。自本章起，将进一步检验专业村能否依靠产业集聚发展模式的溢出机制作为动力来维持专业村的持续繁荣。

农业农村工作，增加农民收入是关键。经济发展始终是农村工作的主旋律之一，产业兴旺是经济发展的基础，农民增收是经济发展的成果。由前文可知，专业村是村域层面上的产业集聚（高更和等，2011），而产业集聚基于大量同类或互补的主体在一定空间范围内集聚，通过技术溢出、中间产品与基础设施共享等溢出机制形成外部规模经济，带来成本降低、劳动生产率提高等红利，已在工业经济与城市经济领域成为基本共识（伍骏骞等，2018）。近年来，产业集聚的经济效应在农业领域也逐步获得认可（王艳荣等，2011b；王玉斌等，2012；邓宗兵等，2013a；贾兴梅等，2014；陈利等，2015；吴建寨等，2015；史焱文等，2016；伍骏骞等，2018），但以专业村为研究单元进行作用机理分析，特别是加以实证检验却相对较少。相关研究表明，集聚现象出现于不同的地理尺度上，并且会形成不同的集聚模式，效应也有所不同（肖卫东，2015）。若对县域、省域乃至区域层面展开研究，可能会包含过多干扰信息或损失大量有效信息，不利于真实结果的获取。本研究立足专业村，检验村级层面下产业集聚发展模式对农村经济的溢出机制及效应，以更好地发挥专业村的产业集聚优势。

乡村振兴战略的总要求是“产业兴旺、生态宜居、乡风文明、治理有效、生活富裕”，其中产业兴旺占据基础性地位。专业村形成后是否能够带动本地经济发展，即促进产业成长，实现农民增收，甚至带动周边村庄共同富裕是检验专业村发展成败的重要标准之一。据此，本章依托对专业村的调研，提出3个研究目标：第一，探索专业村形成对村级蔬菜产业成长的影响；第二，检验专业村产业集聚发展模式能否带来农民收入的提高；第三，检验村与村之间是否存在辐射溢出效应。

6.1 专业村对产业成长的影响

6.1.1 专业村的经营体系建设

在专业村发展过程中，主要的经营主体包括传统农户、家庭农场、农民合作社与农业龙头企业。在北京、辽宁、山东、山西四省市中，四类经营主体在专业村发展过程中扮演的角色、发挥的功能与发展的方向有所不同：一是传统小农户以家庭为单位，以维持生计为目的，从事小规模农业生产经营活动，仍是当前我国农业生产的主要承担者，是蔬菜专业村发展过程中的第一实践主体，但其也存在资本占有量少、职业素质低、技术含量与生产方式落后等问题，不符合现代农业发展要求，需要进行转型升级谋求发展，否则将逐步被市场淘汰。二是家庭农场通过土地流转实现规模经营，相比传统农户资本充足、技术先进、生产专业、市场意识浓，是商品农产品的主要提供者，也是发展合作经营的核心力量，还是专业村未来发展的中流砥柱。三是农民合作社因农户在专业村发展过程中的共同需要，往往由“能人”、村干部或企业家带领自发形成，担负着社会化服务供给的责任，主要提供技术咨询、农资供应、产品销售等服务，将农民组织起来，解决一家一户做不了、做不好的事情，是专业村发展依托的重要主体。四是农业龙头企业相比其他经营主体，经济实力更雄厚，拥有更先进的生产技术和更现代化的经营管理技巧。同时，农业龙头企业还担负着提供平台与社会化服务等方面的功能，但其数量较少，与专业村之间的对接由于利益分配矛盾而风险较大。表6－1展示了对四省市调研时蔬菜专业村农业经营主体发展现状，总体来看，小农户与家庭农场是蔬菜生产的主体，合作社等社会化服务组织基本普及，但农业龙头企业建设不足。

表6－1　蔬菜专业村农业经营主体发展现状

省份	农户数/户	种菜户数/户	合作社个数/个	龙头企业数/家
北京	436.35	155.09	1.11	0.67
辽宁	609.29	306.25	3.04	0.63
山东	409.00	256.30	2.00	0.32
山西	502.74	203.33	3.34	0.69

资料来源：根据本研究村级问卷调研数据整理。

6.1.2　专业村的生产体系建设

现代农业生产体系建设，即用现代生产方式改造农业，提升农业科技和装备应用水平，大力推进农业科技创新和成果应用，加速实现农业生产经营机械化和信息化，增强农业综合生产能力和抗风险能力。调研中发现，四省市蔬菜专业村在现代物质装备投入、现代科学技术采用、现代基础设施建设方面取得了一定的成效。

设施农业是现代物质条件的重要组成部分，其中以日光温室为主要代表的设施农业迅速发展壮大，表6－2展示了四省市蔬菜专业村设施蔬菜发展情况。总体来看，在四省市内，蔬菜专业村的设施蔬菜发展情况良好，蔬菜生产的设施化程度较高，但在推进专业村蔬菜生产专业化，以及设施化方面尚有较大潜力。

现代科学技术是现代农业发展的基础所在，为促进农业生产力提高与农业可持续发展提供了有力的支撑。在调研过程中，团队将农户技术采用细化为18项，并根据技术效果的不同划分为增产增效型、质量安全型和环境保护型3类，表6－3分别从典型技术采用量与技术采用结构两方面展示了四省市蔬菜专业村农户现代科学技术采用量情况。总体来看，农户增产增效型技术采用量在总技术采用量中占绝大部分，质量安全型技术与环境保护型技术采用量较少，蔬菜专业村在质量安全与环境保护型技术推广方面仍有很大空间。

表6－2　蔬菜专业村设施蔬菜发展现状

省份	温室大棚数/个	设施菜地面积/亩	设施菜地面积占菜地面积比重/%
北京	126.49	358.20	47.13
辽宁	316.92	620.25	64.79
山东	387.26	638.87	75.41
山西	176.81	495.03	54.76

资料来源：根据本研究村级问卷调研数据整理。

表6－3　蔬菜专业村现代科学技术采用现状　　单位：%

省份	增产增效型技术采用量	质量安全型技术采用量	环境保护型技术采用量
北京	6.10	2.32	1.12
	63.94	24.32	11.74
辽宁	5.45	3.38	1.37
	53.43	33.14	13.43
山东	4.18	1.18	0.22
	74.91	21.15	3.94
山西	1.39	0.39	0.10
	73.94	20.74	5.32

资料来源：根据本研究村级问卷调研数据整理。

注：增产增效型技术——CO_2吊袋发生装置、土壤消毒、熊蜂授粉、穴盘育苗、地膜覆盖、整枝技术、植物生长调节剂、大棚降温剂、遮阳网等技术；质量安全型技术——防虫网、防虫版（如黄、蓝板）、食品质量安全追溯技术、有机肥、高温闷棚和熏棚等技术；环境保护型技术——秸秆（生物有机质）还田、测土配方施肥、秸秆生物反应堆技术、节水灌溉等技术。

根据服务的性质不同，农村基础设施建设大致可以分为生产性基础设施、服务性基础设施、流通性基础设施3种类型。根据对四省市蔬菜专业村问卷中“在您任职期间，村庄生产性基础设施建设投入资金多少万元”问题的整理得出，北京、辽宁、山西的蔬菜专业村基础设施投入分别为241.25万元、190.93万元、324.55万元，与当地财政收入水平、政府规划，以及基础设施建设存量有着密切的关联，但专业村农户普遍反映当地的基础设施水平要好于周边村庄。

6.1.3 专业村的产业体系建设

现代农业产业体系是现代农业经营体系与现代农业生产体系的宏观作用主体与表现形式。较传统农业产业体系而言，除体现在产业结构调整外，现代农业产业体系的特殊点在于，从主要追求产品数量向更加重视产品品质提高，更加重视生态可持续发展方向转变。四省市蔬菜专业村以蔬菜为主导产业，通过“农业龙头企业/农民合作社＋农户”的运营模式形成产前、产中、产后有机结合的产业链条，在质量安全、产业链条与品牌建设方面初步取得成效。

调研发现，在四省市蔬菜专业村发展过程中，蔬菜安全标准化生产范围较小，但呈不断扩大状态。如表6－4所示，总体来看，蔬菜专业村生产质量安全认证尚处于起步阶段，平均无公害认证播种面积占菜地播种面积的20%左右，除山东外，绿色认证播种面积与有机认证播种面积总体偏低，在推广蔬菜安全标准化生产方面任重道远。

表6－4　蔬菜专业村安全生产现状

省份	无公害播种面积/亩	无公害面积占比/%	绿色播种面积/亩	有机播种面积/亩
北京	215.50	28.36	76.43	21.35
辽宁	156.50	16.35	1.97	0.00
山东	171.65	20.26	123.46	87.48
山西	151.53	16.76	10.56	3.13

资料来源：根据本研究村级问卷调研数据整理。

农业产业链条的延长可以把小规模分散的农户有效组织起来并提高产品附加值，带动产业与农村经济发展，是农业产业发展的必然趋势。调研发现，四省市蔬菜专业村产业化经营主要由农民合作社（部分注册为公司）带动，由农业龙头企业带动的占比较少。农民合作社主要担负着产前资料购买、产中技术指导，以及产后产品加工销售等功能，但大部分发展水平较低，仅有一项或几项服务功能，并主要集中在技术指导方面。尽管当前农民合作社建社率较高，拥有农民合作社的专业村占总量的80%左右，但农户入社率一般，并且表示没有帮助或帮助不大，农民合作社的建设水平与服务功能发挥亟待加强。

培育地方特色农产品品牌，充分发挥品牌效应，是将特色资源优势转化为竞争优势，提高产品价值的最有效方式，也是促进专业村产业档次升级的必然趋势。将四省市专业村蔬菜生产是否有名、是否有注册商标、是否有产地地理标志的认知问题结果汇总于表6－5。可知，近年来蔬菜专业村品牌培育初见成效，但呈现“小范围知名，品牌力不足”的特征。总体而言，有2/3以上的被访者认为自己所在的村庄蔬菜生产有名气，并对周边村庄形成溢出辐射效应，但仅有10%左右的蔬菜专业村拥有自己的注册商标，拥有地理标志的蔬菜专业村甚至不到1%，品牌化建设有待加强。

表6－5　蔬菜专业村品牌化建设现状

省份	蔬产生产是否有名	是否有注册商标	是否有产地地理标志
北京	70.99	28.57	7.14
辽宁	63.95	5.88	0.00
山东	100.00	8.77	0.00
山西	81.03	24.29	0.71

资料来源：根据本研究村级问卷调研数据整理。

6.2　专业村对农民收入的影响[①]

对于专业村而言，一个不容忽视的优势便是产业集聚发展模式。尽管有关产业集聚对农民收入影响的探索日益丰富（王艳荣等，2011b；陈利等，2015；伍骏骞等，2018），但是既有研究对产业集聚如何影响农民收入的理论机制分析不够完整，即直接分析产业集聚对农民收入的影响。事实上，在广大农民的收入仍主要来自农业生产的背景下，应从作物供给环节出发，检验产业集聚对农民产出的影响，直至对农民收入的影响。同时，专业村增收效应与专业村发展壮大具有互相影响的特征，本研究也将这种产业集聚的自我强化功能考虑在内，进行系统的路径检验。因此，有必要运用更加系统的模型对产业集聚及其溢出效应进行估计，以充分考察变量间相关关系与传导路径等情况。综上，本小节以产业集聚相关理论为基础，探析构建“产业集聚—土地生产率—劳动生产率”的闭环逻辑框架，考察专业村产业集聚特征能否带来农民收入的提高。

6.2.1　产业集聚对农民收入影响的理论分析

在蔬菜专业村的产业集聚发展模式下，农民往往通过技术溢出、社会化服务共享、基础设施共享与要素集聚等溢出机制获得空间意义上的规模经济，影响产出与收入，具体如下：

技术溢出。由马歇尔的产业区理论、新经济地理学理论、波特的竞争优势理论、熊彼特的创新产业集聚理论可知，在集聚区内，经营主体彼此间通过非正式或正式的渠道互通信息、技术和知识，将促进新思想、新技术和新知识的迅速扩散并频繁反馈，而在反复的碰撞和震荡

---

① 在完成本章前，笔者曾在《经济经纬》发表论文《农业产业集聚的生产效应及提升路径研究》，在此基础上，通过数据的更新与内容的完善形成本小节。

中，将进一步激发出新体系、新方法、新模式等，即产业集聚更有利于经营主体开展创新活动，提高生产率。而在专业村内部，有大量农户从事蔬菜生产，为技术溢出提供了良好的环境。当一项新技术出现时，其他农户的行为对该农户技术采用与否至关重要（Case，1992）。由于新技术对自然环境更为敏感，并且对农户的经济实力、管理能力、知识水平具有更高的要求，小规模农户在采用前更倾向通过直接询问或间接观察等途径从其他农户，特别是经营规模大，具有成功经历的农户处获得相关经验，以规避新技术采用带来的经济利润上的风险（Foster and Rosenzweig，2010），并通过接触更多农户增加新技术的相关信息，缓解信息不充分等问题（Foster and Rosenzweig，1996）。由此观之，专业村内农户之间的技术溢出将有利于提高生产率。

社会化服务共享。马歇尔在产业区理论中指出，集聚区的中间产品共享，即专业化投入服务的可得性将提高经营主体的生产率，而这对于专业村同样适用。只是在专业村中，合作社或农资供应商是“专业化投入服务”供应者，为农户提供生产资料、技术支持、市场信息等服务。结合分工专业化理论，在专业村中，经营主体不断分化，更容易衍生或吸引合作社或农资供应商等主体，承担着生产资料供应、技术指导、生产服务、产品销售等职能。例如，农药、化肥作为蔬菜生产的主要投入品，当村中仅有少量农户从事蔬菜生产时，不得不面对较高的交易成本，如外出购入或高价购入。但当村庄内大量农户生产投入一致时，会促使农资供应商店出现，并由于产品批量购入带来规模经济，形成价格优惠。同时，由于种植品种相似，农民在面临技术性问题时也可以集中向店员咨询，有效解决问题。专业村中的各类主体享受着集聚发展模式下分工协作、外部性带来的规模经济，有利于推动专业村生产率与经济收益的提高。

基础设施共享。由马歇尔产业区理论及新经济地理学理论可知，基础设施共享有利于降低投资风险，促进分工深化，提高资源利用率，进而带来规模报酬递增，提高生产率，在农业领域更是如此。灌溉、电力等基础设施对于蔬菜产业而言至关重要，但前期投入高、专业投资风险大，具有使用的不可分性与规模经济性的特点导致单家独户的小规模生产者并不具有建设的积极性和能力，抑制了生产率的提高。但是，当村内有大量拥有共同需求的农户时，通过协商、决策可推动村庄生产性公共基础设施的建设，不仅减少了个人投入，降低了专业资产投资风险，还能够提高基础设施的利用率，削减生产成本，有利于提高生产率。值得注意的是，公共基础设施具有一定的竞争性，过多人使用可能会产生“拥挤”问题（Scotchmer et al.，2001）。

要素集聚。在新经济地理学中，克鲁格曼指出，集聚区具有“价格指数效应”及“本地市场效应”，产品市场与要素市场将共同发展，在要素不断积聚的过程中促进生产成本与消费成本的双重降低，带来集聚区生产率的提高。在专业村中，生产资料需求与供给都更加集中，意味着生产成本的降低及收益的提高，生产资料供应者、生产者、消费者都在集聚过程中享受到更多收益。由此，将吸引、衍生更多经营主体加入，延长产业链条，扩大市场范围，形成品牌效应，提高专业村的产业集聚程度，促进专业村的提质、增效、增收。

总而言之，专业村的产业集聚发展模式有利于提高农户之间的交流频率，促进技术溢出；有利于合作社等社会化服务组织形成并提供专业化服务，带来分工经济；有利于基础设施建设，降低投资风险并提高资源利用率；有利于吸引和衍生更多生产者、现代农业生产要素供给部门及专业批发市场的集聚，这些将共同促进专业村土地生产率的提高。而土地生产率是农户劳动生产率的重要组成部分，由此将带来农户劳动生产率的提高。同时，经营收益的增加将通过示范效应吸引并衍生更多的经营主体加入生产行列，促进专业村产业集聚程度的进一步提高（张哲晰等，2018）。专业村产业集聚发展模式与土地、劳动生产率的互动机制及路径关系如图6－1所示。

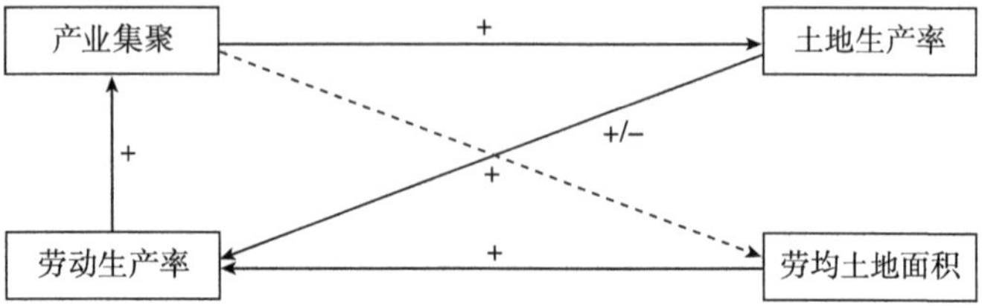

图6－1　产业集聚与土地、劳动生产率的互动机制及路径关系

综上，本研究提出以下假说：

假说一：专业村的产业集聚发展模式会通过技术溢出、社会化服务共享、基础设施共享与要素集聚等溢出机制提高专业村土地生产率。

假说二：以土地生产率为重要组成部分的劳动生产率将随着土地生产率的提高而不断提高。

假说三：劳动生产率提高，即农户收入的提高会通过示范效应吸引更多农户加入生产行列，并与更多经营部门有机融合，提高专业村产业集聚程度。

6.2.2　产业集聚对农民收入影响的模型构建

1. 模型构建与研究方法

由理论分析可知，产业集聚、土地生产率、劳动生产率之间存在系统性关联，本研究选择能够表示系统中变量相互依存性关系的联立方程组模型作为实现研究目标的方法，以解决变量间由于互为因果而导致的内生性问题。针对3个变量分别建立回归方程如下：

土地生产率影响因素模型。土地生产率有两种常见的测算方式，分别为单位耕地面积产值和单位耕地面积产量。出于可比性考虑，本研究选用单位面积蔬菜产值表示土地生产率。根据生产力构成要素理论，土地生产率的高低与劳动者、劳动对象等因素密切相关，即生产资料投入、农户户主及家庭特征，均是影响土地生产率的重要因素。结合理论前述分析，模型设定如下：

$$\ln Q = \alpha_0 + \alpha_1 \ln Cap + \alpha_2 \ln Lab + \alpha_3 Gen + \alpha_4 Age + \alpha_5 Edu + \alpha_6 Year + \alpha_7 \ln Spec + \alpha_8 Com + \alpha_9 Coop + \alpha_{10} \ln Agg + \varepsilon \quad (6-1)$$

其中，Q 为土地生产率；Cap 为亩均资本投入①；Lab 为亩均劳动投入；Gen 为户主性别；Age 为户主年龄；Edu 为户主受教育年限；$Year$ 为户主蔬菜种植年限；$Spcc$ 为农户专业化生产程度，即农户家庭年蔬菜收入占年总收入之比。关键变量 Com 为农户与他人的技术交流频率②；$Coop$ 为农户所在专业村是否有蔬菜专业合作社；Agg 为产业集聚程度，即专业村菜地面积占村耕地面积的比重，分别作为反映产业集聚发展模式下技术溢出、社会化服务共享、基础设施共享与要素集聚等溢出机制。ε 为残差项。

劳动生产率影响因素模型。农业劳动生产率是单位农业劳动者在单位时间内生产的产品产值，取决于农产品产值和农业劳动人口数。蔬菜劳动生产率可通过农户家庭蔬菜总产值除以家庭蔬菜劳动力得出。若假定农户家庭仅种植一种或少数几种农作物，蔬菜总产值等于蔬菜平均单位产量、蔬菜播种面积与蔬菜平均价格的乘积，即蔬菜劳动生产率 = 土地生产率 × 劳均播种面积。据此，模型设定如下：

$$\ln L = \beta_0 + \beta_1 \ln Q + \beta_2 \ln Land + \mu \quad (6-2)$$

其中，L 为劳动生产率；$Land$ 为劳均播种面积；μ 为残差项；其他变量同前式。

产业集聚程度影响因素模型。在专业村中，农户收入的提高会形成

---

① 包括种苗费、机耕费、肥料费、地膜费、棚膜费、病虫害防治费、水电费等资本投入。

② 调查问卷中对农民技术溢出的问题设定为和种菜能手交流种菜技术的频次：1 = 很少；2 = 比较少；3 = 一般；4 = 比较多；5 = 非常多。由于该问题具有一定的主观性，在频率划分程度上难免有偏差，因此在本研究中将回答 1、2 的农户视为不经常与他人交流，将回答 3 ~ 5 的农户视为经常与他人交流。

示范效应，并吸引和衍生更多经营部门，有利于专业村产业集聚程度的提高。此外，结合前文专业村成因分析，本章还选择反映市场需求的蔬菜收益波动程度、反映专业村历史资源禀赋的家庭耕地面积、反映交通便利度的专业村与所在镇距离作为自变量，纳入产业集聚程度影响因素模型。模型设定如下：

$$\ln Agg = \gamma_0 + \gamma_1 \ln L + \gamma_2 Dis + \gamma_3 Flu + \gamma_4 Fland + \eta \quad (6-3)$$

其中，Dis 为专业村与所在镇的距离；Flu 为农户是否面临较大的收益波动；$Fland$ 为农户家庭耕地面积；η 为残差项；其他变量同前式。

将式（6－1）至式（6－3）联立，构成产业集聚与土地生产率、劳动生产率之间互动关系的联立方程组模型如下：

$$\begin{aligned}\ln Q &= \alpha_0 + \alpha_1 \ln Cap + \alpha_2 \ln Lab + \alpha_3 Gen + \alpha_4 Age + \alpha_5 Edu + \alpha_6 Year + \\ &\quad \alpha_7 \ln Spec + \alpha_8 Com + \alpha_9 Coop + \alpha_{10} \ln Agg + \varepsilon \ln L \\ &= \beta_0 + \beta_1 \ln Q + \beta_2 \ln Land + \mu \ln Agg \\ &= \gamma_0 + \gamma_1 \ln L + \gamma_2 Dis + \gamma_3 Flu + \gamma_4 Fland + \eta \end{aligned} \quad (6-4)$$

2. 数据来源及样本描述

本小节数据为前文所述对蔬菜专业村以蔬菜种植户为单元的调研数据，结合研究目的进行数据清理获得用于本小节测算的有效样本，表6－6为本小节主要变量的描述统计情况。

表6－6　主要变量的描述性统计

变量名称	单位	均值	标准差
产业集聚程度	%	44.28	28.48
交流频率	0＝不经常；1＝经常	0.74	0.44
是否有合作社	0＝无；1＝有	0.87	0.34
土地生产率	万元/亩	2.33	2.34
劳动生产率	万元/人	2.84	2.54
劳均播种面积	亩/人	2.95	2.69
资本投入	千元/亩	7.44	7.60

续表

变量名称	单位	均值	标准差
劳动投入	工/亩	388.45	290.86
性别	0=女；1=男	0.94	0.24
年龄	岁	51.68	8.54
受教育年限	年	8.66	2.33
蔬菜种植年限	年	17.90	8.59
家庭耕地面积	亩	12.04	12.61
专业化程度	%	82.65	23.85
与所在镇距离	千米	6.05	5.42
收益波动程度	0=否；1=是	0.59	0.49

从专业村产业集聚发展模式下的关键溢出机制来看，专业村平均产业集聚程度为44.28%，但村际差异较大。专业村蔬菜种植户间交流频率较高，有利于技术、信息等的迅速扩散。专业村合作社建设比例较高，约有87%的样本农户所在村庄拥有蔬菜专业合作社，在统一采办、提供生产资料、传授农业技术、帮助农产品销售等方面具有重要贡献。从农户蔬菜产出情况来看，专业村土地生产率与劳动生产率分别是2.33万元/亩和2.84万元/人，劳均播种面积的差异会拉大农户收入差距。但劳均播种面积仅2.95亩（约合0.20公顷），表明我国仍处于小规模经营状态。从农户家庭蔬菜生产投入情况来看，亩均资本投入为7.44千元，亩均劳动投入为388.45工，蔬菜生产具有资本密集与劳动密集特征。从户主及家庭特征来看，男性仍是家庭生产经营决策的绝对主体。户主年龄平均为51.68岁，呈现出老龄化趋势。户主受教育年限平均为8.66年。户主蔬菜种植年限平均为17.90年，“干中学”是农户获取技术的主要方式。农户家庭耕地面积平均为12.04亩，但标准差为12.61亩，户间差距明显。农户专业化程度为82.65%，蔬菜收入是专业村蔬菜种植户家庭收入的重要来源。从专业村发展的外部环境来看，专业村与所在镇距离的均值为6.05千米，总体而言运输条件较为便利。

有59%的样本农户认为自己面临着较大的收益波动，影响了农户蔬菜生产的积极性。

6.2.3 产业集聚对农民收入影响的实证检验

1. 方程组的可识别性检验

可识别是进行联立方程组模型参数估计的前提条件，即联立方程组模型中所有结构方程都不能为模型系统中其他方程或所有方程的任意线性组合所构成的新方程所表示。常用的判别标准为，每个方程均包含其他每个方程中都不包含的至少1个变量且互不相同。式（6－4）满足可识别条件，可以进行参数估计。

2. 方程组的可联立性检验

联立方程组的估计方法有两类，分别为单一方程估计法及系统估计法。前者对联立方程组中每个方程分别进行估计，后者则将其作为一个系统进行联合估计。在使用单一方程估计法时，由于忽略了各个方程间的联系（包括方程扰动项之间的联系），故不如将所有方程作为一个整体估计（系统估计法）有效率（张哲晰等，2018a）。为确定模型参数的估计方法，首先对式（6－4）进行可联立性检验。联立性检验的本质是检验扰动项与内生变量是否相关，因而运用Hausman内生性检验方法进行检验：首先，将3个因变量土地生产率、劳动生产率、产业集聚程度分别作为被解释变量，将所有外生变量作为解释变量进行最小二乘回归，得到3个回归残差项（e_Q、e_L、e_{Agg}）。其次，将方程组中每个方程的解释变量一侧加入该侧所含内生变量的残差估计量作为新变量，并重新进行最小二乘回归。最后，运用t检验判断所引入残差项的显著性，若t值超过临界值，则表明对应变量具有内生性，拒绝方程组无联立性的原假设。

表 6-7 方程的可联立性检验

方程/变量名	残差项		
	e_Q	e_L	e_{Agg}
土地生产率	—	—	0.275*** (0.072)
劳动生产率	-0.274*** (0.056)	—	—
产业集聚程度	—	-0.109 (0.093)	—

注：1. *** 代表在1%的水平下显著。2. 括号内数值为标准误。

如表6-7所示，3个新方程中，有2个方程中的残差项系数通过了显著性检验，利用系统估计法更为稳健。

3. 方程组回归估计结果

表6-8展示了单一方程估计法［最小二乘法（OLS）、两阶段最小二乘法（2SLS）］和系统估计法［三阶段最小二乘法（3SLS）、迭代三阶段最小二乘法（迭代3SLS）］对联立方程组模型估计的结果。如表6-8所示，各估计方法下的各方程均通过显著性检验，具有较好的统计意义。但系统估计法更全面地考察了方程间的关联，并且在估计结果显著性及方向合理性方面与单一方程估计法区别较小，进一步验证了结果的稳健性。

表 6-8 联立方程组模型估计结果

变量名称	土地生产率影响因素方程			
	OLS	2SLS	3SLS	迭代3SLS
资本投入	0.317*** (0.059)	0.317*** (0.059)	0.320*** (0.057)	0.284*** (0.053)
劳动投入	0.457*** (0.049)	0.457*** (0.049)	0.383*** (0.046)	0.328*** (0.045)
性别	0.031 (0.125)	0.031 (0.125)	0.023 (0.119)	0.021 (0.111)

续表

变量名称	土地生产率影响因素方程			
	OLS	2SLS	3SLS	迭代 3SLS
年龄	-0.008** (0.004)	-0.008** (0.004)	-0.009** (0.004)	-0.009*** (0.003)
受教育年限	0.003 (0.013)	0.003 (0.013)	0.011 (0.013)	0.013 (0.012)
蔬菜种植年限	-0.007* (0.004)	-0.007* (0.004)	-0.008** (0.004)	-0.008** (0.003)
专业化程度	0.292*** (0.080)	0.292*** (0.080)	0.441*** (0.076)	0.446*** (0.074)
交流频率	0.078 (0.071)	0.078 (0.071)	0.080 (0.067)	0.062 (0.063)
是否有合作社	0.311*** (0.113)	0.311*** (0.113)	0.356*** (0.108)	0.353*** (0.102)
产业集聚程度	0.003** (0.001)	0.003** (0.001)	0.003*** (0.001)	0.013*** (0.001)
常数项	3.062*** (0.559)	3.062*** (0.559)	2.719*** (0.537)	2.892*** (0.527)
F/χ^2	58.26***	58.26***	591.99***	659.95***
变量名称	劳动生产率影响因素方程			
	OLS	2SLS	3SLS	迭代 3SLS
土地生产率	0.344*** (0.029)	0.475*** (0.040)	0.516*** (0.039)	0.525*** (0.040)
劳均播种面积	0.414*** (0.037)	0.445*** (0.038)	0.404*** (0.036)	0.344*** (0.034)
常数项	6.343*** (0.285)	5.056*** (0.396)	4.689*** (0.387)	4.653*** (0.391)
F/χ^2	113.37***	110.37***	237.06***	220.20***
变量名称	产业集聚程度影响因素方程			
	OLS	2SLS	3SLS	迭代 3SLS
劳动生产率	0.124*** (0.046)	0.314*** (0.069)	0.425*** (0.068)	0.481*** (0.069)

续表

变量名称	产业集聚程度影响因素方程			
	OLS	2SLS	3SLS	迭代 3SLS
与所在镇距离	0.034 ***	0.032 ***	0.036 ***	0.020 ***
	(0.007)	(0.007)	(0.006)	(0.006)
收益波动程度	-0.033	-0.037	-0.037	-0.076
	(0.074)	(0.075)	(0.072)	(0.063)
家庭耕地面积	-0.009 ***	-0.008 ***	-0.009 ***	-0.007 **
	(0.003)	(0.003)	(0.003)	(0.003)
常数项	2.193 ***	0.310	-0.820	-1.281 *
	(0.465)	(0.690)	(0.678)	(0.686)
F/χ^2	11.96 ***	15.00 ***	92.86 ***	74.83 ***

注：1. ***、**、* 分别代表在1%、5%和10%的水平下显著。2. 括号内数值为标准误。

4. 产业集聚与农民收入的互动关系分析

相较而言，迭代 3SLS 在 3SLS 的基础上运用其残差重新估计协方差矩阵，并使用 GLS 反复直至收敛，结果更加稳健，以下针对迭代 3SLS 结果进行分析。

首先，对土地生产率影响因素进行分析。亩均资本投入与亩均劳动投入通过了1%水平的显著性检验，并正向作用于土地生产率，增加生产要素投入仍是提高产出的最重要渠道。户主年龄与蔬菜种植年限分别通过了1%和5%水平的显著性检验，但与土地生产率呈负相关关系。随着户主年龄的增长，尽管通过“干中学”积累了丰富的种植经验，但对新事物接受能力的削弱，导致其无法与现代要素如现代科技与设备进行有效对接。同时，体力的下降又使其无法通过增加劳动供给对现代要素进行替代，不利于土地生产率的提高。专业化程度通过了1%水平的显著性检验，生产专业化使农户更专注于田间管理与新技术运用，有利于提高土地生产率。村中设有蔬菜专业合作社显著正向影响土地生产率。合作社是在保持家庭经营效率的基础上，作为一种专业化分工的外部个体出现，帮助农民解决自己不擅长的领域，如提供产前、产中和产后环节的技术与信息服务生产管理服务、产品加工与销售服务等，提高了农民的效率（苗小玲，2005；张晓山，2009）。产业集聚程度显著正向作用于土地生产率，如前述分析可知，集聚程度的加深使专业村提高基础设施的建设能力与利用率，扩大市场规模并引入外界现代要素，有利于提高土地生产率。但是，技术溢出对提高土地生产率的效果并不明显，可能的原因是专业村的技术储备较低，或是农户之间技术水平差别不大，需要由新型农业经营主体或是政府为专业村引入现代要素，拓宽溢出渠道，加大推广力度，提高土地生产率。

其次，在劳动生产率影响因素模型中，土地生产率、劳均播种面积均通过了1%水平的显著性检验。土地生产率与劳动生产率存在正相关关系，结合该结果与土地生产率影响因素模型中亩均劳动投入对土地生产率有显著正向影响的分析，与汪小平（2007）研究得到的中国农业劳动生产率提高的路径是“劳动力增加→土地生产率提高→劳动生产率提高”的结论一致。劳均播种面积与劳动生产率亦呈正相关关系，我国人多地少，农业生产经营规模较小且地块分散，阻碍了我国向规模化、集约化经营转变，当规模化经营实现时，将有利于我国农业劳动力实现充分就业，提高劳动生产率。

最后，对产业集聚程度影响因素进行分析。劳动生产率在1%的水平上通过了显著性检验，正向作用于专业村产业集聚程度。相同村庄的农户具有意识上的地域性和关系上的血缘性（宋圭武，1996），“先富”农户通过示范效应带动亲朋好友从事蔬菜生产，前批带动者又将带动更多农户及相关经营主体加入其中，从而不断提高产业集聚程度。与所在镇的距离显著正向作用于产业集聚的形成。由描述统计可知，专业村平均与所在镇距离为6千米左右。标准差5千米左右。在农村“村村通”建设的背景下，乡村公路建设取得了显著的成效，该距离并不成为明显的销售障碍。同时，根据杜能的区位理论，更靠近城市的地方主要生产经济价值更高的产品，在城镇化、工业化快速推进的过程中，土地逐步被用于第二、第三产业建设，农民也实现了身份与职业的转化，远距离农户从事蔬菜生产是理性的选择。此外，专业村由于经营规模大、品牌效应明显，周边往往会自发形成集贸或农贸市场，或有中间商专门采购。因此在销售不成为主要约束的条件下，远距离生产反而拥有较好的自然环境与更低的成本，更容易形成蔬菜产业集聚。大部分农户属于风险厌恶型，因此当蔬菜收益波动较大时，或将降低农户蔬菜生产的积极性，并反映在菜地面积配置上，进而影响专业村产业集聚程度的提高。农户家庭耕地面积则在 5% 的水平上负向作用于产业集聚的形成。表 6 – 6 中，农户家庭耕地面积平均为 12.04 亩，但标准差为 12.61 亩，表现出了农户之间明显的差距，这意味着农户家庭之间的收入水平与经营管理能力存在差距。专业村中往往有一些“大户”或“专业户”，理论上讲，这些规模化经营主体应担负起示范带动、组织农民的责任。但笔者在调研过程中发现：一方面，示范户本身认为自己的示范技术在村中推广的可能性不大；另一方面，非示范户表示出对示范户的不信任，示范户存在明显的“惜授”现象，更倾向于单打独斗，并未发挥出带领周边“抱团”的功效。

总体而言，专业村通过产业集聚发展模式下的社会化服务共享、基础设施共享与要素集聚机制促进了土地生产率的提升，并间接提升劳动生产率，劳动生产率的提升则会通过累积效应提高集聚程度，三者形成互动促进的良性循环，促进专业村发展壮大。由此观之，对于劳动密集与技术密集的蔬菜产业而言，优化经济及社会条件是基本保障，推动适度规模经营是重要动力，提高劳动投入数量及质量是提高农民收入的根本。专业村产业集聚特征能够带来农民收入的提高得证。

6.3　专业村之间的辐射溢出对农民收入的影响①

如前文所述，专业村呈现出集中“连片”发展趋势。专业村作为发展活力单元，将带动周边村庄实现共同富裕，也是在乡村振兴战略下应承载的重要责任。本小节将对专业村之间是否存在辐射溢出，以及是否会影响彼此收入进行系统的理论分析与实证检验。

6.3.1　专业村之间的辐射溢出对农民收入影响的理论分析

随着市场经济的逐步建立与完善、通信条件及运输能力的改善与提高，区域间技术、资本及劳动力等要素呈现出越发明显的溢出现象。专业村之间在资源流动、信息传递、市场导向及政策引导等作用下，形成一个巨大的、复杂的、多线程的关系网络。专业村之间通过模仿和同质化过程形成要素与技术的扩散，使受到辐射的村庄生产率提高，并增加农民收入。但是，由于信息传递的损耗、地方保护等因素，导致空间溢出具有随地理距离延长而不断衰减的特性，所以专业村的空间分布往往呈现簇状或块状布局。

据此，本研究提出假说：专业村之间存在空间溢出效应，通过辐射作用带动周边村庄劳动生产率的提高，但存在一定的地理边界。

6.3.2　专业村之间的辐射溢出对农民收入影响的模型构建

1. 模型构建与研究方法

专业村之间的辐射溢出对农民收入影响的检验——基于空间 Durbin 模型。由前文理论分析可知，专业村之间存在辐射溢出效应，传统的计量模型并不适用。将样本的空间相关性纳入考虑的空间计量模型则满足

① 在完成本章前，笔者曾在《农业技术经济》发表论文《空间视角下农业产业集聚的增收效应研究——基于蔬菜专业村的实证》，结合本书整体结构需要，选取部分内容形成本小节。

本研究的需要。在众多空间计量模型中，空间 Durbin 模型具有无论真实的数据生成过程是空间滞后模型还是空间误差模型，都能得到模型系数的无偏估计优势，并且对潜在空间溢出效应的规模并未施加任何限制（Elhorst，2010），使得估计结果更具有一般性。因此，本研究选择空间 Durbin 模型作为研究方法。

本小节基于以村为单元的调研数据完成对假说的检验，结合前文理论分析与数据的可行性，确定专业村 i 农民收入影响因素模型形式如下：

$$\ln Inc = \alpha_0 + \alpha_1 \ln Agg + \alpha_2 \ln Sca + \alpha_3 \ln Inf + \alpha_4 T + \alpha_5 \ln Gdp + \rho \sum_{j=1}^{n} \omega_{ij} \ln Inc + \beta_1 \sum_{j=1}^{N} \omega_{ij} \ln Agg + \beta_2 \sum_{j=1}^{N} \omega_{ij} \ln Sca + \beta_3 \sum_{j=1}^{N} \omega_{ij} \ln Inf + \beta_4 \sum_{j=1}^{N} \omega_{ij} \ln T + \beta_5 \sum_{j=1}^{N} \omega_{ij} \ln Gdp + \varepsilon \quad (6-5)$$

其中，Inc 为专业村农民收入；Agg 为产业集聚程度，与前文测量方式相同；Sca 为反映专业村资源禀赋的菜地面积；Inf 与 T 分别为反映专业村生产条件的温室大棚数和是否有政府技术指导；Gdp 为反映专业村经济条件的村庄经济总收入。$\sum_{j=1}^{N} \omega_{ij} = W$ 为空间权重矩阵，矩阵元素由经行标准化的专业村 i、j 彼此间距离倒数构成，对角线元素为 0，方差为 σ 。

专业村之间辐射溢出的地理距离递减性检验——基于调整的地理权重矩阵。信息、技术多表现为默会知识而存在传递过程中的衰减性，劳动力、资本等有形要素的流动则限于交通成本、市场环境、社会信任及地方保护等原因而存在一定的地理范围。因此，空间溢出效应理应存在一定的地理边界。本研究参考余泳泽等（2016）的方法，假设两个专业村之间的地理距离区间为［dmin，dmax］，并以每 20 千米为递进距离，将式（6－5）中的空间权重矩阵依次除以递进的距离，即 W/d：

d = dmin，dmin + t，dmin + 2t，…，其中 t = 20，并选择 800 千米为最大溢出距离。随后，对新得到的各个 W 矩阵进行标准化处理，并依次带入空间 Durbin 模型中考察专业村之间辐射溢出效应的变化。

2. 数据来源与样本描述

本小节数据为前文提到的以村为单元的调研数据，表 6 – 9 汇总了主要变量描述统计情况。专业村平均菜地面积为 867.58 亩，但不同专业村之间资源禀赋差异较大。专业村平均经济总收入 2107.43 万元，总体来看具有较好的经济发展基础，有能力为专业村蔬菜产业建设提供经济支持。专业村平均产业集聚程度为 65.26%。从政府提供技术指导情况来看，有 84% 的专业村获得了政府支持，政府在蔬菜生产技术推广方面发挥了重要作用。专业村平均温室大棚数 280.43 个。专业村温室大棚数反映了资本投入情况，温室大棚数越多，对于季节影响的抵抗能力越强，进行反季节蔬菜生产的能力越强，专业村蔬菜现代化发展水平的差异将对农民收入产生重要影响。

表 6 – 9　主要变量的描述性统计（均值）

变量名称	单位	均值
菜地面积	亩	867.58
经济总收入	万元	2107.43
产业集聚程度	%	65.26
是否有政府提供技术指导	0 = 无；1 = 有	0.84
温室大棚数	个	280.43

6.3.3　专业村之间的辐射溢出对农民收入影响的实证检验

1. 空间计量模型的适用性检验

空间计量过程是处理空间依赖性的过程，如若传统计量模型能够通过对自变量的控制将空间依赖性除去，即残差项不存在空间依赖性，则无须采用空间计量模型（张哲晰等，2018b）。因此，本研究首先运用

OLS 估计方法对式（6－5）进行估计（不包含空间滞后项），并求得残差项 e。在此基础上，以 W 为权重矩阵估计残差项 e 的 Moran's I 指数，并判断其显著性。结果表明，残差项 e 的 Moran's I 指数为 0.2993，通过了 1% 水平的显著性检验，说明模型中存在明显的空间相关性，证明了本研究空间 Durbin 模型选取的合理性。

2. 专业村之间的辐射溢出对农民收入影响的检验结果

表 6－10 报告了空间 Durbin 模型的回归估计结果。空间 Durbin 模型的系数不能直接反映各变量对农民收入的边际影响，并不是主要分析对象，各变量对农民收入的影响需要通过偏微分方法进行进一步的测算，并分为直接效应、间接效应及总效应，考察产业集聚对农民收入的本地及村之间的溢出效应，结果如表 6－11 所示。

表 6－10 空间 Durbin 模型回归估计结果

变量名称	系数	t 值
常数项	4.449***	7.205
产业集聚程度	0.130***	3.532
温室大棚数	0.013	0.601
菜地面积	－0.125***	－3.092
技术指导	0.268**	2.514
经济发展水平	0.135***	3.366
W×产业集聚程度	－0.011	－0.165
W×温室大棚数	0.014	0.487
W×菜地面积	0.056	0.935
W×技术指导	－0.226	－1.521
W×经济发展水平	－0.035	－0.556
ρ	0.437***	7.534

注：***、** 分别代表在 1%、5% 的水平下显著。

表 6－11　直接效应、间接效应及总效应估计结果

变量名称	直接效应		间接效应		总效应	
	系数	t 值	系数	t 值	系数	t 值
产业集聚程度	0.138***	3.549	0.074	0.701	0.212*	1.724
温室大棚数	0.016	0.752	0.031	0.800	0.046	1.117
菜地面积	－0.127***	－3.134	0.004	0.042	－0.123	－1.250
技术指导	0.251**	2.553	－0.178	－0.869	0.074	0.350
经济发展水平	0.139**	3.475	0.041	0.453	0.180*	1.816

注：***、**、*分别代表在1%、5%和10%的水平下显著。

由表6－11可知，从直接效应来看，产业集聚程度、有政府技术指导，以及本地经济发展水平直接而显著地促进专业村农民增收。其中，技术指导的增收效果最明显，当地经济发展水平与产业集聚程度次之。但专业村菜地面积对本村农民增收有抑制作用，可能是由于专业村菜地面积较大导致当地蔬菜供给量大。由需求理论可知，当市场上蔬菜供给大于需求时，尤其是卖方缺乏市场力量的情况下会造成价格的下降，降低农民收入。

从间接效应来看，各变量均未通过显著性检验，其大小约为直接效应的1/2，表明专业村之间的溢出效应并不明显，一个可能的原因是农民的保守性导致村际由于“肥水不流外人田”的态度将核心技术与关键资本掌握在本村中，尽可能避免被周边村庄抢占市场，抑制了专业村之间的协同发展。由此观之，村与村之间有着更加广阔的交流与合作空间。

总效应则反映了各变量对农民收入的整体影响，是直接效应与间接效应影响的汇总。从本研究的核心变量产业集聚程度来看，集聚程度每提高1%，对所有专业村农民收入平均提高0.21%①。

① 考虑到本研究一共选取了4个省份的专业村，而省份间存在一定距离，因此本研究对地理权重矩阵亦进行加权处理以进行稳健性检验，即在 W 矩阵中，将处于同一省份的村庄间的权重乘以1，将处在不同省份的村庄间的权重乘以0，进而形成一个块状矩阵，并进行标准化处理后重新带入原式。由稳健性检验可知，新空间 Durbin 模型的参数估计及各变量的直接效应、间接效应和总效应与原始结果的大小及方向十分相似，表明原空间权重矩阵的设立具有较强的合理性。

3. 专业村之间辐射溢出的地理距离递减性检验结果

为直观揭示专业村辐射溢出效应与地理距离之间的关系，图 6－2 侧重展示了随着距离增加，不同空间权重矩阵下，溢出效应大小的变化情况。如图 6－2 中的虚线趋势线及其公式所示，间接溢出效应与溢出距离的确呈现负相关关系，即溢出效应随着地理距离的增加而呈现出微弱的下降趋势，但并不明显。同时，溢出效应随距离的增加未有明显的下降界限，与上述专业村之间存在“隐形障碍”而导致村庄之间溢出效应较弱的结论相一致。

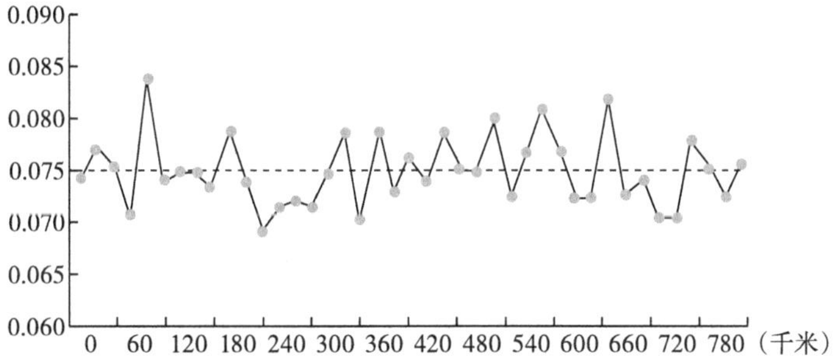

图 6－2　空间溢出效应的衰减边界

注：趋势线公式为 $y=-\exp(-6)x+0.0749$，其中，y 为间接溢出效应；x 为溢出距离。

6.4　本章小结

专业村在主产地中极具发展活力，经济优势突出，但作为新阶段农业农村经济发展的组织创新，有必要厘清专业村经济发展的内在机理，归纳总结成功经验，助力专业村发展壮大。本章分别从专业村形成对蔬菜产业成长的影响、专业村产业集聚特征能否带来农民收入的提高、村与村之间是否存在辐射溢出效应 3 个方面对专业村对农村经济发展的影响进行了检验。主要研究结论概括如下：

第一，专业村的经营体系建设中，主要的经营主体包括传统农户、家庭农场、农民合作社与农业龙头企业。其中，小而分散的传统农户仍是蔬菜生产的主要承担者，家庭农场是蔬菜专业村现代农业经营体系的骨干，农民合作社是专业村发展依托的主体，农业龙头企业是带动专业村发展的关键动力，是带动其他经营主体与市场对接、分享产业链增值收益的核心力量，但发展尚不充分。在专业村的生产体系建设中，现代物质装备投入、现代科学技术采用、现代基础设施建设等方面取得了初步成效。具体而言，蔬菜生产的设施化程度发展潜力大，蔬菜生产技术主要集中于增产增效型技术，质量安全型与环境保护型技术推广仍有很大空间，基础设施建设较周边村庄具有一定优势。在专业村的产业体系建设中，质量安全、产业链条与品牌建设等方面不断发展。但是，目前专业村安全标准化生产范围有限，推广任重道远，产业链条较短、附加值低，农民合作社与龙头企业等主体未能有效发挥作用，品牌建设薄弱，不利于专业村产业档次升级。

第二，总体而言，专业村产业集聚发展模式会通过农业社会化服务、基础设施共享与要素集聚等溢出机制促进土地生产率的提升，并间接提升劳动生产率，而劳动生产率的提升又会通过累积效应提高集聚程度，三者形成互动促进的良性循环，促进专业村发展壮大。需要注意的是，对于劳动密集与技术密集的蔬菜产业而言，提高劳动投入数量及质量仍然是提高农民收入的根本，积极引入现代生产技术与物质元素是必然要求，推动适度规模经营是重要动力，稳定市场经济环境、优化物流条件是基本保障。

第三，专业村之间存在的辐射溢出效应受地域保守性的影响，溢出效果并不明显，并且具有随着地理距离延长而衰减的特征。

7 蔬菜专业村对农业生产要素配置的影响

保障农产品供应是主产地最重要的责任与功能之一，是维持社会稳定、促进经济发展的基础。人们日益增长的美好生活需要对农产品高质量供应提出了更高的要求，但密集生产、粗放经营等特点也对主产地资源与生态环境造成了较大压力。在市场需求与资源约束的双重压力下，由以增加面积为主的粗犷扩张型发展模式向以改进质量、提高效率和效益为主要内涵的发展模式转变已成为大势所趋。作为主产地农产品供应基本单元的专业村，在生产过程中存在资源攫取力度大与生产资料投入浪费并存的问题。因此，必须要提高生产效率、优化资源配置，走产出高效、资源节约之路。本章立足资源配置视角，探索专业村如何提高农业生产要素配置效率，是否能够发挥产业集聚发展模式的优势，促进主产地提质增效，更好地完成主产地保障供给的任务。

技术效率是反映农业生产要素配置水平的一个便捷有效的指标，国外学者较早地对农业生产在一定地理范围内集中进行而对技术效率产生影响展开理论与实证分析。研究表明，知识溢出在提高农民生产技术效率作用方面占有重要地位（Tveteras and Battese，2006；Hailu and Deaton，2015）。在农业产区内部，不同主体空间上的接近促进了农民彼此间有意或无意地学习，有利于田间管理、技术采用等方面知识的交流与传播（Jovanovic and Rob，1989），特别是大而富裕的农户，更容易成为小农户学习和模仿的对象（Foster and Rosenzweig，1996），先进技术的不断扩散推动了农民生产效率与效益的提高。除此之外，产业集聚也通过要素集聚、产业化等溢出机制获得空间意义上的规模经济，提高了单个生产经营单位的经济利益（Winsberg，1980）。在中国，部分学者利用计量方法对农业产业集聚与技术效率之间的关系进行了检验（宋燕平等，2009；王艳荣等，2011b；卫龙宝等，2014），但主要从区域宏观视角出发，忽略了落实于微观主体间的交流互动，缺乏对产业集聚机理更细致的梳理及检验，对于集聚中主体的异质性也缺乏考察。在估计方法上，多基于线性回归模型与最小二乘法估计方法（王艳荣，2012a；卫龙宝等，2014；吴建寨等，2015）。总体来看，国内对于农业产业集聚对技术效率影响的研究需要进行更微观、更细致的考察。

综上，结合数据优势，本章对产业集聚发展模式对专业村农户生产技术效率的作用机制及效应，即对资源配置效率的影响途径及效果进行理论分析与实证检验，以充分发挥主产地的集聚优势，进一步激发专业村供给潜力，优化我国蔬菜产业资源配置水平。

7.1 产业集聚、农业生产要素配置与技术效率①

家庭联产承包责任制的确立奠定了我国农户相对独立的生产经营主体地位，激发了农民的积极性，极大地促进了农业生产发展。但是，经营规模小而分散的农户资源占有量少、文化素质低、资金实力弱，加之农业社会化服务体系不健全、公共基础设施供给不足，使农户在新技术采用与实施、标准化生产等方面存在较多问题（邓衡山等，2011），不利于农业生产要素配置效率的提高。本小节对专业村产业集聚发展模式如何影响农业生产要素配置，即反映在农业生产技术效率的变动上展开研究。

① 本章后经修改完善形成《产业集聚推动农业高质量生产的机制研究：来自专业村的证据》，发表于《宏观质量研究》，为保持书稿的连贯性，仍沿用原版本。

结合分工专业化理论、马歇尔的产业区理论、新经济地理学理论，以及波特的竞争优势理论可知，同类产业或同类产品相关生产企业空间上的集中会促进分工网络的形成。一方面，分工能够促进生产效率的提高；另一方面，集聚区内的企业间将通过信任、合作，建立正式与非正式的贸易伙伴关系，有利于形成中间产品、服务与基础设施等资源的共享，知识扩散与信息的传播也更加容易，形成外部规模经济，优化集聚区资源配置水平并提高技术效率。熊彼特的创新产业集聚理论也指出，创新并不是孤立事件，它们更倾向于通过成功者的带动扩散而具有群集特征。同时，在集聚区内，新的思想与技术出现后会迅速扩散并频繁反馈，在反复的碰撞和震荡中，进一步激发新体系、新方法、新模式等，提高企业的资源配置能力，实现互动共赢。

在蔬菜专业村中，有大量从事蔬菜生产的农户。在生产过程中，他们结合自身特征、经验及周边农户的行为进行决策，特别是当新技术出现时，其他农户的行为对该农户技术采用与否至关重要（Case，1992）。由于新技术对自然环境更为敏感，对农户的经济实力、管理能力、知识水平具有更高的要求，小农户在采用前更倾向于通过直接询问或间接观察等途径从其他农户处获得相关经验，以规避新技术采用带来的经济利润上的风险，尤其愿意向经营规模大、有成功经历的农户学习（Foster and Rosenzweig，2010）。在专业村蔬菜种植户中，有一部分具有企业家精神的农民善于发现市场机遇并利用当地的资源基础，通过土地流转分化成为规模化经营主体（专业大户、家庭农场等），他们经营条件好、个人素质高，具有较强的经济能力和强烈的技术需求，往往是新技术的创新先驱者和早期采用者（王士海等，2017），是其他农户的潜在理想模仿对象，在专业村内承担着技术示范带动的职能。虽然农户从外部习得技术不如自身实践充分，但其可以通过接触更多农户增加新技术的相关信息，解决信息不充分的问题（Foster and Rosenzweig，1996），并且周围某项技术的采用人数越多，农户越倾向于向他人学习而非自我尝试（Bandiera and Rasul，2006）。但是，农户间的技术溢出在一定程度上存在非对称性，甚至大农户与小农户对彼此关系的认知具有显著不同（Maertens and Barrett，2013）。因此，对于不同规模经营主体而言，其技术来源及技术效率影响因素可能具有一定差异，并可能拉大农户间技术效率差距。此外，专业村中部分农户尽管经营规模较小，但效率较高，表明规模并不是技术效率唯一严格的判断标准，即不同技术效率的农户受到自身及外界条件的影响可能有所不同，需要有针对性地考察，以全面提高专业村蔬菜生产技术效率，优化当地资源配置水平。

同时，结合既有理论可知，产业集聚也会通过社会化服务的共享、基础设施共享与要素集聚等溢出机制获得空间意义上的规模经济，也将有利于实现农户农业生产要素配置能力的改善与生产技术效率的提高。但是，结合威廉姆森假说可知，产业的空间集聚在经济发展初期能显著促进效率提升，达到一定程度后，企业过度集中导致的“拥挤”或将造成资源争夺、地价提高、环境污染等，反而不利于生产效率的提高。在专业村中，公共基础设施具有一定的竞争性，过多人使用会产生“拥挤”问题（Scotchmer et al.，2001），如水、电供应不足，交通堵塞等等。因此，产业集聚对农户技术效率提高具有一定区间性。

此外，对于异质性农户而言，具有差异性比较优势，如独到的资源获得渠道或是拥有对信息、资源、技术更敏感的特征，产业集聚对他们可能产生差异性影响，造成马太效应。

综上，本研究提出以下假说：

假说一：专业村的产业集聚发展模式会通过技术溢出提高农业生产要素配置水平，即提高技术效率。

假说二：专业村的产业集聚发展模式会通过社会化服务的共享、基础设施共享与要素集聚影响农业生产要素配置水平，提高技术效率。

假说三：（a）规模化经营主体具有更高的技术效率；（b）异质性经营主体可能受到产业集聚的差异性影响，形成马太效应。

假说四：基础设施可能存在“拥挤”效应，拉大技术效率差距。

7.2　模型体系构建

7.2.1　模型构建与研究方法

结合前述理论分析，本章分别基于异质性随机前沿函数、分位数回归模型，以及样条回归模型检验产业集聚对技术效率的总体影响、马太效应，以及拥挤效应。

1. 产业集聚对技术效率作用机制及效果的检验——异质性随机前沿函数

异质性随机前沿函数模型（Heteroscedastic Stochastic Frontier Analysis，HSFA）包括三部分，分别为生产函数模型、效率损失函数模型，以及效率波动函数模型。相比数据包络分析（DEA）等非参数估计方法，参数估计方法 HSFA 能够描述生产过程，对指导生产、改进生产效率以获得最大收益更有帮助。同时，HSFA 能够在估计技术效率及效率损失影响因素的同时考察影响效率波动的因素，与研究需求相匹配。

以 Cobb – Dauglas 函数为生产函数模型形式[①]，选取所调查棚的蔬菜产值为产出变量，土地投入、资本投入[②]、劳动投入[③]为投入变量，并对各变量做对数化处理以降低异方差影响，构建 HSFA 生产函数模型

---

① 尽管超越对数（Translog）函数形式具有变弹性的优势，能够更好地反映生产函数中投入要素的相互影响和各种投入技术进步的差异，但笔者经过拉格朗日检验发现，柯布 – 道格拉斯（Cobb – Dauglas）函数形式与 Translog 函数形式无显著差别，且 Translog 形式更消耗自由度，故选择 Cobb – Dauglas 函数形式。

② 资本投入包括种苗费、机耕费、肥料费、农膜费、病虫害防治费、水电费等。

③ 劳动投入包括雇用劳动与自家劳动投入。

如下：

$$\ln Y = \alpha_0 + \alpha_1 \ln earth + \alpha_2 \ln capital + \alpha_2 \ln labor + \upsilon - \mu \quad (7-1)$$

其中，Y 为所调查棚当茬果类蔬菜产值；$earth$ 为土地投入；$capital$ 为资本投入；$labor$ 为劳动投入；υ 为随机干扰项，且服从于 N（0，σ_υ^2）；$-\mu$ 为效率损失项，且服从于 N^+（ω，σ_μ^2）。

$$\omega = \exp(\beta_0 + Z\beta) \quad (7-2)$$

$$\sigma_\mu^2 = \exp（\gamma_0 + Z\gamma） \quad (7-3)$$

其中，ω 表示外生变量干扰，是生产函数偏离生产前沿的程度；σ_μ^2 表示偏离的波动性；β_0、γ_0 分别为效率损失函数模型及效率波动函数模型的常数项；Z 为影响技术无效率的均值或方差的外生变量；β 和 γ 表示待估参数项。

相关研究表明，农户特征，如户主年龄、性别、受教育程度、种植年限，以及技术需求将对生产行为产生一定的影响（屈小博，2009；王欢等，2014）。当从事专业化生产，即以某作物收入作为主要收入来源时，农户会将精力更多地投入该作物生产中，促进资源配置水平提升。结合前述理论分析可知，专业村蔬菜种植户较多，农户与其他农户交流更加频繁，有利于深化农户间的技术溢出；农户的集中生产还能更有效地利用蔬菜专业合作社等社会化服务组织提供的服务，带来分工经济；集中经营还有利于基础设施建设，降低投资风险并提高资源利用率，吸引和衍生更多生产者、现代农业生产要素供给部门及专业批发市场的集聚，由此带来专业村农业生产要素配置效率的提高。据此，构建效率损失函数模型如下：

$$\ln\omega = \beta_0 + \beta_1 Gen + \beta_2 Age + \beta_3 Edu + \beta_4 Year + \beta_5 Spec + \beta_6 Fnum + \beta_7 Com + \beta_8 Coop + \beta_9 Agg \quad (7-4)$$

其中，Gen 为户主性别；Age 为户主年龄；Edu 为户主受教育年限；$Year$ 为户主蔬菜种植年限；$Spec$ 为农户专业化生产程度，即农户家庭年蔬菜收入占年总收入之比（在估计时，为缓解异方差问题，取对数后放入模型，下同）；*Fnum* 为农户家庭人口数。*Com* 为农户与他人的技术交流频率，为关键变量；*Coop* 为农户所在专业村是否有蔬菜专业合作社；*Agg* 为专业村产业集聚程度，以专业村菜地面积占村耕地面积的比重计算，分别作为反映产业集聚发展模式下技术溢出、社会化服务共享、基础设施共享与要素集聚等溢出机制。

农户之间由于存在生产资料占有、管理能力、知识储备、社交网络、经营水平等方面的差异，不同规模农户在短期内可能并不会呈现出农业生产要素配置效率趋同特征，而是表现出一定的“分化”趋势。探寻造成专业村农业生产要素配置效率差异扩大的因素，正是政策制定者需要关注的重点。调研过程中发现，80%左右的农户具有初中及以下学历，即农民大多接受了基础常识性的义务教育。但相比初中教育，高中教育具有知识量大及理论性、系统性、综合性强，并且更加注重自主学习的特点，因此接受过高中以上的教育可能对农业生产要素配置造成“质”的影响。相关研究表明，家庭年收入及耕地面积等禀赋条件会通过影响获取新技术的能力，以及风险应对能力而影响农户的技术采纳行为（Foster and Rosenzweig，2010；Dercon and Christiaensen，2011），进而影响资源配置水平。结合前述理论分析可知，基础设施占有可能具有竞争性，对异质性农户技术效率的影响也有一定差别。据此，构建效率波动函数模型如下：

$$\ln\sigma_{\mu}^{2} = \gamma_0 + \gamma_1 HigS + \gamma_2 Year + \gamma_3 Spec + \gamma_4 Inc + \gamma_5 Fland + \gamma_6 Agg \tag{7-5}$$

其中，*HigS* 为户主是否具有高中及以上学历；*Inc* 为农户家庭年收入（在估计时，为缓解异方差问题，取对数后放入模型）；*Fland* 为农户家庭耕地面积；其他变量同前式。

2. 产业集聚对不同规模农户技术效率影响的检验——加权最小二乘法

由前述理论分析可知，不同规模农户异质性的存在可能会影响其农业生产要素配置，对产业集聚对不同规模农户技术效率影响的考察有利于探索全面提升农业生产要素配置水平的路径。结合调研情况，将农户划分为5亩以下、5～10亩、10～15亩、15～20亩、20亩及以上5组，并出于简化表述考虑分别命名为小规模农户组、较小规模农户组、中等规模农户组、较大规模农户组和大规模农户组①。沿用HSFA测得的技术效率结果及影响因素，分别检验产业集聚及其他要素对不同规模农户技术效率的影响。考虑到本研究数据为截面数据，选择加权最小二乘法对模型进行估计。

3. 产业集聚对不同效率农户技术效率影响的检验——分位数回归方法

按规模对农户进行分组并测算产业集聚对技术效率的影响，在一定程度上能够检验产业集聚对农业生产要素配置的差异性影响规律，但不同组内也存在配置能力的高低之分，考察不同效率农户技术效率的影响因素，是有效提高低效率农户效率的重要途径，是检验产业集聚能否缩小专业村技术效率“分化”差距，能否全面提高专业村农业生产要素配置效率的有效方法。但是，传统回归模型的核心是通过被解释变量的条件均值函数来描述解释变量的每一特定数值下被解释变量的条件期望，从而揭示解释变量与被解释变量的关系，这无法达到本研究的目的。据此，本小节选择分位数回归方法（Quantile Regression，QR），该方法是估计一组解释变量与被解释变量分位数之间线性关系的建模方

① 家庭耕地面积大，一方面表明农户资金实力雄厚，足以支付流转成本；另一方面展现了农户有能力进行规模经营，虽不排除农户所在村土地资源丰富导致户均耕地面积较大的现象，但以面积为标准对农户类别进行划分仍具有一定合理性。

法，强调分位数的变化。能够测算不同被解释变量分位数下的回归系数估计量是否不同，揭示解释变量对不同水平的被解释变量影响的差异。与回归分析的基本思想——样本值与拟合值之间的距离最短，即误差平方和最小相似，分位数回归的思想是对于不同的分位数权重（τ），使残差绝对值的加权总和作为目标函数，通过求解最小化目标函数得到相应的参数估计量，其估计过程如下：

$$Y = F(y) = \text{Prob}(Y < y) \tag{7-6}$$

式（7-6）中，Y 代表农户技术效率；$F(y)$ 为农户技术效率的概率分布函数，则

$$Q_\tau = \inf\{y: F(y) \geqslant \tau\} \tag{7-7}$$

式（7-7）中，Q_τ 为 Y 的 τ（$0 < \tau < 1$）分位数；Q_τ 满足 $F(y) \geqslant \tau$ 的最小 y 值，为求得 τ 分位点函数的加权残差绝对值之和最小，则

$$\min_{x'_{i\beta} \subset R}\left\{\sum_{i: Y_i \geqslant X'_{i\beta}}^{n} \tau \left| Y_i - X'_{i\beta} \right| + \sum_{i: Y_i \geqslant X'_{i\beta}} (1-\tau) \left| Y_i - X'_{i\beta} \right| \right\} \tag{7-8}$$

对式（7-8）求解则可得到参数估计值：

$$\hat{\beta}_\tau = \text{argmin}_{\beta \subset R^k}\left\{\sum_{i=1}^{n} p_\tau (Y_i - X'_i \beta_\tau)\right\} \tag{7-9}$$

本部分仍沿用 HSFA 测得的技术效率结果及影响因素。

4. 基础设施共享的“拥挤”效应检验——样条回归模型

由前述理论分析可知，基础设施共享可能存在“拥挤”效应而不利于技术效率的提高，这便需要一个能获得解释变量在不同区间范围对被解释变量有不同回归系数的估计方法。样条回归模型能够在尽量减少样本损失的情况下获得被解释变量与解释变量分位数之间线性关系的准确结果。据此，本研究以 20% 为单位，将产业集聚程度划分为 5 个层次，考察不同程度的产业集聚下，基础设施共享对农户技术效率的促进或“拥挤”效应，如式（7-10）所示：

$$Y = X'\beta + f(Agg) + \mu$$

$$\frac{\mathrm{d}Y}{\mathrm{d}Agg} = \begin{cases} a_1 \text{if } 0 \leqslant Agg < 20 \\ a_2 \text{if } 20 \leqslant Agg < 40 \\ a_3 \text{if } 40 \leqslant Agg < 60 \\ a_4 \text{if } 60 \leqslant Agg < 80 \\ a_5 \text{if } 80 \leqslant Agg < 100 \end{cases} \tag{7-10}$$

本部分仍沿用 HSFA 测得的技术效率结果及影响因素。

7.2.2 数据来源及样本描述

本章数据为前文提到的对蔬菜专业村以蔬菜种植户为单元的调研数据，结合研究目的进行数据清理获得有效样本。表 7－1 为本章主要变量描述统计情况，包含生产特征（棚/茬）、户主及家庭特征、产业集聚特征三部分。

表 7－1　变量说明与描述性统计（均值）

变量类型	变量名称	单位	<5 亩	5～10 亩	10～15 亩	15～20 亩	>20 亩
生产特征（棚/茬）	土地投入	亩	1.08	1.24	1.16	1.26	1.92
	资本投入	千元	7.14	8.51	8.90	10.06	8.02
	劳动投入	工	346.79	378.76	444.90	483.38	352.97
	蔬菜产值	万元	2.42	2.49	2.85	2.36	1.96
户主及家庭特征	性别	0＝女；1＝男	0.93	0.91	0.98	0.94	0.97
	年龄	岁	53.12	52.31	51.33	50.21	49.48
	受教育年限	年	8.60	8.80	8.90	8.27	8.39
	受过高中教育	%	15.70	13.93	13.10	3.03	13.04
	蔬菜种植年限	年	18.25	19.10	18.42	17.36	14.24
	家庭人口数	人	3.91	3.81	4.18	4.06	3.93
	专业化程度	%	91.66	87.60	84.93	77.19	60.40
	家庭收入	万元/年	4.99	6.42	7.26	8.64	8.62
	家庭耕地面积	亩	3.04	7.01	11.82	16.86	33.08

续表

变量类型	变量名称	单位	<5 亩	5~10 亩	10~15 亩	15~20 亩	>20 亩
产业集聚特征	交流频率	0 = 不经常；1 = 经常	0.75	0.81	0.76	0.73	0.57
	是否有合作社	%	86.82				
	产业集聚程度	%	44.23				

如生产特征部分（棚/茬）所示，从土地投入来看，不同耕地规模农户的单位设施面积基本与家庭耕地面积存量一致。从资本投入来看，随着家庭耕地面积的增加，农户的资本投入呈现倒“U”形分布，但大规模农户资本投入仍高于小规模农户。从劳动投入来看，除大规模农户外，家庭耕地面积越大的农户，劳动投入越多。从蔬菜产值来看，蔬菜产值随着家庭耕地面积的增加呈倒“U”形分布。从不同规模农户的投入结构及产出情况可以大致看出，规模化农户生产存在一定的规模经济优势，但技术效率需要进一步考证。

由户主特征可知，男性仍是家庭农业生产的主要决策者。户主平均年龄约在 49 岁以上，年龄偏大是制约蔬菜生产的重要因素。但是，规模化经营农户的户主更年轻，大规模农户户主平均比小规模农户户主年轻近 4 岁。户主受教育年限相似，约在 8 年左右，受过高中教育的户主比例较低。

由农户家庭特征可知，4 口之家是较为常见的规模。农户家庭专业化程度随着家庭耕地面积的增大而不断降低。调研过程中发现，由于规模化经营主体往往采用更先进的技术，机械化水平较高，并雇用外部劳动力，带来自身劳动力的解放并从事其他附加值更高的产业，造成了专业化水平较低的表象。此外，规模化经营农户的收入更高，这不仅源于耕地面积增加带来的农业收入增加，非农收入也是其收入的重要组成部分。从不同规模农户户主及家庭特征可以大致看出，规模化经营农户个人素质高、经营条件好，具有更高的经济能力，是未来蔬菜供给的重要力量。

由产业集聚特征部分可知，不同规模农户的技术溢出程度有所区别，前4组农户的技术溢出较为频繁，大规模农户的交流频率相对较少。调研过程中发现，较其他类型的农户，大规模农户在技术需求方面与小规模农户有所差别，仅靠农户之间的沟通并不能满足大规模农户对新技术的需求，还需要通过技术员指导、培训和观摩进行补充。从所调研专业村合作社建社比例及产业集聚程度来看，合作社覆盖率较高，达到86.82%，但蔬菜专业村平均产业集聚程度仅为44.23%，有较大的提升空间。

7.3 产业集聚对技术效率影响的实证检验

7.3.1 产业集聚对技术效率作用机制及效果的检验结果

表7－2与表7－3分别为HSFA模型估计结果及分组农户技术效率分布情况。

表7－2 HSFA模型回归估计结果

函数类型	变量名称	系数	标准误
生产函数	土地投入	0.227***	0.070
	资本投入	0.321***	0.059
	劳动投入	0.471***	0.059
	常数项	4.719***	0.505
效率损失函数	性别	0.036	0.192
	年龄	0.013**	0.005
	受教育年限	－0.013	0.018
	蔬菜种植年限	－0.002	0.006
效率损失函数	专业化程度	－0.271**	0.108
	家庭人口数	0.046*	0.027
	交流频率	－0.234**	0.102
	是否有合作社	－0.184	0.142

续表

函数类型	变量名称	系数	标准误
效率损失函数	产业集聚程度	-0.015***	0.006
	常数项	1.653***	0.614
效率波动函数	是否受过高中教育	0.302	0.534
	蔬菜种植年限	0.028	0.031
	专业化程度	-0.528	0.683
	家庭收入	-0.603*	0.351
	家庭耕地面积	-0.007	0.022
	产业集聚程度	0.039***	0.011
	常数项	4.518	4.790

注：***、**、*分别代表在1%、5%和10%的水平下显著。

表7-3　农户技术效率分布情况

技术效率	小于5亩	5~10亩	10~15亩	15~20亩	20亩以上
整体	0.621	0.623	0.636	0.621	0.543
0.0~0.2	0.000	0.995%	0.000	0.000	2.174%
0.2~0.4	7.438%	5.970%	3.571%	6.061%	33.696%
0.4~0.6	33.884%	33.831%	36.905%	30.303%	17.391%
0.6~0.8	50.413%	52.736%	50.000%	54.545%	32.609%
0.8~1.0	8.264%	6.468%	9.524%	9.091%	14.130%

由HSFA生产函数模型部分的回归估计结果可知，全部变量通过了1%水平的显著性检验，并均与蔬菜产出呈正相关关系。蔬菜是资本密集型与劳动密集型的作物，应注意保证劳动力供给的数量、质量，以及现代化生产资料供应。

由HSFA效率损失函数模型部分的回归估计结果可知，户主年龄在5%的水平上显著为正，表明年龄增长会显著降低技术效率，老龄化通过约束劳动投入，降低对新技术的学习能力与积极性，抑制了蔬菜生产技术效率的提高。家庭专业化程度在5%的水平上显著为负，表明专注蔬菜生产，将大量精力投入蔬菜种植过程会提高技术效率。本研究的关键变量交流频率在5%的水平上显著为负，表明专业村内的农户通过经验交流来影响技术采用种类与操作水平，进而影响技术效率。在专业村调研过程中，绝大部分农民反映，当村中有大量农户种植同类作物时会明显增加自身的经验积累，提高田间管理水平，但近年来技术更新缓慢。结合该结论与第6章技术溢出能在一定程度上提高土地生产率但不显著的结论，意味着尽管农户通过自己摸索或彼此学习在一定程度上能够改善技术效率，但仍需要注入现代科技，才能从根本上提高要素配置水平，提高生产能力。另一种可能的解释是，受制于成本约束，农户之间主要扩散一些低成本的传统技术，尽管在一定程度上能够改善配置效率，但增产效果有限。关键变量产业集聚程度通过了1%水平的显著性检验，正向作用于技术效率，验证了专业村的产业集聚发展模式会通过基础设施建设与共享、引入外界现代要素等途径提高技术效率的假设。关键变量村中是否有蔬菜专业合作社虽在一定程度上有利于技术效率提高，但不显著，可能的原因是合作社虽然提供了技术支持、物质资料、信息与服务等，但并未能让农户有效利用，在资源利用上尚存在浪费与配置不合理等问题。

HSFA效率波动函数模型的回归估计结果可以得到影响农户生产技术效率稳定性的因素。如表7-2所示，家庭收入越高，越有利于缩小技术效率波动，可能的原因是通过影响农户获取新技术的能力，以及风险应对能力而影响资源配置效率的结果。本研究的关键变量产业集聚程度通过了1%水平的显著性检验并为正，意味着由于专业村内公共设施利用、生产资料获取存在一定的不公平性，可能影响专业村农户生产技术效率的稳定。

表7-3展示了不同规模农户技术效率的分布情况，更加直观地揭示了不同规模农户的技术效率水平，为更有针对性地帮扶特定对象提供了依据。

由表7-3可知，总体来看，农户的技术效率随耕地面积增加呈现倒“U”形分布，这一方面意味着规模经营有利于优化资源配置，另一方面则反映出当前我国大规模经营主体在资源配置能力方面需要加强，否则将不利于农业高质量生产。从各组内部农户技术效率分布情况来看，除大规模农户组外，其他农户组技术效率均主要分布在0.4～0.8范围内，但从技术效率达到0.8以上的农户占本组农户总数的比重来看，大规模农户组列第一位，表明大规模农户间技术效率分化现象较为严重。目前，部分大规模经营主体拥有的技术与资本储备不足以支持其经营规模，导致经营效率低下，不利于发挥提质增效、示范带动的作用。对于规模化农户而言，劳动、技术、资本的配套对于高质量生产有着至关重要的影响。

7.3.2 产业集聚对不同规模农户技术效率影响的检验结果

如表7-4所示，总体来讲，控制变量对不同规模农户技术效率的影响在方向上具有一致性，且与HSFA效率损失函数模型基本相似，在幅度上略有差异，故不做赘述。

表7-4 不同规模农户技术效率的影响因素分析

项目	小于5亩	5～10亩	10～15亩	15～20亩	20亩以上
性别	-0.080 (0.051)	0.029 (0.041)	-0.022 (0.104)	0.166 (0.323)	0.029 (0.061)
年龄	-0.007*** (0.001)	-0.006*** (0.001)	-0.007*** (0.001)	-0.007*** (0.001)	-0.005*** (0.001)
受教育年限	-0.005 (0.003)	-0.001 (0.004)	0.006 (0.005)	0.006* (0.003)	0.008*** (0.002)
蔬菜种植年限	-0.003*** (0.001)	-0.001** (0.001)	-0.003*** (0.001)	-0.005** (0.002)	0.001 (0.001)
专业化程度	0.145*** (0.017)	0.125*** (0.022)	0.118*** (0.022)	0.122*** (0.027)	0.075*** (0.011)
家庭人口数	-0.026*** (0.005)	-0.011** (0.005)	-0.010 (0.006)	-0.019** (0.007)	-0.022*** (0.006)

续表

项目	小于5亩	5~10亩	10~15亩	15~20亩	20亩以上
交流频率	0.110***	0.094***	0.031	0.091***	0.099***
	(0.018)	(0.017)	(0.026)	(0.033)	(0.015)
是否有合作社	0.204***	0.143***	0.154***	0.074	0.137***
	(0.070)	(0.020)	(0.037)	(0.045)	(0.017)
产业集聚程度	0.002***	0.002***	0.003***	0.003***	0.004***
	(0.0003)	(0.0003)	(0.0003)	(0.0005)	(0.0004)
常数项	0.256**	0.145	0.252	0.130	0.281***
	(0.119)	(0.123)	(0.194)	(0.347)	(0.092)

注：1. ***、**、*分别代表在1%、5%和10%的水平下显著。2. 括号内数值为标准误。

本章的关键变量交流频率，即专业村内农户间的技术溢出，除对中等规模农户外，对其他规模农户均具有促进作用。专业村中是否有蔬菜专业合作社对农户技术效率总体表现出促进作用，且表现出对小规模农户的作用效果更明显的特征。结合表7-3结果，农户的技术效率随耕地面积增加呈现倒“U”形分布，即小规模农户和大规模农户技术效率相对偏低，可知专业村的经验共享与服务共享有利于专业村内不同规模农户技术效率差距缩小。而产业集聚程度变量对技术效率的影响则表现出随着农户规模的增加而增大的特征，与前文的推断相一致，公共设施利用、生产资料等获取可能存在一定的不公平性，即存在马太效应。

7.3.3 产业集聚对不同效率农户技术效率影响的检验结果

如表7-5所示，总体来看，在25%分位点、50%分位点与75%分位点，控制变量对不同效率农户技术效率的影响在方向上具有一致性，且与HSFA效率损失函数模型基本相似，在幅度上略有差异，故不做赘述。

表7－5　不同效率农户技术效率的影响因素分析

变量名称	$q=0.25$	$q=0.5$	$q=0.75$
性别	0.036 (0.056)	0.005 (0.041)	−0.050** (0.022)
年龄	−0.007*** (0.001)	−0.005*** (0.001)	−0.006*** (0.001)
受教育年限	0.002 (0.002)	0.004** (0.002)	0.003 (0.002)
蔬菜种植年限	−0.002** (0.001)	−0.003*** (0.001)	−0.002** (0.001)
专业化程度	0.108*** (0.017)	0.101*** (0.017)	0.103*** (0.014)
家庭人口数	−0.020*** (0.005)	−0.014*** (0.003)	−0.017*** (0.004)
交流频率	0.084*** (0.013)	0.082*** (0.011)	0.074*** (0.015)
是否有合作社	0.110*** (0.023)	0.140*** (0.019)	0.151*** (0.024)
产业集聚程度	0.0016*** (0.0003)	0.0022*** (0.0002)	0.0023*** (0.0003)
常数项	0.264** (0.122)	0.233** (0.091)	0.355*** (0.066)

注：1. ***、** 分别代表在1%、5%的水平下显著。2. 括号内数值为标准误。3. q 为因变量分位数。

关键变量农户间交流频率，即专业村内技术溢出机制对低效率农户的作用效果更为明显，这意味着技术溢出有利于全面提升专业村农业生产技术效率。但村中设有蔬菜专业合作社和产业集聚程度变量则表现出对高效农户技术效率促进作用相对更大的特征，这验证了前文的假说，高效率农户可能本身具有独到的资源获得渠道或是拥有对信息、资源、技术更敏感的特征，表现出马太效应。

7.3.4 基础设施共享的“拥挤”效应检验结果

表7－6展示了不同产业集聚发展阶段对技术效率影响的结果。控制变量对农户技术效率的影响与前文结论相一致，在此不做赘述。

表7－6 产业集聚对农户技术效率的影响分析

变量名称	系数	标准误
性别	0.027	0.017
年龄	－0.005***	0.001
受教育年限	0.001	0.002
蔬菜种植年限	－0.002***	0.001
专业化程度	0.118***	0.011
家庭人口数	－0.016***	0.003
交流频率	0.068***	0.010
是否有合作社	0.111***	0.014
产业集聚程度1	0.007***	0.001
产业集聚程度2	0.005***	0.001
产业集聚程度3	0.00002	0.001
产业集聚程度4	0.001	0.001
产业集聚程度5	－0.004***	0.001
常数项	0.112*	0.060

注：***、*分别代表在1%和10%的水平下显著。

随着集聚程度的提高，产业集聚对农户技术效率呈非线性影响。集聚形成早期，基础设施建设与共享和要素集聚逐渐形成，初步实现了农户之间的合作与分工，在一定程度上优化了要素配置，对提高农户技术效率的边际贡献明显。伴随集聚程度的提升，基础设施利用更加充分，现代要素供给部门更加集中，对技术效率仍具有明显的促进作用，但边际影响有所下降。随着产业集聚程度的进一步提高，“拥挤”问题则开始出现，导致规模不经济，在一定程度上会削弱产业集聚的优势，并且在蔬菜供给只停留在初级产品时，会因产量的提高而降低销售价格，不利于农民增收，使农户只能维持基础性的再生产，不利于蔬菜生产升级，提高资源配置效率①。由此观之，提高产业集聚的“质”成为专业村“量”的发展的前进方向。

7.4 本章小结

主产地农业生产面临资源稀缺与浪费现象并存等问题，作为主产地农产品供应的基本单元——专业村，必须要发挥集聚发展优势，走上一条以改进质量、提高效率和效益为主要内涵的发展道路。本章结合分工专业化理论、马歇尔的产业区理论、新经济地理学理论，以及熊彼特的创新产业集聚理论等，对产业集聚发展模式下的专业村如何提高农业生产要素配置效率提出了理论假设，并运用异质性随机前沿函数模型、分位数回归模型、样条回归模型对此进行了实证检验，为促进主产地提质增效，更好地完成保障农产品供给，维持社会经济稳定运转的任务提供参考。主要研究结论概括如下：

第一，基于对专业村产业集聚发展模式的溢出机制对技术效率影响的总体检验可知，产业集聚发展模式会通过技术溢出、基础设施共享与要素集聚等溢出机制显著提高技术效率，其中农户间信息与技术传递是最主要的途径，基础设施共享与要素集聚对技术效率提高的效果次之。村中社会化服务供给的效果则有待加强，可能的原因是合作社虽然提供了技术支撑、物质资料、信息与服务等，但未能帮助农户有效使用，导致在资源利用上仍存在浪费与配置不合理等问题。

第二，基于异质性随机前沿函数模型测算获得的技术效率结果可知，农户的技术效率随耕地面积的增加呈倒“U”形分布，这一方面意味着规模经营有利于技术效率的提高，另一方面则反映了当前我国大规模经营主体在资源配置能力方面仍需加强。经营主体的经营规模要与劳

① 本研究也运用了门限回归进行验证，得到相似结论。

动、技术与资本有效配套才能更好地发挥提质增效、示范带动的作用。

第三，对于异质性农户而言，技术溢出是提高专业村技术效率，推动专业村内技术效率差距缩小的重要途径，但社会化服务共享在一定程度上，特别是基础设施共享与要素集聚等则在提高专业村技术效率的同时拉大专业村技术效率差距，高效率农户可能本身具有独到的资源获得渠道或是拥有对信息、资源、技术更敏感的特征，表现出马太效应。

第四，随着专业村产业集聚程度的提高，对技术效率呈非线性影响。在集聚形成早期，农户的分工与合作初步实现，基础设施建设与共享、要素集聚逐渐形成，对优化资源配置，提高技术效率边际贡献明显。随着集聚程度的提高，基础设施共享与要素集聚的优势作用进一步发挥，但边际贡献有所下降。而当集聚程度进一步提高时，“拥挤”问题开始出现，导致规模不经济。此外，当蔬菜供给只停留在初级产品时，大量供给会降低销售价格，不利于农民增收，只能维持基本的投入再生产，阻碍了蔬菜生产升级。由此观之，提高产业集聚的“质”成为专业村“量”的发展的前进方向。

8 蔬菜专业村对环境可持续的影响

农业是自然再生产与经济再生产相结合的产物，对于主产地而言，环境承载力是决定其能否胜任农产品可持续供应基本职能的基础。近年来，依循农业供给侧结构性改革、农业绿色发展等要求，特色农产品优势区建设加速推进，以区域资源禀赋和产业比较优势为基础，以经济效益为中心，以农民增收为目的，促进优势特色产业做大做强，推动乡村振兴战略顺利实施，成为农业产业发展新趋势。

设施蔬菜属于典型的高投入、高产出、高收益型作物，受到农民的青睐，但设施蔬菜在生产过程中对能源资料与水资源的密集需求给主产地生态环境带来一定影响。丰产增收、提质增效是专业村发展的必然要求，但对当地资源与环境的“攫取”和“破坏”也给可持续发展带来了压力，不利于蔬菜专业村资源与环境的再生和恢复。长此以往，禀赋消耗与生态破坏将威胁我国农产品供给的根基。那么，对于蔬菜专业村而言，在保证产出的前提下，探索如何缓解因碳排放与水资源大量消耗导致的生态环境压力，是继前文对专业村如何增收、增效发展的研究后，侧重生态环境可持续方面的探讨。本章分为两部分：第一部分检验专业村产业集聚发展模式是否有助于提高当地农业碳生产率；第二部分探索专业村产业集聚发展模式是否有助于提高当地灌溉水生产率，从兼顾经济与生态环境的视角探索专业村环境可持续发展的路径。

8.1 专业村对农业碳生产率的影响①

农业碳排放是碳排放的主要来源之一，以 CO_2 为主的温室气体排放造成的气候变暖威胁着经济社会生态可持续发展。但是，在可预见的将来，主产地担负的产品供给任务与资本密集投入的现代农业发展方式将不能摆脱能源等生产要素的大量使用，使农业碳减排面临着较大压力。在这一背景下，是否能依托专业村产业集聚发展模式降低农业碳强度，提高农业碳生产率，成为当下亟待解决的问题。

目前，从农业主产地视角切入，由产业集聚发展模式出发，基于微观层面对农业碳生产率的影响机制及效果进行检验的研究尚不丰富。事实上，产业集聚对第二、第三产业能源效率的提升作用已逐步得到验证（李思慧，2011；韩峰等，2014；程中华等，2017），经济的空间集聚可以通过规模效应、技术溢出，以及竞争效应实现碳排放减少，继而提高能源生产率（刘习平等，2017）。但也有研究表明产业集聚在发展到一定程度后会产生“拥挤”效应，即在一定空间范围内由于集聚引发的要素比例失衡（过度集中或相对稀缺）而造成规模不经济（周圣强等，2013），降低能源效率。这意味着，产业集聚不仅对能源效率有重要的影响，更可能拥有“一枚硬币的两面”的影响。由此观之，对产业集聚对专业村农业碳生产率的影响机理及效应进行分析与测算，一方面能对专业村产业集聚优势加以利用，另一方面则通过探究集聚特征的“拥挤”效应找寻提高专业村碳生产率的合理区间。

综上，本小节基于最小二乘法、门限回归与分位数回归方法，对产业集聚对碳生产率的作用机制、效果与异质性进行检验，以期推动专业

---

① 在完成本小节前，笔者曾在《中国人口·资源与环境》发表论文《产业集聚能提高农业碳生产率吗?》，在此基础上，统筹考虑全书结构，通过修改完善形成本小节。

村经济与环境可持续协同发展。

8.1.1 产业集聚对农业碳生产率影响的理论分析与模型构建

本研究参考刘习平等（2017）、程中华等（2017）的研究成果，构建农业碳生产率影响机制数理模型，并提出相关理论假说，具体如下：

假定物质资本（K）、劳动力（L）和土地（E）是蔬菜生产过程中的主要投入，其中物质资本是主要碳来源。从成本函数角度设定生产函数，可得

$$C\ (P_K,\ P_L,\ P_E,\ Q)\ =A^{-1}W^{-1}P_K^{\alpha}P_L^{\beta}P_E^{\gamma}Q \qquad (8-1)$$

其中，C（·）为成本函数；P_K、P_L、P_E 分别为 K、L、E 的价格；Q 为蔬菜产量；A 为全要素生产率；W 为农业产业集聚程度；α、β、γ 均为产出弹性。

根据谢泼德引理，在给定支出函数 C（P，U）下，对价格求偏导可获得对应产品的希克斯需求函数 X^h（P，U），那么物质资本投入需求等于成本函数对物质资本投入价格求偏导，用 K 代表农户对物质资本的需求，则

$$K=\ (\alpha A^{-1}W^{-1}P_K^{\alpha}P_L^{\beta}P_E^{\gamma}Q)\ /P_K \qquad (8-2)$$

假定在完全竞争市场下，农户长期经济利润为0，即总成本=总收益：$C=P_Q\times Q$，而 P_Q 取决于3种要素的价格：

$$P_Q=P_K^{\alpha}P_L^{\beta}P_E^{\gamma} \qquad (8-3)$$

则将式（8-3）代入式（8-2）可得

$$K=\ (\alpha A^{-1}W^{-1}P_QQ)\ /P_K \qquad (8-4)$$

经过移项调整，可得

$$P_Q\times Q/K=\alpha^{-1}AWP_K \qquad (8-5)$$

在生产过程中，物质资本会产生 CO_2 排放（R），投入越多则 CO_2 排放越多。设 $R=\phi K$，代入式（8-5）可得

$$P_Q\times Q/R=\phi^{-1}\alpha^{-1}AWP_K \qquad (8-6)$$

结合既有研究对碳生产率（Beinhocker et al.，2008；沈能等，2013）及农业碳生产率（宋博等，2016；程琳琳等，2016）的界定，本研究将 $P_Q \times Q/R$ 定义为农业碳生产率①，即一个生长周期内蔬菜总产值与同期 CO_2 排放量之比。对于 CO_2 排放的测算，本研究参考宋博等（2016）的研究——化肥、农膜、电力是蔬菜生产投入要素中最主要的碳源，占比 90% 以上，故以这 3 种要素为基础测算蔬菜生产产生的 CO_2 排放量②，并用蔬菜产值与其相除获得碳生产率。

由式（8-6）可知，农业碳生产率取决于全要素生产率、农业产业集聚程度与物质资本价格。其中，全要素生产率主要受到农户个人、家庭特征、技术采用的影响。

本研究的关键变量，专业村产业集聚发展模式下的溢出机制，包括技术溢出、社会化服务共享、基础设施共享与要素集聚等途径，在文中分别以专业村农户技术交流频率、是否有蔬菜专业合作社、产业集聚程度 3 个变量表示。结合前文理论分析提出如下假说：在专业村中，大量农户之间以低成本的交流学习提高自身的技术储备与田间管理能力，并在交流过程中彼此启发、“碰撞”，使技术更加贴合实际，进一步优化资源配置，进而带来碳生产率的提高。蔬菜专业合作社等社会化服务组织形成，有利于为农户引入新要素与技术支持，并解决一些一家一户干不了或干不好的事情，带来分工经济，对提高碳生产率有积极影响。基

---

① 本研究选择碳生产率而未纳入碳汇，主要是从节碳减排视角考虑。除前文原因外，首先，对于既定的农作物和既定的生产方式，碳汇相对稳定，而碳排放却随着投入产出组合不同而有着较大差异；其次，碳源要素生产与消费可能具有空间布局上的差异性，主产地碳源要素可能由其他地区供给，导致碳排放区域上的不公平性；最后，尽管农业生产具有碳汇功能，但从观念上正视绿色农业是我国农业供给侧结构性改革与生态文明建设的根本要求。综上，减少碳排放，提高碳源要素利用率是实现环境保护、绿色发展与主产地生产可持续的根本，是本研究选择碳生产率的重要依据。

② CO_2 排放量的测算公式为 $R = \eta' \times x = \sum_{i=1}^{n} \eta_i \times x_i$，其中，$R$ 表示 CO_2 排放，单位是二氧化碳当量（CO_2e），$x = (x_1, x_2, x_3)$ 表示化肥、农膜、电力三要素的投入量向量，$\eta = (\eta_1, \eta_2, \eta_3)$ 为三要素的碳排放系数向量，其中 $\eta_1 = 3.284$，$\eta_2 = 2.493$，$\eta_3 = 0.917$。

础设施共享与要素集聚也有利于提高资源利用率与配置效率，促进实现农户碳生产率的提高。但是，结合威廉姆森假说，必须要将公共基础设施的竞争性考虑在内，即过多人使用会产生“拥挤”问题（Scotchmer et al.，2001），如水、电供应不足，交通堵塞等，不利于碳生产率的提高。此外，异质性农户的碳生产率受产业集聚溢出机制的差异性影响也需要考虑。

8.1.2 产业集聚对农业碳生产率影响的估计方法选择与数据描述

1. 估计方法选择

产业集聚对农业碳生产率“拥挤”效应的检验——门限回归。产业集聚可能会由于“拥挤”效应而不利于农业碳生产率的提高，这便需要一个能够揭示不同产业集聚程度对农户农业碳生产率产生差异性影响效果的估计方法。传统的做法是由研究者主观确定一个门限值，然后根据门限值把样本一分为二（或多个子样本）并分别测算，既不对门限值进行参数估计，也不对其显著性进行统计检验。本小节选择 Hansen 提出的“门限回归”（Threshold Regression，TR），用计量方法获得门限值并进行统计检验，获得不同集聚程度对农户碳生产率影响的非线性特征。具体而言，以单门限模型为例：

$$Y_i = \begin{cases} X'_i\beta_1 + \mu_i, q_i \leq \gamma \\ X'_i\beta_2 + \mu_i, q_i > \gamma \end{cases} \tag{8-7}$$

式（8-7）可转化为

$$Y_i = X'_i(q_i, \gamma)\beta + \mu_i \tag{8-8}$$

即

$$Y_i = X'_i\beta_1 \times 1\ (q_i \leq \gamma)\ + X'_i\beta_2 \times 1\ (q_i > \gamma)\ + \mu_i \tag{8-9}$$

其中，1（·）为示性函数，当括号中的表达式为真时，则取值为1；

反之，则取值为0。如若已知γ值，则可通过定义$Z'_{i1}=X'_i\times 1$（$q_i\leqslant\gamma$）与$Z'_{i2}=X'_i\times 1$（$q_i>\gamma$）将式（8－9）转化为

$$Y_i=Z'_{i1}\beta_1+Z'_{i2}\beta_2 \tag{8-10}$$

在实际计算中，常分两步获得最小化残差平方和。首先，给定γ值，对式（8－10）使用最小二乘法估计，并计算残差平方和SSR（γ）。其次，选择SSR（γ）最小化，经多次估计，则得到参数估计结果，并可通过似然比进行检验。

产业集聚对农业碳生产率影响的异质性检验——分位数回归。由前文假设可知，产业集聚的溢出机制可能对异质性农户农业碳生产率产生差异性影响，对此进行探索是找到提高低效农户农业碳生产率、缩小农户间差距的重要手段。本小节选择分位数回归方法（Quantile Regression，QR）进行估计，该方法具有能够估计不同被解释变量分位数下回归系数、放松分布假设、适合具有异方差性模型及估计结果更稳健等优势，符合本研究探索产业集聚对不同农业碳生产率农户作用效果的异质性目的。前文已对该方法进行过细致介绍，在此不做赘述。

2. *数据来源及样本描述*

本小节数据为前文提到的对蔬菜专业村以蔬菜种植户为单元的调研数据，结合研究目的进行数据清理获得用于本小节测算的有效样本，表8－1汇总了主要变量描述统计情况。由表8－1可知，碳生产率平均为26.26元/kg CO_2e，但从标准差情况来看，专业村碳生产率差异较大，分化趋势明显。本研究用蔬菜价格对各碳源要素价格进行标准化处理，不仅能揭示各要素的价格水平，还能从成本收益视角揭示物质资本对农户收益动机层面的影响。各碳源要素价格与蔬菜价格比差异较大，其中农膜与蔬菜价格比差异最大，化肥与蔬菜价格比次之，电力与蔬菜价格比最小。从农户户主及农户家庭条件来看，男性户主占总样本的93%；户主年龄均值在51.83岁，呈现一定的老龄化趋势；户主受教育

年限与蔬菜种植年限分别为8.40年与17.95年，表明户主的生产技能储备主要源于“干中学”；农户的平均专业化程度为87.17%，蔬菜收入是农户家庭的主要收入来源；农户的测土配方施肥技术采用率为37%，技术覆盖率还有很大的提升空间。从专业村产业集聚特征来看，反映技术溢出机制的农户之间的技术交流较为频繁；反映社会化服务供给能力的蔬菜专业合作社建社比例较高；代表专业村基础设施建设能力、共享程度与要素集聚水平的产业集聚程度较高，但仍有较大发展潜力。

表8－1 变量说明与描述统计（均值）

变量类型	变量名称	单位	均值	标准差
碳生产率情况	碳生产率	元/CO_2kg	26.26	38.35
	肥菜价格比	—	3.51	7.63
	膜菜价格比	—	9.09	10.89
	电菜价格比	—	0.71	0.82
户主及农户家庭条件	性别	0＝女，1＝男	0.93	0.25
	年龄	岁	51.83	8.63
	受教育年限	年	8.40	2.32
	蔬菜种植年限	年	17.95	8.70
	专业化程度	%	87.17	19.86
	测土配方施肥	0＝否，1＝是	0.37	0.48
产业集聚特征	交流频率	0＝不经常；1＝经常	0.61	0.49
	是否有专业合作社	0＝否，1＝是	0.94	0.24
	产业集聚程度	%	50.18	29.34

8.1.3 产业集聚对农业碳生产率影响的实证检验

1. 产业集聚对农业碳生产率作用机制的检验结果

表8－2展示了农业碳生产率影响因素参数估计结果。如表8－2所示，肥料蔬菜价格比的提高显著正向作用于农业碳生产率，符合经济学原理。价格高意味着资源的相对稀缺，农户有动机合理配置资源，提高化肥利用率，即提高农业碳生产率。电力蔬菜价格比的提高则显著负向

作用于农业碳生产率，可能的原因是农户的主要电力消耗于农业灌溉用水上，蔬菜耗水量大的特征加之电价过低导致农户更多地出于利润考虑而增加灌溉水量，造成电力蔬菜价格比系数方向不符合预期。农户专业化程度通过了1%水平的显著性检验，正向作用于农业碳生产率，主要是从充分发掘产地资源禀赋优势、拥有专业技术，以及采用现代化生产方式等方面提高生产效率而带来农业碳生产率的提高。测土配方施肥在5%的显著性水平上正向作用于农业碳生产率，验证了该技术的推广对于我国未来农业低碳、可持续发展的重大意义。本研究的关键变量产业集聚程度通过了10%水平的显著性检验，正向作用于专业村农业碳生产率。结合前文理论分析，专业村内基础设施共享与要素集聚经由规模经济将正向作用于农业碳生产率。但是专业村的技术溢出机制、农户之间的技术交流对农业碳生产率的影响并不明显。笔者在调研过程中发现，农户在生产过程中更多地采用增产增效型技术，质量安全型与环境保护型技术采用较少，导致技术溢出仍集中在资本密集型的高碳技术，不利于提高农业碳生产率。反映专业村社会化服务共享机制的蔬菜专业合作社也未能通过显著性检验，部分调研农户反映，合作社对生产、销售的帮助不大，合作社存在吸引力不足、合作机制不健全、现代化服务水平有待进一步提高等一系列问题。

表8-2　农户碳生产率影响因素参数估计结果

变量名称	系数	标准误
肥料蔬菜价格比	0.276***	0.057
农膜蔬菜价格比	-0.070	0.057
电力蔬菜价格比	-0.626***	0.081
性别	0.011	0.201
年龄	-0.003	0.006
受教育年限	0.023	0.019
蔬菜种植年限	-0.005	0.005
专业化程度	0.006***	0.002

续表

变量名称	系数	标准误
测土配方施肥	0.159**	0.078
交流频率	-0.050	0.083
是否有合作社	-0.231	0.204
产业集聚程度	0.003*	0.001
常数项	1.975***	0.489

注：***、**、*分别代表在1%、5%和10%的水平下显著。

2. 产业集聚对碳生产率的“拥挤”效应检验结果

表8-3展示了以产业集聚程度为门限变量，在对其他变量进行控制的基础上，产业集聚程度的门限参数估计结果。由表8-3可知，产业集聚程度通过了三重门限检验，将对农业碳生产率产生非线性影响。

表8-3 门限值参数估计结果

门限变量	门限检验类型	*F*值	*p*值	BS次数	门限值
产业集聚程度	单一门限检验	4.668**	0.037	300	26.670
	双重门限检验	5.467**	0.050	300	66.670
	三重门限检验	7.690***	0.007	300	87.240

注：***、**分别代表在1%、5%的水平下显著。

表8-4为单一门限、双重门限与三重门限回归参数估计结果，根据表8-3的检验结果，以下针对三重门限参数回归估计结果进行分析。

表8-4 门限回归参数估计结果

变量名称	单一门限	双重门限	三重门限
肥料蔬菜价格比	0.280*** (5.39)	0.284*** (5.50)	0.294*** (5.72)
农膜蔬菜价格比	-0.0659 (-1.03)	-0.101 (-1.55)	-0.112* (-1.73)
电力蔬菜价格比	-0.630*** (-7.97)	-0.582*** (-7.14)	-0.602*** (-7.41)
性别	-0.009 (-0.05)	-0.035 (-0.22)	-0.002 (-0.01)

续表

变量名称	单一门限	双重门限	三重门限
年龄	-0.003 (-0.57)	-0.002 (-0.36)	-0.001 (-0.27)
受教育年限	0.026 (1.41)	0.0258 (1.41)	0.026 (1.43)
蔬菜种植年限	-0.007 (-1.36)	-0.007 (-1.37)	-0.007 (-1.43)
专业化程度	0.005*** (2.68)	0.005*** (2.78)	0.006*** (3.10)
测土配方施肥	0.146* (1.78)	0.114 (1.37)	0.097 (1.17)
交流频率	-0.060 (-0.74)	-0.075 (-0.92)	-0.054 (-0.66)
是否有合作社	-0.220 (-1.31)	-0.283* (-1.67)	-0.303* (-1.80)
产业集聚程度1	0.018** (2.46)	0.028*** (3.30)	0.025*** (2.88)
产业集聚程度2	0.005*** (2.85)	0.010*** (3.55)	0.009*** (3.13)
产业集聚程度3		0.006*** (3.33)	0.002 (1.20)
产业集聚程度4			0.007*** (4.03)
常数项	1.809*** (3.76)	1.755*** (3.66)	1.720*** (3.61)

注：1. ***、**、*分别代表在1%、5%和10%的水平下显著。2. 括号内数值为t值。

具体而言，在产业集聚早期，专业村基础设施建设与共享和要素集聚形成的规模经济优势逐步形成，对提高碳生产率的边际效应明显。随着集聚程度的不断提高，基础设施利用更加充分，现代要素供给部门更加集中，有利于提高资源配置效率，即溢出效应仍为正，但边际效应有所下降。伴随集聚程度的继续提高，在一定程度上会出现对有限资源的争夺，以及农户之间的竞争，“拥挤”效应抵消了一部分集聚带来的正效应。但是，当集聚实现升级，即专业村功能从基础的专业化生产扩大到加工、销售、创建品牌，构建完整的产业链条，形成“一村一品”“一乡一业”，跨区域、集群式发展时（秦富等，2009），将通过农业现代化与产业全方位升级提高农业碳生产率。

3. 产业集聚对异质性农户碳生产率影响的检验结果

表8-5展示了专业村产业集聚的溢出机制对异质性农户农业碳生产率影响的分位数参数估计结果。

表8-5 分位数参数估计结果

变量名称	25%分位点		50%分位点		75%分位点	
	系数	标准误	系数	标准误	系数	标准误
肥料蔬菜价格比	0.328***	0.097	0.260***	0.061	0.215***	0.073
农膜蔬菜价格比	-0.155	0.095	-0.143*	0.074	0.014	0.082
电力蔬菜价格比	-0.746***	0.117	-0.536***	0.101	-0.675***	0.122
性别	0.020	0.345	0.063	0.253	-0.274	0.281
年龄	-0.004	0.009	-0.001	0.006	-0.003	0.009
受教育程度	0.036	0.025	0.007	0.020	0.017	0.028
种植年限	0.005	0.007	-0.006	0.006	-0.006	0.006
专业化程度	0.004*	0.002	0.006***	0.002	0.007**	0.003
测土配方施肥	0.305***	0.111	0.188*	0.109	0.078	0.117
交流频率	-0.082	0.126	-0.036	0.113	0.051	0.121
是否有合作社	0.096	0.337	-0.367	0.307	-0.451*	0.255
产业集聚程度	0.0002	0.002	0.002	0.002	0.004*	0.002
常数项	1.100	1.005	2.310	0.590	2.738	0.742

注：***、**、*分别代表在1%、5%和10%的水平下显著。

总体来看，控制变量对异质性农户农业碳生产率的影响效果与前文相一致，但在25%、50%、75%分位点，表现出对于农业碳生产率更高的农户，专业化水平的提高对农业碳生产率的促进效果相对明显的特征。测土配方施肥则对较低农业碳生产率、农户农业碳生产率的改善效果更好。产业集聚程度对异质性农户农业碳生产率的影响呈现由小到大且更显著的趋势。结合前文分析可知，农户之间存在生产资料占有、知识储备、管理能力、社交网络、经营水平等方面的差异，使原本富有农业碳生产率优势的农户由于技术习得与应用能力较高、外部资源获取与利用水平较强而更容易获取产业集聚程度提高所带来的益处，进一步形成分化，产生马太效应。这意味着，较低农业碳产率的农户应是专业村产业集聚发展过程中的重点帮扶对象，应加大对其人力资本的投入，适当进行基础设施与社会化服务的倾斜，特别是提高合作社服务水平，引进先进技术，是专业村要发挥集聚优势促进农业碳生产率提高的重点。

8.2 专业村对灌溉水生产率的影响①

生产密度大、水资源利用粗放的经营模式对蔬菜专业村用水可持续提出了挑战，水资源短缺约束着以水资源为基础的蔬菜生产发展。近年来，遵循节约蔬菜生产用水、提高水资源利用率的目标，政府不断加大节水技术研发与推广的投资力度，实施节水补贴政策，鼓励蔬菜种植户采用现代节水灌溉技术［《全国蔬菜产业发展规划（2011—2020年）》］。其中，滴灌作为实验过程中节水效果最好的灌溉手段成为政府推广的重点（梁书民等，2016）。然而实践中发现，尽管政府作出了巨大的努力，农户在滴灌技术采用过程中仍存在采用率低、弃用率高等现象，与政府目标背道而驰。

既有研究从农户家庭特征（如户主性别、年龄、文化程度、风险态度、对水资源知识及相关技术的了解程度、家庭经济状况与兼业程度）、农业种植特征（如土地经营规模、地块细碎化程度）、自然环境

① 本小节后经修改完善形成《环渤海地区滴灌的资源与经济效应——政府与农户目标一致性检验》，发表于《资源科学》，为保持书稿的连贯性，本小节仍沿用原版本。

特征（如水资源稀缺程度、农业用水价格）、政府支持，以及滴灌装备（如装备设计、种类、质量、安装与使用过程中存在的问题）（吴洪忠等，2016；尹飞虎，2018）等方面对加速滴灌技术推广展开研究，为推广滴灌技术提供了重要的参考。但是，一方面，既有研究主要站在政府的视角考察滴灌技术推广的作用机制，对于农户滴灌技术采用的微观基础——增收需求有所忽略；另一方面，对于专业村产业集聚发展模式对农户滴灌技术采用的影响认识不足，忽视了集体对个体的作用效果。实际上，农户的技术选择权已经较为独立，影响农户农业节水技术采用的最大影响因素是经济报酬，在利润最大化的目标下，水资源短缺相比土地资源稀缺等其他更严峻的约束并未受到农民的足够关注，只有当水资源稀缺压力转移到农民身上（牛坤玉等，2010），或节水技术能够显著提高其净收益时，才会影响农户的技术采用决策。同时，村庄作为一个基本行政单元与一个社会关系集合，农户之间存在有形与无形的规则与关系，纷繁错落，影响着农户的行为。换言之，基于地缘与血缘关系，农民们有更自然的合作动机与更加频繁的交流机会，有利于集全村之力行共赢之事。

综上，本小节以“理性小农”的利润最大化目标理论为基础，探究专业村产业集聚发展模式对农户滴灌技术采用的影响，进而测算滴灌技术采用对灌溉水生产率及农户收益的影响，为提高专业村灌溉水生产率、合理利用水资源、实现生产可持续献计献策。

8.2.1　产业集聚对灌溉水生产率影响的理论分析与模型构建

产业集聚发展模式对灌溉水生产率的影响是一个间接的过程。农户技术采用以实现利润最大化为目标，理论上讲，滴灌技术采用将通过影响农户灌溉水生产率而影响农户收益，而产业集聚对农户滴灌技术采用具有不可忽视的影响，这便形成了一个“产业集聚—滴灌技术采用—灌溉水生产率—农户收益”的影响链条。本小节依据该逻辑框架展开理论分析。

1. 农户技术采用的利润最大化分析

根据舒尔茨的"理性农户"观点，农户以实现效用或利润最大化为目标进行技术采用决策，即农户会采取使其蔬菜生产净收益最大化的技术，故构建农户技术采用的利润最大化方程如下：

$$\max\ \Pi = P \times Q - \sum_{i=1}^{n} C_i \tag{8-11}$$

其中，Π 为代表性农户蔬菜生产净利润；P 为蔬菜销售价格；Q 为蔬菜产量；C_i 为蔬菜各生产要素投入成本。而对于蔬菜专业村与政府而言，实现社会福利最大化是根本目标，如水资源可持续利用，保证农产品供给安全等，即充分利用灌溉水资源，在节水的同时能稳定产量，最终落脚于提高灌溉水生产率。据此，对农户的利润最大化目标方程进行改造，即在式（8－11）等式两侧除以灌溉水量，结果如式（8－12）所示：

$$\max \pi = P \times WP - \sum_{i=1}^{n} c_i \tag{8-12}$$

其中，π 为农户单位灌溉水蔬菜生产净利润，结合 Molden 等（2010）的研究，定义 WP 为灌溉水生产率，即单位灌溉水消耗获得的蔬菜产量。由式（8－12）可知，灌溉水生产率是滴灌技术影响农户收益的重要途径，可以说是统一专业村与农户目标的关键。c_i 为灌溉水标准化的各生产要素投入成本，主要包括种苗投入（*Seed*）、肥料投入（*Tfer*）、农膜投入（*Nm*）、农药投入（*Pes*），以及灌溉水价格（*Wprice*）。

2. 灌溉水生产率的影响机制分析

结合既有文献，构建农户灌溉水生产率影响因素式（8－13）并进行理论分析：

$$WP = \beta_0 + \beta_1 Drip + \beta_2 Rare + \beta_3 Gen + \beta_4 Age + \beta_5 Edu + \beta_6 Year +$$

$$\beta_7 Fer + \beta_8 Ofer + \beta_9 Spec + \beta_{10} Com + \varepsilon \quad (8-13)$$

其中，*Drip* 为农户家庭是否采用滴灌技术。滴灌技术的优势在于，滴灌使水顺着滴孔直达作物根部，令土壤始终保持疏松及最佳含水状态，对于温度和湿度具有良好的调节功能，能够通过提高光合作用效率实现灌溉水生产率的提高。*Rare* 为农户对专业村水资源稀缺程度的评价，反映当地水资源禀赋情况。缺水将影响蔬菜生长的各个阶段，特别是抑制光合作用与蒸腾作用过程，降低蔬菜产量（张宪法等，2000）。*Gen* 为户主性别，男性户主具有视野开阔、决策能力强等特征，在资源配置能力与水平上可能会强于女性户主。*Age* 与 *Year* 分别为户主年龄及蔬菜种植年限。一般而言，年龄大的户主通过多年种植经验的积累，生产专业化水平较高，资源利用能力较强，有利于用水效率的提高，但也可能受体力与新事物接受能力的约束，降低灌溉水生产率。*Edu* 为户主受教育年限。受教育年限的提高有利于增强农户对新技术的采用能力与市场感知能力，有助于提高灌溉水生产率。*Fer* 与 *Ofer* 分别为农户的化肥投入与有机肥投入。研究表明，作物生长过程中适当营养素的补充也会提高灌溉水生产率（Twomlow et al.，1999），但化肥也存在持续时间短、养分单一，容易造成土壤板结等问题，在一定程度上有碍于灌溉水生产率的提高。*Spec* 为农户专业化生产程度。农户专注于农业生产，将大量精力投入蔬菜种植过程将会提高技术效率，进而带来灌溉水生产率的提高。*Com* 为农户技术交流频率。一般而言，小农户由于风险规避能力较弱，在采用新技术或田间管理手段时更倾向于通过观察或询问的方式从其他农户处获得经验，以规避利润上的风险（Foster and Rosenzweig，2010）。同时，当某项技术在特定区域内采用人数较多时，农户更倾向于通过外部学习而非自我尝试获得经验（Bandiera and Rasul，2006）。因此，在蔬菜专业村，农户更可能通过和其他种菜能手交流来提高产出与资源利用率。

3. 农户滴灌技术采用的影响机制分析

关于农户节水技术采用的影响因素研究已较为丰富（许朗等，2013；王格玲等，2015；乔丹等，2017），结合既有研究，本研究的关键变量滴灌技术采用的影响因素方程构建如下［*Drip* 为 0～1 变量，故估计式（8－14）选取 Probit 形式］：

$$Drip = \alpha_0 + \alpha_1 Rare + \alpha_2 Wprice + \alpha_3 Gen + \alpha_4 Age + \alpha_5 Edu + \alpha_6 Year + \alpha_7 Know + \alpha_8 Ainc + \alpha_9 Vlab + \alpha_{10} Num + \alpha_{11} Com + \alpha_{12} Coop + \alpha_{13} Agg + \mu \quad (8-14)$$

其中，*Rare* 含义同上；*Wprice* 为灌溉水价格。速水和拉坦的研究表明，要素禀赋是诱致农业技术变迁的重要因素，农业技术会向稀缺资源节约方向发展，当水资源稀缺程度与价格较高，农户又意识到缺水对蔬菜生产的影响时（乔丹等，2017），农户会为发展蔬菜生产，获取更多的收入而采用滴灌技术。*Know* 反映农户是否了解滴灌技术。由于滴灌技术具有固定成本投入高、技术难度大等特点，农户对滴灌技术的操作及效益越了解，将越倾向于采用滴灌技术（刘红梅等，2008；黄腾等，2018）。*Ainc* 为农户家庭年农业收入。一方面，较高的农业收入意味着农户对农业生产更倚重，节水意识可能更高（王格玲等，2015）；另一方面，滴灌设备费用昂贵，对农户家庭资产充裕程度有较高的要求，越富有的农户越有实力购买滴灌设备。*Vlab* 为农户家庭从事蔬菜生产的劳动力数量。滴灌具有节省农户灌溉劳动投入的优势，对于劳动人口不足而资金相对充足的农户而言，运用滴灌设备缓解劳动稀缺是比较好的替代方式（胡伦等，2018）。*Num* 为农户家庭温室大棚个数，滴灌技术在一定程度上具有规模效应的特性（康跃虎，2012），土地细碎化程度高将影响滴灌规模经济的实现，影响农户采用滴灌技术的积极性，本研究参考王格玲等（2015）的方法，将农户家庭温室大棚个数作为土地细碎化的替代指标。本研究的关键变量为 *Com*、*Coop* 与 *Agg*，分别代表农户与他人的技术交流频率、农户所在专业村是否有蔬菜专业合作社，以及产业集聚程度，是产业集聚发展模式下重要的溢出机制。具体而言，结合前述章节理论分析，产业集聚发展模式会通过技术溢出、社会化服务共享、基础设施共享与要素集聚等途径获得空间意义上的规模经济，影响农户生产行为。此外，相关研究表明，随着用水主体的数量及彼此互动的增加，主体之间水资源分配问题将更加复杂，需要考虑利益相关者的成本、收益及分布变化。一般情况下，单个主体与集体利益之间呈现互相协调状态，即总供水量不足时，单个主体将通过节约用水达到次优，以满足整体需要（Geerts and Raes，2009）。由此观之，对于耗水量大的蔬菜专业村而言，农户出于对整体环境的考虑更有动力节约水资源。

本研究的创新点之一是将农户的滴灌技术采用行为内生化，将式（8－12）至式（8－14）联立，构成联立方程组，如式（8－15）所示：

$$
\begin{cases}
WP = \beta_0 + \beta_1 Drip + \beta_2 Rare + \beta_3 Gen + \beta_4 Age + \beta_5 Edu + \beta_6 Year + \\
\beta_7 Fer + \beta_8 Ofer + \beta_9 Spec + \beta_{10} Com + \varepsilon \\
Drip = \alpha_0 + \alpha_1 Rare + \alpha_2 Wprice + \alpha_3 Gen + \alpha_4 Age + \alpha_5 Edu + \alpha_6 Year + \\
\alpha_7 Know + \alpha_8 Ainc + \alpha_9 Vlab + \alpha_{10} Num + \alpha_{11} Com + \alpha_{12} Coop + \alpha_{13} Agg + \mu \\
\pi = \gamma_0 + \gamma_1 P + \gamma_2 WP + \gamma_3 Seed + \gamma_4 Tfer + \gamma_5 Nm + \gamma_6 Pes + \gamma_7 Wprice + \xi
\end{cases}
\tag{8-15}
$$

值得注意的是，对于异质性农户群体而言，滴灌技术采用会产生差异性影响，有必要对此进行考察，以全面提高专业村用水效率，促进专业村经济与环境协调发展。

8.2.2 产业集聚对灌溉水生产率影响的估计方法选择与数据描述

1. 估计方法选择

产业集聚对灌溉水生产率影响的检验——条件混合过程方法（CMP）。若多个方程之间具有某种联系，对这些方程同时进行联合估计将会提高估计效率，似不相关回归方法（Seemingly Unrelated Regress，SUR）是常用的对多方程系统模型进行回归估计的方法。但该方法的基本假定为各方程变量之间没有内在联系，即各方程之间不能存在递归关系，仅各方程的扰动项之间存在相关性，并且方程组内的方程形式要具有一致性。对此，本研究运用 Roodman（2011）提出的条件混合过程（Conditional Mixed Process，CMP）估计方法完成测算。该方法是以似不相关回归为基础，通过构建递归方程组，基于极大似然估计方法对多阶段回归模型进行估计。较 SUR 方法，CMP 方法具有适用于多种模型、多阶段混合过程估计的优势，满足本研究将二元变量 Probit 方程与连续变量线性回归方程联合估计的要求。

产业集聚对灌溉水生产率影响的异质性检验——分位数方法（QR）。由前文假设可知，产业集聚的溢出机制可能对异质性农户滴灌技术采用、灌溉水生产率及净收益产生差异性影响。对此，本小节仍选择具有能够估计不同被解释变量分位数下回归系数、放松分布假设、适合具有异方差性的模型及估计结果更稳健等优势的 QR 方法进行估计。前文已对该方法进行细致介绍，在此不做赘述。

2. 数据来源及样本描述

本小节数据为前文提到的对蔬菜专业村以蔬菜种植户为单元的调研数据，结合研究目的进行数据清理获得用于本小节测算的有效样本。表 8-6 汇总了主要变量描述统计情况，分为灌溉水投入产出情况、生产条件、户主及农户家庭条件、自然与市场条件、产业集聚特征五部分，并将样本农户分为采用滴灌技术和未采用滴灌技术两组进行对比分析。

表 8-6 变量说明与描述统计（均值）

变量类型	变量名称	单位	滴灌组	非滴灌组
灌溉水投入产出情况	灌溉水量	吨/棚	708.30	924.00
	灌溉水生产率	斤/吨	90.00	54.41
	单位水净利润	元/吨	94.89	39.53
生产条件	种苗投入	元/吨	9.90	4.24
	农膜投入	元/吨	6.71	3.85
	农药投入	元/吨	8.05	2.51
	肥料投入	元/吨	16.84	9.90
	化肥投入	元/棚	2064.08	2388.28
	有机肥投入	元/棚	1575.15	1552.14
户主及农户家庭条件	性别	0=女；1=男	0.93	0.92
	年龄	岁	51.25	52.20
	受教育年限	年	8.57	8.58
	蔬菜种植年限	年	16.28	18.54
	是否了解滴灌技术①	—	4.46	4.14
	家庭劳动力数	人	2.02	2.00
	家庭年收入	万元	7.48	6.05
	温室大棚数	个	2.58	2.84
	专业化程度	%	85.14	85.25
自然与市场条件	水稀缺度②	—	2.72	2.42
	灌溉水价	元/度	0.65	0.67
	蔬菜价格	元/斤	1.66	1.34
产业集聚特征	交流频率	0=不经常；1=经常	0.80	0.77
	是否有合作社	0=无；1=有	0.95	0.98
	产业集聚程度	%	41.60	37.71

注：①1=不了解，2=不太了解，3=一般，4=比较了解，5=非常了解；②1=不严重，2=不太严重，3=一般，4=比较严重，5=非常严重。

如表 8-6 所示，从滴灌技术对灌溉水投入的影响来看，滴灌组比非滴灌组少投入灌溉水约 215. 70 吨/棚①。从滴灌技术对灌溉水产出的影响效应来看，滴灌组单位灌溉水蔬菜产出比非滴灌组高 35. 59 斤/吨，单位灌溉水净利润比非滴灌组高 55. 36 元/吨，显示出滴灌技术对专业村增效目标与农民经济目标的双重满足效果。但表 8 – 6 中滴灌技术对灌溉水投入、产出的影响是在各要素综合作用影响下形成的，滴灌技术对灌溉水生产率、灌溉水净收益的影响仍需要通过计量方法进行更细致的衡量。

从生产条件来看，滴灌组较非滴灌组在资本要素投入上更加密集，特别是在种苗投入方面，比非滴灌组高 133. 49%②，可能是影响水产出的重要因素。从户主及农户家庭条件来看，滴灌组的优势在于年轻化、对滴灌技术更了解、资本储备更充裕，而非滴灌组的优势则在于种植经验更丰富，在户主性别比例、受教育年限、家庭劳动力数量、温室大棚个数，以及专业化程度等方面，两组农户差别不大。从自然与市场条件来看，滴灌组所在专业村缺水程度略微严重，两组灌溉水价格均较低，滴灌组可能由于蔬菜品质更好而获得更高的蔬菜市场价格。从滴灌组与非滴灌组农户所在专业村产业集聚发展程度来看，滴灌组农户所在专业村集聚发展程度更高，农户之间技术交流频率与合作社建社率相似。

8. 2. 3 产业集聚对灌溉水生产率影响的实证检验

表 8 – 7 汇报了基于 CMP 方法对联立方程组（8 – 15）进行回归的参数估计结果。CMP 方法具有有效解决多个方程之间的关联性问题，提高联合估计方程效率的优势，结果较为稳健。

---

① 滴灌组与非滴灌组的棚均面积分别为 1. 02 亩/个和 1. 07 亩/个，笔者对灌溉水量的测算主要参考王晓东等（2014）、李娜（2014）、沈波等（2017）的研究，限于篇幅不再赘述。

② 滴灌组与非滴灌组的种植密度相似，造成该现象的主要原因在于种苗质量与金额上的差别。

表 8－7 基于 CMP 方法的联立方程组参数估计结果

方程名称	变量名称	CMP 方法	
		系数	标准误
滴灌技术采用方程	水稀缺度	0.103**	0.049
	灌溉水价	0.112	0.181
	性别	0.163	0.258
	年龄	0.003	0.009
	受教育年限	－0.008	0.031
	蔬菜种植年限	0.017**	0.009
	是否了解滴灌技术	0.206***	0.068
	家庭年收入	3.84×10^{-6}**	1.67×10^{-6}
	家庭劳动力数	0.001	0.109
	温室大棚数	－0.066*	0.037
	交流频率	－0.041	0.054
	是否有合作社	－0.672*	0.408
	产业集聚程度	0.004	0.003
	常数项	－0.664	0.848
灌溉水生产率方程	滴灌技术采用	29.753*	17.809
	水稀缺度	3.058	4.007
	性别	22.112	19.131
	年龄	－0.479	0.642
	受教育年限	2.951	2.294
	蔬菜种植年限	－0.131	0.751
	化肥投入	－0.004**	0.002
	有机肥投入	－0.001	0.003
	专业化程度	55.495**	24.259
	交流频率	9.664**	4.622
	常数项	－22.330	50.151
灌溉水净收益方程	灌溉水生产率	1.449***	0.187
	蔬菜价格	36.887***	3.216
	灌溉水价	－31.610***	9.133
	种苗投入	1.661***	0.272

续表

方程名称	变量名称	CMP 方法	
		系数	标准误
灌溉水净收益方程	肥料投入	-0.057	0.259
	农膜投入	-3.975 ***	0.716
	农药投入	-0.010	0.105
	常数项	-61.581 ***	15.378
独立性检验	/atanhrho_ 12	-0.120	0.200
	/atanhrho_ 13	-0.047	0.096
	/atanhrho_ 23	-0.361	0.287

注：***、**、*分别代表在1%、5%和10%的水平下显著。

由滴灌技术采用方程可知，当地水资源稀缺程度在5%的显著性水平上正向作用于滴灌技术采用概率，与许朗等（2013）、王格玲等（2015）、乔丹等（2017）的研究一致。水资源稀缺将增加农户生产过程中的约束，激励农户通过采用滴灌技术来减少灌溉水的无效消耗，提高灌溉水利用率，以保障生产顺利进行。农户蔬菜种植年限的增加则会降低农户滴灌技术采用的概率，这反映了农户经过多年“干中学”经验的积累对自身资源配置能力的认可。对滴灌技术的了解程度在1%的显著性水平上正向作用于农户滴灌技术采用概率。在调研过程中，农民普遍反映滴灌技术存在水肥配比失调、设备控制不畅，以及技术指导薄弱等问题，同时滴灌设备也对当地自然条件（如温度等）比较敏感，使经济实力弱、管理能力与知识水平有限的农户不敢轻易尝试。因此，农户对滴灌技术了解程度的提高将增加其采用滴灌技术的概率。家庭年农业收入在5%的显著性水平上正向作用于农户滴灌技术采用概率，但影响幅度微弱。可能的原因是，滴灌设备一次性投入费用较高，导致农户家庭收入的增加对其购买能力的影响有限。同时，滴灌设备的获得渠道有限，从国内市场来看，我国滴灌设备研发机构不足、产品品种少、系列配套化水平低、可供选择的余地不大（吴洪忠等，2016），削弱了农户家庭收入对滴灌技术采用的影响程度。本研究的关键变量是否有蔬菜专业合作社对农户滴灌技术采用甚至呈现抑制作用，表明合作社在推动农业现代化生产建设过程中的贡献不足。专业村内的技术溢出并不显著影响农户滴灌技术采用概率，这与前文分析中，农户的技术储备、信息来源、生态环保意识、资金基础等不足导致现代技术采用率低的结论相一致。产业集聚程度对农户滴灌技术采用也不产生显著影响。诚如前文所述，共享水资源的主体之间存在密不可分的利益关系，特别是在专业村社会人际关系复杂的背景下，农户会感知到集体需求与个人需求之间的关系而有意识地调整灌溉水量，但农户的感知存在“近邻”的遵从效应（郭格等，2018），即附近采用滴灌技术的人越多，农户采用该技术的可能性越大。而在村庄中，农户采用滴灌技术的比例有限，因此推广滴灌技术还要进一步激发示范户的带动作用。

由灌溉水生产率方程可知，关键变量滴灌技术采用通过了10%水平的显著性检验，农户采用滴灌技术会提高单位灌溉水蔬菜产出29.753斤/吨，增产效果明显。化肥投入通过了5%的显著性水平检验，并负向作用于灌溉水生产率，符合本研究预期。相关研究表明，当前中国化肥实际施用量已经超过了经济意义上（张复宏等，2018）与技术意义上（刘苹等，2014）的最优施用量，水肥配比失衡，借鉴我国粮食产业化肥施用的水环境安全域值223千克/平方公顷（王奇等，2013）可知，由于化肥的相对过量施用，不仅对生态环境造成了恶性影响，更会降低灌溉水生产率，不利于主产地蔬菜可持续生产。农户的专业化程度在5%的显著性水平上促进灌溉水生产率的提高，主要是从充分发掘产地资源禀赋优势、拥有专业技术及采用标准化生产方式等方面提高生产效率而带来灌溉水生产率的提高。本研究的关键变量农户技术交流频率，在5%的显著性水平上正向作用于灌溉水生产率，经验交流将促进农户更好地掌握蔬菜生产相关技术，有利于提高劳作效率，带来灌溉水生产率的提高。

结合方程组（8－15）中的灌溉水生产率方程与灌溉水净收益方程的参数估计结果，测得采用滴灌技术将增加农户单位灌溉水收益 43.11 元/吨，验证了滴灌技术本身具有内生的长效采用机制。蔬菜价格、种苗投入均通过了 1% 水平的显著性检验，正向作用于灌溉水净收益，而其他要素成本的增加，如灌溉水价提高、农膜投入增加则在 1% 的显著性水平上负向作用于灌溉水净收益。其中，蔬菜价格是影响农户收入的最根本因素，稳定农户价格预期对于保障农户日常生活，引导农户生产行为具有重要意义。同时，优质种苗也是提高农户灌溉水净收益的重要影响因素，优质品种在产量、品质、抗性及生育期等方面部分或全部对蔬菜生产产生影响，进而影响农户蔬菜产量与收入。此外，灌溉水价的适当提高，即将水资源稀缺压力转移到农民身上，将有助于加快田间节水技术如滴灌技术的推广（康跃虎，2012），而滴灌技术在一定程度上会在提高蔬菜综合品质的同时使产量处于较高水平（李波等，2019），如果市场能够实现优质优价，将有利于实现农户收益增加。

8.2.4　产业集聚对灌溉水生产率影响异质性的实证检验

表 8－8 展示了基于 QR 方法对滴灌技术对灌溉水生产率与灌溉水净收益异质性影响的检验结果。分别取 25%、50%、75% 分位点进行考察可知，滴灌技术对灌溉水生产率与灌溉水净收益的影响存在马太效应，即对于灌溉水生产率有优势的农户而言，采用滴灌技术会进一步促进其灌溉水生产率的提高，并且提高的幅度更大，继而使收益增加明显。这是由于农户家庭之间在资源禀赋、资本存量、文化素质、技术水平、社会关系等方面的差别导致了其灌溉水配置能力原本便存在差异性比较优势，而本身具有优势的农户在采用滴灌技术后，由于在经济基础、技术掌握等方面更有优势，因此能更充分地发挥滴灌技术的功效，使灌溉水生产率进一步提高。这意味着，专业村低灌溉水生产率农户应

是实现蔬菜产地节水、增效、增收的重点帮扶对象，而进行多元化节水技术配套推广服务是政府应采取的主要措施。

表 8 –8　滴灌技术产出与经济效应的分位数检验

变量名称	25% 分位点		50% 分位点		75% 分位点	
	系数	标准误	系数	标准误	系数	标准误
滴灌水生产率	6.627*	3.658	13.430**	6.120	41.797*	22.573
灌溉水净收益	5.964***	0.333	13.747***	0.845	57.358***	3.078

注：***、**、* 分别代表在 1%、5% 和 10% 的水平下显著。

总而言之，滴灌技术是一项兼顾经济与生态环境两方面的先进技术。一方面，能够充分利用水资源提高灌溉水生产率，保障专业村蔬菜供给；另一方面，滴灌技术的增收效应使其具有长期采用的内生机制。但目前专业村合作社的服务内容、服务能力与服务质量不高等问题较为突出，在推动农业现代化生产建设过程中贡献不足。同时，尽管农户之间存在人际溢出关系网络，但感知的“近邻”性特征，使专业村内由于农户技术储备、信息来源、生态环保意识及资金基础不足等原因造成滴灌技术采用人数较少，进而使辐射带动效果不明显。因此，推广滴灌技术还要进一步激发示范户在各方面的带动作用。此外，滴灌设备成本高、操作复杂，应进一步通过集体协商投资或吸引政府支持为专业村先进技术采用创造条件。滴灌技术对农户灌溉水生产率与灌溉水净收益的影响存在马太效应，结合第 7 章可知，具有比较优势的农户可能更容易获得产业集聚发展带来的收益，有更多的机会采用滴灌技术从而获得更多收益，这不利于专业村用水效率全面提升与社会公平。

8.3　本章小结

主产地环境承载力约束着以资源环境为基础的农业生产发展。专业村的密集生产特征给当地生态环境可持续发展带来了压力，但产业集聚发展模式或将是兼顾经济与环境的新模式之一。本章在前文对专业村产业集聚发展模式的经济效应及农业生产要素配置效应进行考察的基础上，侧重生态环境可持续发展，探索专业村产业集聚发展模式是否有助于提高当地碳生产率与灌溉水生产率，探索专业村生态环境可持续发展的路径。主要研究结论概括如下：

第一，专业村产业集聚发展模式能够通过基础设施共享与要素集聚等途径获得空间意义上的规模经济，提高农户碳生产率。但限于农户绿色生产观念落后、资金储备不足，以及合作社技术引进与推广不到位等问题，专业村农户蔬菜生产仍以增产增收为主要目的，对质量安全与环境保护等方面的关注不足，技术采用不积极，不利于专业村碳生产率的进一步提高。

第二，滴灌技术是符合增产、增收与增绿多重目的的重要技术。但在现实中，专业村发展过程中存在农户技术储备不足、绿色生态环保意识薄弱、缺乏能人示范带领；社会化服务组织的服务内容、服务水平、服务范围与农户需求和现代化农业生产的要求不契合；当地滴灌技术供给层面集资能力弱、政府扶持力度不到位等问题，抑制了专业村产业集聚优势的有效发挥。

第三，专业村的产业集聚发展模式对碳生产率与灌溉水生产率的影响存在马太效应，即由于农户在生产资料占有、知识储备、管理能力、社交网络、经营水平等方面存在差异性，拥有比较优势的农户更容易获得来自产业集聚的益处，拉大彼此的差距。同时，产业集聚程度也并非越高越好，集聚程度过高在一定程度上会导致对有限资源的争夺及农户之间的竞争，抵消部分集聚带来的正效应。然而，当专业村升级发展，即从基础的专业化生产扩大到加工、销售、创建品牌，构建完整的产业链条，形成“一村一品”“一乡一业”，跨区域、集群式发展时，将通过农业现代化与产业全方位升级提高资源生产率，协同推动经济与环境可持续发展。

9 蔬菜专业村溢出效应的综合分析

以产业集聚为特征的专业村是主产地中的基础单元，也是新阶段农业农村发展的组织创新——以村为单元的规模化经营。专业村的形成及其引发的一系列成效逐渐引起社会各界的关注。在本书的前面章节，提出了专业村产业集聚发展模式会通过生产者之间的技术溢出、社会化服务共享、基础设施共享与要素集聚等溢出机制对专业村经济发展、农业生产要素配置，以及环境可持续发展产生影响的理论假设，并分别以农户技术交流频率、是否有蔬菜专业合作社、产业集聚程度 3 个变量代表产业集聚发展模式溢出机制，在此基础上运用实证方法对溢出机制及效应进行检验。本章对前述章节进行了汇总：一方面，对专业村产业集聚发展模式的溢出效应进行全面梳理，充分发掘优势，系统总结问题；另一方面，提出专业村发展壮大的优化路径，并将专业村“连片”发展的背景纳入考虑范畴，研究专业村之间如何协同发展，为更好地建设主产地献计献策。

9.1 专业村的溢出效应

蔬菜专业村集中了大量商品性从事蔬菜生产与相关服务活动的农户及经营主体，表现出在技术储备、社会化服务供给、基础设施建设、产品销售与品牌建设等诸多方面的优势，而这与专业村的实质——村域层面的产业集聚发展模式具有密不可分的联系。本小节对专业村产业集聚发展模式基于溢出机制对农村经济、农业生产要素配置与环境可持续产生的溢出效应进行全面汇总。

9.1.1 专业村对经济发展的溢出效应

经济发展是专业村形成与发展的目的地与出发点，其中产业成长是经济发展的基础，农民收入提高是经济发展的成果。本部分分别从专业村形成对产业成长的影响、专业村产业集聚特征能否带来农民收入的提高、村与村之间是否存在辐射溢出效应 3 个方面出发，系统总结专业村的经济效应，以助力专业村充分发挥集聚优势，进一步发展壮大。

1. 专业村对产业成长的影响

基于自然资源、人力资本、技术储备、市场需求与政府引导等因素驱动形成的蔬菜专业村，依托自身比较优势与外界条件支持不断发展，逐步形成了经营体系多元化、生产体系现代化、产业体系升级化的发展格局。具体而言，专业村形成对产业成长的影响如下：

专业村的经营体系建设。在良好的市场条件下，专业村中一部分具有企业家精神的农民，个人素质高、经营条件好、善于发现机会，立足当地资源禀赋开展规模化经营，发生了分化，形成了专业村经营主体多元化的局面，包括传统农户、家庭农场、农民合作社与农业龙头企业。其中，小而分散的传统农户仍是蔬菜生产的主要承担者；家庭农场是蔬菜专业村现代农业经营体系的骨干；农民合作社是农户的共同期待和大势所趋，也是专业村发展依托的有力主体；农业龙头企业则是带动专业村发展的关键动力，是带动其他经营主体与市场对接、分享产业链增值收益的核心力量。目前，小规模农户与家庭农场是专业村蔬菜生产的主力部队，农民合作社等社会化服务组织迅速普及，龙头企业则存在数量较少、带动作用发挥不足等问题。

专业村的生产体系建设。推进现代农业生产体系建设是实现专业村产品质量提高、产品层次升级与产业竞争力提升的重要途径。目前，专业村在现代物质装备投入、现代科学技术采用、现代基础设施建设等方面虽取得初步成效，但也存在一些短板。例如，在生产专业化及设施化方面尚有较大潜力；生产技术主要集中于增产增效型技术，质量安全型与环境保护型技术推广仍有很大空间；基础设施建设主要依赖于当地产业经济发展水平、政府规划，以及基础设施存量等。但总体而言，专业村较周边村庄仍具有一定优势。

专业村的产业体系建设。专业村正朝着提高质量安全、延长产业链条与打造名优品牌的方向不断迈进。具体而言：一是质量安全逐步提高。尽管安全标准化生产范围尚小，但正在稳步推进，农民的质量安全意识不断提高。二是产业链条不断延长。在蔬菜专业合作社的带动下，小规模分散的农户得到有效组织，逐步向产加销一体化、一二三产业融合方向发展，并衍生了多部门推进、多主体参与、多模式发展的良好态势。三是品牌建设加快推进。近年来，蔬菜专业村品牌培育初见成效，2/3 以上的农户认为自己所在的专业村蔬菜生产很有名气，并对周边村庄形成溢出辐射效应，但仅有 1/5 的农户表示自己所在的村庄拥有注册商标，总体呈现“小范围知名，品牌力不足”的特征。

2. 专业村对农民收入的影响

蔬菜收入是专业村农民收入的主要来源，基于假设与推导，农民收入可简化为劳均播种面积与土地生产率的乘积。本研究从作物供给环节出发，检验专业村的产业集聚溢出机制对本村农民收入的影响，并将专业村农民增收的示范效应与专业村发展壮大的互动特征纳入考虑范畴，构建“产业集聚→土地生产率→劳动生产率→产业集聚”的逻辑链条，对专业村的产业集聚发展模式如何基于技术溢出、社会化服务共享、基础设施共享与要素集聚等溢出机制影响农民收入，并基于示范带动促进产业集聚进行检验。通过农户技术交流频率、是否有蔬菜专业合作社、产业集聚程度 3 个变量反映产业集聚模式的溢出机制，其对农民收入影响效应的分析如下：

产业集聚发展模式下的溢出机制对土地生产率的影响。社会化服务共享机制能够通过提供产前、产中和产后环节的生产资料供应与管理服务、技术与信息服务等解决生产经营过程中存在的棘手问题，提高土地生产率。经测算，村中有蔬菜专业合作社将提高土地生产率 0.35 个百分点。专业村基础设施建设与共享及要素集聚带来的外部规模经济也是提高土地生产率的重要途径。经测算，产业集聚程度每提高 1%，土地生产率将提高 0.013%。专业村技术溢出也有利于土地生产率的提高，但效果不够明显。大部分生产者的技术储备较低，且生产者之间的技术水平差别不大，需要由新型经营主体或政府等为专业村引入现代要素，拓宽溢出渠道，促进土地生产率显著提高。

土地生产率对劳动生产率的影响。经测算，土地生产率每提高 1%，劳动生产率将提高 0.53 个百分点。劳均播种面积每增加 1%，劳动生产率将提高 0.34 个百分点。由此观之，提高农户土地生产率，推动适度规模经营，不仅有利于保障主产地蔬菜供应，也有利于促进农民增收，兼顾了专业村增产、增收两大目标要求。

劳动生产率对产业集聚的影响。经测算，劳动生产率每提高 1%，专业村产业集聚程度将提高 0.48 个百分点，农民收入的示范效应将通过村庄的地域性与关系上的血缘性扩散传播，吸引更多生产者与要素投入蔬菜产业中，由此进一步发挥集聚优势。

总而言之，专业村的产业集聚发展模式基于社会化服务共享、基础设施共享与要素集聚等溢出机制提高了本村土地生产率，并结合劳均播种面积的扩张间接带来劳动生产率的提高，即农民收入的提高，而农民收入增加又会通过示范累积效应提高集聚程度，三者形成互动促进的良性循环，不断推动专业村发展壮大。

3. 专业村之间的辐射溢出对农民收入的影响

从现实出发，随着市场经济的逐步建全与完善、通信条件及运输能力的改善与提高，区域之间技术、资本及劳动力等要素流动越发频繁，村与村之间构成了巨大的、复杂的、多线程的关系网络，通过模仿和同质化过程形成更宏观层面的扩散，形成了村与村之间的溢出效应，影响专业村及周边村庄农民的收入。

9.1.2　专业村对农业生产要素配置的溢出效应

增加农产品产出与提高农民收入是专业村的目标追求，优化农业生产要素配置则是在降本增效、提质转型要求下实现上述目标的基础。技术效率是评判能否以最小的投入获得最大产出的重要标准之一，具有直观揭示资源配置效率的能力，即农户农业生产要素配置能力越强，投入冗余越小，技术效率越高。本研究构建了“产业集聚→农业生产要素配置→技术效率”的逻辑链条，对产业集聚如何影响技术效率进行检验，并将分析进一步细化，探讨产业集聚对异质性农户技术效率的影响，以探索全面提高专业村蔬菜生产要素配置水平的途径。

1. 产业集聚对技术效率的影响

经测算，专业村产业集聚发展模式的溢出机制中，技术溢出即农户之间的技术交流会通过影响技术采用种类及操作水平显著提高本专业村蔬菜生产技术效率。在调研过程中，绝大部分农民反映，当村中有大量农户种植同类作物时会明显加快自身经验积累，提高田间管理水平，但近年来技术更新缓慢，并且在利润导向下，农户投入行为趋于保守，导致生产水平有原地踏步的趋势。这意味着，尽管技术溢出形式在一定程度上能够改善技术效率，但只有不断注入现代要素与科技，才能更好地发挥溢出机制，从根本上提高要素配置水平，提高生产能力。反映基础设施共享与要素集聚溢出机制的产业集聚程度每提高1%，农户技术效率将提高0.015个百分点。专业村的社会化服务共享溢出机制，即村中建设有蔬菜专业合作社在一定程度上通过提供物质资料、技术与信息服务，有利于专业村技术效率的提高，但并不显著，可能的原因在于合作社未能真正让农户有效利用生产资料与服务，在要素利用上尚存在浪费与配置不合理等问题。

2. 产业集聚对不同规模农户技术效率的影响

考虑到蔬菜专业村经营主体多元化发展的趋势，不同经营规模农户存在生产资料占有、知识储备、管理能力、社交网络、经营水平等方面的异质性，即资源配置能力有所差别。为推进专业村技术效率全面提高，本研究进一步区分产业集聚发展模式对不同规模农户技术效率的影响效果。经测算，不同规模经营主体之间的技术效率差异明显，并表现出随耕地面积的增加呈倒“U”形分布的特征，有分别进行检验的需要。据此，通过测算产业集聚溢出机制对不同规模农户技术效率的影响得知：专业村的技术溢出机制对除中等规模农户外的其他各种规模农户均具有促进作用，并且对于小规模农户、大规模农户而言相对明显。专业村内的社会化服务共享溢出机制对农户的技术效率也有促进作用，专业村中以蔬菜专业合作社为代表的社会化服务组织表现出对小规模农户的作用效果更明显的特征。结合专业村农户的技术效率随耕地面积增加呈现倒“U”形分布的特点，经验共享与服务共享有利于专业村内不同规模农户技术效率差距缩小，而反映基础设施建设能力与共享程度、要素整合空间规模经济的产业集聚程度变量对技术效率的影响则表现出随着农户规模的增加而相对增大的特征。

9.1.3 专业村对环境可持续的溢出效应

资源环境是农业最基本的生产要素，环境承载力约束着专业村生产的可持续发展。专业村生产密度大、资源利用粗放的经营模式威胁着生态环境与气候环境，对专业村的生产可持续性提出了挑战，但经济社会发展对主产地农产品供应能力与地位的要求不容动摇。继探索专业村产业集聚发展模式对经济发展与农业生产要素配置的溢出效应后，本研究侧重环境可持续视角，探索专业村经济与生态环境协同发展潜力。由于蔬菜生产具有资源密集型与资本密集型的特征，在未来现代农业发展方式的资本密集投入与水资源日益稀缺的背景下，本研究主要对专业村产业集聚对农业碳生产率与灌溉水生产率两方面的影响进行实证检验。

1. 产业集聚对农业碳生产率的影响

在可预见的将来，资本密集投入的现代农业发展方式是大势所趋，短期内很难摆脱能源等生产要素的大量使用，威胁着主产地的环境可持续发展。在该背景下，本研究通过构建“产业集聚→农业碳生产率”的逻辑链条，对专业村产业集聚溢出机制如何影响农业碳生产率进行检验，以探索能否依托专业村产业集聚发展模式降低农业碳强度，兼顾产出与气候可持续性，促进专业村环境可持续发展。

经测算，专业村产业集聚程度每提高1%，农业碳生产率将平均提高0.003个百分点，产业集聚在一定程度上能够通过集聚要素并提高资源利用率获得空间意义上的规模经济，进而提高农业碳生产率。但专业村内农户之间的技术溢出并不能显著提高农业碳生产率，这是因为农户的蔬菜生产技术主要集中于增产增效型技术，能源消耗较大，对质量安全型与环境保护型技术则采用较少，导致技术溢出集中在能源要素密集型技术上，影响了产业集聚溢出优势的发挥，不利于提高专业村农业碳生产率。专业村的蔬菜专业合作社也未能显著提高农业碳生产率，与前文结论相一致。合作社尽管在提供产前、产中和产后环节的技术与信息服务、生产管理服务方面作出了贡献，但在现代化要素与低碳技术引进、技术推广等方面发展不足。由此观之，专业村蔬菜专业合作社在提供社会化服务时要注重自身在推动农业绿色发展中的重要地位，进行全方位的服务升级，以在兼顾经济产出的同时，发挥缓解农业生产带来的环境压力的功能。

2. 产业集聚对灌溉水生产率的影响

提高灌溉水生产率是充分利用主产地水资源，兼顾专业村产业发展与资源可持续利用的重要手段。滴灌技术是实验中节水增效效果最好的灌溉手段之一，但在实践中，农户的滴灌技术采用存在应用率低、弃用率高等问题。对于蔬菜专业村而言，节水增效迫在眉睫，本研究构建了“产业集聚→滴灌技术采用→灌溉水生产率”的逻辑链条，通过实证检验，结论如下：

产业集聚对滴灌技术采用的影响。在专业村产业集聚的溢出机制中，技术溢出并不显著影响农户滴灌技术采用概率，农户之间虽然存在人际溢出关系网络，但感知的“近邻”性特征，使专业村内农户由于技术储备、信息来源、生态环保意识及资金基础不足等造成滴灌技术采用人数较少而辐射效果不明显，推广滴灌技术仍需要进一步激发示范户在各方面的带动作用。以蔬菜专业合作社为代表的社会化服务共享机制会降低农户滴灌技术采用概率。部分合作社的服务内容、服务能力与服务质量不高等问题比较突出，在推动农业现代化生产建设过程中贡献不足。产业集聚程度对农户滴灌技术采用也未产生显著影响，这与专业村农户滴灌技术采用比例较低，以及专业村滴灌设备公共部分基础设施建设积极性不高、投资与风险承担能力不足、政府扶持“扶强不扶弱”等有密不可分的关系。专业村亟待引进高新技术，谋求经济支持，以改善合作社等新型农业经营主体在推动农业现代化生产建设过程中贡献不足等问题。

滴灌技术采用对灌溉水生产率的影响。在控制灌溉水稀缺程度、户主及农户家庭特征，如性别、年龄、受教育年限、蔬菜种植年限、肥料投入，以及专业化程度的基础上，农户采用滴灌技术会提高单位灌溉水蔬菜产出 29.75 斤/吨，增产效果明显。

灌溉水生产率对农户收入的影响。在控制蔬菜价格与各要素投入成本的基础上，农户灌溉水生产率的提高将显著提高农户收益，结合灌溉水生产率方程进行测算得到，采用滴灌技术将增加农户单位灌溉水收益

43.11元/吨，表明滴灌技术能够满足农户增收需求，具有内生长效采用机制。

总而言之，滴灌技术是符合主产地增产、农民增收与环境可持续多重目标的重要技术。但是，专业村发展过程中存在人力资本与技术储备不足、社会化服务组织的服务内容、服务水平、服务范围与农户需求和现代化农业生产的要求不契合等问题，抑制了专业村产业集聚溢出效应的发挥。

9.2 专业村发展中的问题及优化路径

由前文可知，专业村的经营主体具有异质性，在产业集聚条件下将形成差异性溢出效应，具有比较优势的经营主体可能获得更多收益，形成马太效应。同时，公共基础设施具有排他性特征，伴随集聚程度的提高可能会出现如水、电供应不足，交通堵塞，服务质量下降等"拥挤"问题。经过实证检验，专业村在发展过程中确实存在这些问题。对此，结合产业集聚形成的积极溢出效应，本研究提出相关对策，以扬长避短，探索专业村持续发展壮大的优化路径，

9.2.1 专业村发展中的马太效应

农户之间存在生产资料占有、知识储备、管理能力、社交网络、经营水平等方面的差异，富有比较优势的农户可能由于技术习得与应用水平较高、外部资源获取与利用能力较强而更容易获取产业集聚程度提高所带来的益处，并进一步分化，产生马太效应。经过实证检验，社会化服务共享、基础设施共享与要素集聚等机制在提高专业村技术效率的同时也会拉大村内技术效率差距，高效率、大规模农户可能具有独到的资源获得渠道，或是拥有对信息、技术更敏感的特征，造成农户之间技术效率差异扩大，进而拉大农户收入差距。这在产业集聚对农业碳生产率

与灌溉水生产率影响的检验中也获得了验证，表现出马太效应。

在专业村产业集聚发展环境下，异质性农户的差异化收益不可避免。实际上，不仅体现在微观的农户之间，发展程度不同的专业村之间也存在马太效应。由调研可知，无论发展程度优于还是劣于其他村庄的专业村，彼此之间都存在模仿式空间交互行为，但发展程度较高的专业村更容易受到其他专业村的影响。一个可能的解释是，发展程度高的专业村是在长期历史积淀中逐步形成的，本地蔬菜种植户对于蔬菜产业的相关市场信息、知识技术更为敏感，能更有效地借鉴其他村庄的优势提高自身的竞争力。但是，该结果也意味着专业村发展差距或将逐步拉大，易形成“极化”效应。

9.2.2 专业村发展中的“拥挤”效应

专业村产业集聚程度的提高对技术效率、农业碳生产率的影响也存在非线性特征。早期集聚程度较低，专业村基础设施建设与共享和要素集聚形成的规模经济优势逐步形成，溢出的边际效应明显。随着集聚程度的不断提高，灌溉、电力、交通等基础设施围绕蔬菜产业逐步完善，各类现代经营部门也不断加入，基础设施利用得更加充分，要素集聚形成的规模经济越发明显。随着集聚程度进一步提高，“拥挤”效应开始出现，对有限资源的争夺与农户之间的竞争在一定程度上削弱了产业集聚的溢出优势，并且在专业村只进行初级产品生产时，产量的增加将降低销售价格，不利于农民增收，使农户只能维持基础性的再生产，不利于蔬菜生产升级。但如果集聚实现升级，即专业村功能从基础的专业化生产扩大到加工、销售、创建品牌，构建完整的产业链条，形成“一村一品”“一乡一业”，跨区域、集群式发展时，将通过农业现代化与产业全方位升级提高生产效率。由此观之，提高产业集聚的“质”成为专业村“量”的发展的前进方向。

9.2.3　专业村发展的优化路径

综合前述研究结果，本研究验证了专业村产业集聚发展模式通过生产者之间的技术溢出、社会化服务共享、基础设施共享与要素集等溢出机制对专业村经济发展、农业生产要素配置，以及环境可持续发展潜力产生的影响，证明了专业村产业集聚发展模式的突出优势。但是，专业村发展过程中存在技术储备薄弱，合作社等社会化服务组织服务功能发挥不足，基础设施共享与资源获取不平等问题带来的马太效应与“拥挤”效应也不容忽视。据此，本研究认为应从以下几方面发力，更好地发挥专业村产业集聚的优势：

第一，继续推动专业村建设，发挥产业集聚优势。各级政府，尤其是乡镇政府，要结合市场需求对专业村进行宏观引导、支持与协调，推进专业村健康发展，发挥集聚经济作用。

第二，大力培育新型农业经营主体，发挥新型农业经营主体的示范效应。在加强政府政策扶持的基础上，打破技术溢出壁垒，充分发挥新型农业经营主体先进技术推广传播功能，突破农户同质性技术交流障碍。

第三，完善社会化服务体系建设，注重服务向小规模农户倾斜。加快专业村合作社等社会化服务组织建设，使其成为服务对象更精准、服务标准更高、服务内容更完备，能够显著提升农业现代化生产能力的运转高效、竞争力强的组织。同时，注重公平提供服务，避免出现优先服务于大户，忽略或损害小规模农户利益的现象。

第四，加强基础设施建设，保证生产顺利进行。大力支持农村生产性基础设施建设，降低农户生产风险与交易成本，谨防“拥挤”效应，提高资源配置水平，推动实现生产高效稳定运行。

第五，强化政府技术支持，实现多主体协同发展。公益性技术推广活动具有正外部效应，应进一步强化对农业生产技术的总量支持与结构优化，提高基层农技推广体系的服务效果。同时，应大力支持农民专业合作社等生产性服务组织的建设与发展，形成政府主导、多元主体补充协作的技术推广新格局，拓宽农户技术来源渠道。此外，在技术研发推广过程中要注意适用性，“自下而上”地获取农户需求，有针对性地对不同类型农户进行技术供给。最后，加强农民技能培训，提高农民的技术应用水平。

第六，推动产业集聚转型升级，实现竞争力的提高与农民增收。推动集聚由“数量”向“质量”提高，加快专业村一二三产业融合发展，创建区域品牌，增强产品竞争力，促进农民增收。

9.3 专业村的协同发展路径分析

专业村的产业集聚发展模式不仅构成了其发展壮大的内生动力，奠定了其在主产地中最具活力单元的地位，还带动了周边村庄的发展，呈现专业村集中“连片”布局的趋势。前文验证了专业村发展之间也存在溢出效应，但限于区域之间的保守与竞争心理，加之溢出的地理衰减特征，不利于专业村之间的合作与发展。事实上，村庄之间通过优势互补、协同发展、合作互惠，将有利于进一步激发区域产品供给与品牌化效应潜力，极大地带动农区经济的快速发展。本小节据此对主产省专业村的发展现状及合作潜力进行分析，以促进主产地更好地发展。具体地，立足宏观视角，考察主产省之间专业村的协同发展前景，从方向与分工方面考察；考虑到专业村之间的溢出与协同发展还受地理距离、政治与文化等多方面因素的影响，主产地内部的溢出会更加明显，对主产地内部专业村关系的揭示与指引将更具有可操作性与现实意义，故在对主产省专业村之间协同发展分析的基础上，本小节还将对主产省内部处于不同发展程度的专业村进行比较分析，以为专业村之间更好地分工协作、协同发展提供参考，并提出相关建议。由于数据原因，本小节以北京、辽宁、山东、山西的蔬菜专业村为例。

9.3.1　主产地间蔬菜专业村协同发展分析

表9－1展示了北京、辽宁、山东、山西四省市蔬菜专业村的自然资源条件、社会条件与经济条件特征。

表9－1　主产地间蔬菜专业村发展情况

类型	指标	单位	北京	辽宁	山东	山西
自然资源条件	耕地面积	亩	1512.00	4449.44	1482.95	3649.35
	菜地面积	亩	504.93	987.15	847.18	807.01
	蔬菜产量	万斤	428.67	1990.00	1060.00	676.60
	土壤板结	—	2.00	2.31	1.88	2.30
	病虫害	—	2.00	2.12	2.12	2.03
	自然灾害	—	1.93	2.16	1.44	1.81
社会条件	总人口数	人	914.60	2059.25	1304.67	1493.60
	农业人口数	人	374.27	1161.67	689.35	825.97
	蔬菜种植人口数	人	227.67	598.37	261.88	430.32
经济条件	农业收入	万元	1297.68	2887.06	1899.24	1551.12
	蔬菜收入	万元	573.37	1378.13	1243.22	566.52
	农业人均收入	元	12035.39	13257.73	14632.98	8755.58
	蔬菜种植人均收入	元	15301.46	17449.97	15473.10	11262.33
	基础设施投入	万元	241.25	235.46	—	306.26
	政府技术指导	0＝无；1＝有	1.00	0.87	0.56	0.92
	社会化服务	个	1.86	3.11	2.00	3.63

注：1. 土壤板结、病虫害、自然灾害分为3个等级：1＝不严重，2＝一般，3＝严重。2. 表中“—”为数据缺失。

从自然资源条件来看，北京属于耕地面积与蔬菜产量双低的产地，在一定程度上无法满足北京市庞大人口总量的蔬菜需求，需要从全国积极调入；辽宁省属于耕地面积与产量双高的产地，在黑土地的滋养下，还是单位面积产出最大的地区，并且菜地面积还有广阔的扩展空间，是黄淮海与环渤海设施蔬菜优势产区中的重要调出地，也是北京蔬菜重要的供应地之一；山东省也属于耕地面积与产量双高的产地，具有较高的单位面积产量，是北京市蔬菜的主要来源地之一，但山东省蔬菜专业村的专业化水平已经很高，在菜地面积扩大上面临一定限制，在蔬菜供应潜力挖掘方面应集中于先进技术的引入；山西省属于耕地面积大但蔬菜产量低的产地，作为设施蔬菜优势产区的新晋力量，在菜地面积扩大与产量增加方面具有较高的潜力。此外，在四省市蔬菜专业村的自然环境方面，从土壤板结情况来看，山东的条件最好，北京的一般，辽宁与山西的情况比较严重；从病虫害情况来看，四省市没有明显的差别；从自然灾害来看，辽宁省面临的问题最严重，其他三省市尚可。

从社会条件来看，辽宁省与山西省在蔬菜种植劳动力上相对比较充裕，特别是辽宁省，对于劳动密集型的蔬菜产业而言，具有很强的优势。北京市与山东省的劳动力存量上略显劣势，扩大潜力也不明显。因此，应更注重先进技术与生产资料的投入，结合当地经济与科技优势进行劳动替代，创造比较优势。

从经济条件来看，四省市蔬菜专业村经济基础良好，特别是从专业村农业人均收入与蔬菜种植户人均收入情况的对比来看，蔬菜生产增收效果明显，对于农户而言具有很强的吸引力，有利于激发更多农户加入蔬菜生产行列，扩大专业村蔬菜经营规模，提高专业村专业化水平与产业集聚程度。但四省市蔬菜专业村在细节上还有所差别。在基础设施投入上，新晋力量山西省蔬菜专业村投入最高，北京次之，辽宁再次。总体来讲，为当地灌溉设施、电力设施、交通设施等基础设施建设提供了有效的保障，也保障了主产地蔬菜的稳定供给。在政府技术指导上，具有科技与经济优势的北京在技术指导上具有突出优势，基本上达到了每个专业村都有政府派出的技术指导中心；山西次之，达到 92%；辽宁再次，达到 87%；蔬菜主产地山东则仅有 56%，这与当地蔬菜生产历史悠久有着密不可分的关系。当地农民早已成为“技术专家”，对自家蔬菜生产情况更加了解，并且在解决问题与获得外部信息方面比较娴熟、擅长，故对政府技术支持的需求并不十分迫切，也省去政府一定的成本，让市场在资源配置中发挥决定性作用。但技术供应具有正外部性，市场往往缺乏足够的激励进行研发，或成本过于高昂。因此，掌握大量资源的政府在农业技术推广过程中仍需紧跟潮流与农民需求，在技术推广中发挥不可替代的作用（朱希刚等，1995）。在专业村社会化服务建设上，表9－1反映的是专业村平均拥有几个服务队。可以看出，山西与辽宁的专业村平均有3个，山东与北京的专业村平均有2个，结合调研与前文分析可知，合作社等社会化服务组织存在服务内容、服务水平、服务范围与农户需求和现代化农业生产的要求不契合等问题，服务队无论在数量还是质量上都应该有所提高，发挥其在农业现代化、乡村振兴与建设农业强国过程中应当扮演的角色。

结合四省市蔬菜专业村发展情况，可探索总结主产地之间的协同发展潜力与方向，北京市蔬菜生产具有资金实力雄厚、产业科技创新能力强、技术推广体系发达等优势，但自然资源紧张、城市定位等特征抑制了北京蔬菜供给。辽宁、山东、山西等省则在种植面积、从业人员数、发展前景等方面具有优势，在保障蔬菜产量方面具有绝对实力，但资本投入不足、技术储备薄弱等是其主要的缺陷。这意味着，需要北京在区域经济中发挥一定的科技引领作用，周边省份则发挥资源丰沛、劳动力充足、农业基础扎实等优势，通过要素交流和技术溢出，跨区域进行蔬菜整体升级、协同发展。

9.3.2 主产地内蔬菜专业村协同发展分析

专业村呈现“连片”发展的趋势，这是在经济吸引与要素流动下的必然结果，但处于不同发展阶段的专业村具有不同的特征，在主产地中发挥着不同的功能、扮演着不同的角色。本小节将对四省市蔬菜专业村的特征及协同发展潜力进行分析，具体而言，包括不同发展程度专业村的结构分布、蔬菜单产分布、技术支持分布，以及人均收入分布。

1. 北京蔬菜专业村协同发展分析

图9-1（a）~（d）分别为北京市不同发展程度蔬菜专业村的结构分布、蔬菜单产分布、技术支持分布，以及人均收入分布情况。

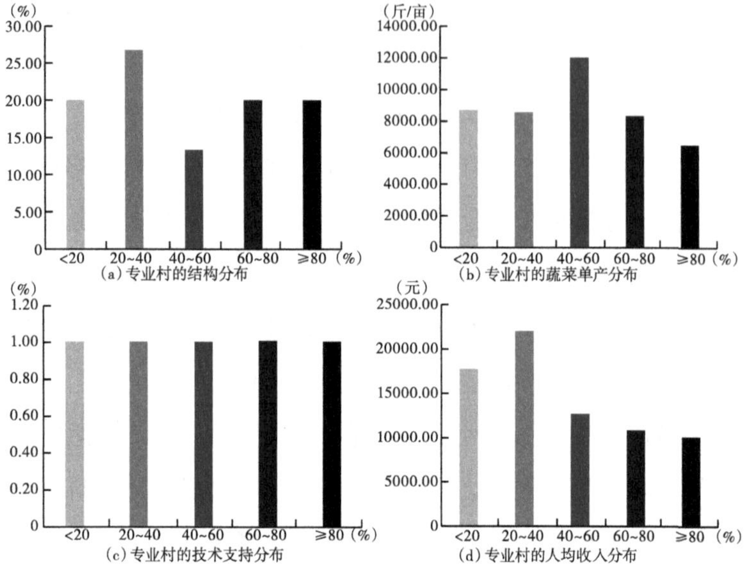

图9-1　北京蔬菜专业村协同发展潜力

资料来源：根据本研究村级问卷调研数据整理。

不同发展程度专业村的结构分布。由图9-1（a）可知，在北京市蔬菜专业村样本中，村庄菜地面积占耕地面积之比超过60%的占40%以上，小于40%的占47%，40%~60%的占13%，总体来讲分布均匀，处在一个稳步发展的过程中，有利于稳定北京市蔬菜供应。

不同发展程度专业村的蔬菜单产分布。由图9-1（b）可知，对于不同发展程度的专业村，村庄菜地面积占耕地面积之比在40%~60%的专业村，年亩均蔬菜产量可达到12000斤，在5组之中列第1位；菜地面积占耕地面积之比在80%以上的专业村，年亩均蔬菜产量则在6000斤左右，位列最后。形成这种现象的原因有很多种，例如专业村蔬菜种植品种的差异、农户种植技术及田间管理能力的差异、对当地资源禀赋发掘程度的差异，以及销售市场与渠道的差异等。结合不同发展程度专业村的分布情况来看，必须要大力提高专业村蔬菜生产技术水平，以稳定蔬菜供给，特别是对于目前菜地面积较大但单产较低的专业村，要进一步吸纳先进要素，释放规模经营活力，激发蔬菜供给潜能，以充分发挥产业集聚优势，使专业村成为保障供应、增加收入、提高农村竞争力的主力。

不同发展程度专业村的技术支持分布。由前文分析可知，北京市蔬菜专业村拥有技术支持上的优势，如图9－1（c）所示。对于5组专业村而言，均获得过来自政府的技术指导，但是技术推广的力度、可操作性及采用程度是影响技术效果的重要方面，在专业村建设过程中要特别关注。

不同发展程度专业村的人均收入分布。如图9－1（d）所示，随着专业村菜地面积占耕地面积之比的提高，专业村蔬菜种植户人均收入呈现倒“U”形分布，20%～40%组的农民人均蔬菜种植收入最高。由价格理论可知，农产品价格是由供给与需求共同作用形成的，当专业村的蔬菜供给量大时，在一定程度上会降低农户边际收益。由此观之，诚如前文所述，对于蔬菜专业村而言，不能仅停留于做大规模，更要形成产业链条，摆脱传统的以销售初级产品为主的发展模式，开展加工业、服务业、旅游业等综合项目，推进一二三产业融合发展，增加产品附加值，才能吸引更多要素进驻专业村，使专业村进一步成长，并为周边村庄发挥更好的示范带动作用，形成集中“连片”，发挥规模经济作用。

总而言之，北京市蔬菜专业村蔬菜生产整体专业化程度较高，技术支持潜力较大。但是在非首都功能疏解的背景下，专业村“连片”发展趋势在一定程度上会受到限制。同时，北京市蔬菜专业村还要注意在技术的研发与推广过程中更贴近市场与农户生产过程中的真实需求。此外，还需要在健全专业村蔬菜产业体系上持续发力。实现在有限的面积上确保产能并提高附加值，推动专业村的产业兴旺与生活富裕。

2. 辽宁蔬菜专业村协同发展分析

图9－2（a）～（d）分别为辽宁省不同发展程度蔬菜专业村的结构分布、蔬菜单产分布、技术支持分布，以及人均收入分布情况。

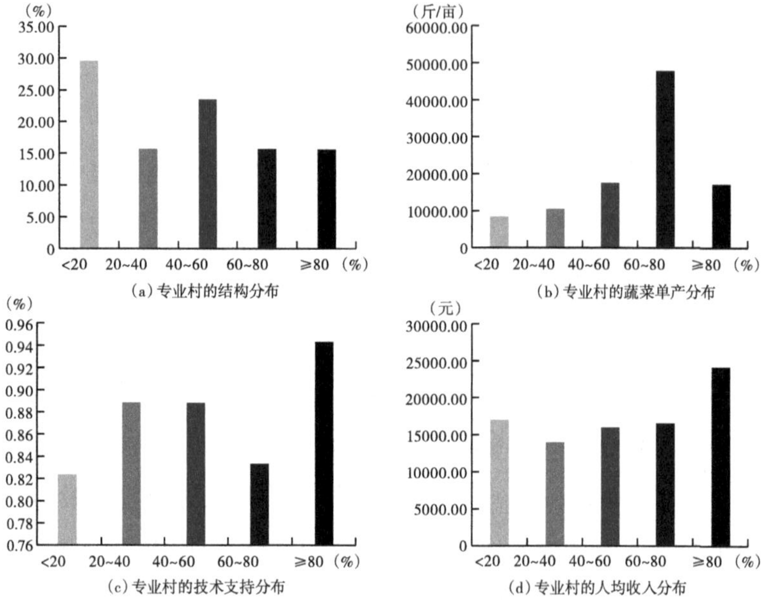

图9－2　辽宁蔬菜专业村协同发展潜力

资料来源：根据本研究村级问卷调研数据整理。

不同发展程度专业村的结构分布。由图9－2（a）可知，辽宁省蔬菜专业村的集聚程度一般。样本村中，村庄菜地面积占耕地面积之比超过60%的仅有30%左右，低于20%的占30%，结合辽宁省蔬菜专业村的耕地面积禀赋，表现出了极大的发展潜力。

不同发展程度专业村的蔬菜单产分布。由图9－2（b）可知，在不同发展程度的专业村中，村庄菜地面积占耕地面积之比在60%～80%的专业村，年亩均蔬菜产量可达到50000斤，在5组之中列第1位；菜地面积占耕地面积之比在20%以下的专业村，年亩均蔬菜产量则不足

10000斤，位列最后。但总体而言，辽宁省蔬菜专业村在蔬菜产量上较其他三省市具有绝对优势。结合不同发展程度的专业村分布情况来看，要加快集聚程度较低的专业村的发展步伐，依托集聚优势提高并稳定当地蔬菜产能，特别是要关注一些传统大规模经营的专业村，在其生产过程中注入现代要素，焕发当地蔬菜供给活力。

不同发展程度专业村的技术支持分布。如图9－2（c）所示，随着专业村规模的扩大，其获得过政府技术支持的概率越大（60%～80%组除外），这意味着集聚程度更高的专业村能更好地发挥技术溢出功能。但是，60%～80%组与80%以上组获得的政府支持与其对应蔬菜单产分布的反向变化再次验证了目前农业科技基层推广过程中存在的"自上而下"推广模式难以适应现代农业发展的需要，缺乏获得农民技术需求反馈渠道，使基层农技推广部门的作用发挥有限，甚至适得其反（黄季焜等，2009；黄季焜，2013），不利于专业村蔬菜生产优势根基的稳固。

不同发展程度专业村的人均收入分布。如图9－2（d）所示，随着专业村菜地面积占耕地面积之比的提高，专业村蔬菜种植户人均收入呈现"U"形分布，处于80%以上组的农民人均蔬菜种植收入最高。结合调研可知，由于辽宁省农户家庭耕地面积较大，能够获得来自供给总量增加带来的高收益。但是，更为关键的是，只有摆脱传统的以销售初级产品为主的发展模式、推进一二三产业融合发展，才能真正实现农民的增收，使专业村获得飞跃式发展。

总而言之，辽宁省蔬菜专业村资源禀赋优势明显，具有较大的发展潜力，蔬菜生产较高的收益不断吸引周边村庄加入蔬菜生产行列，促进专业村"连片"发展，成为稳定辽宁省蔬菜供应与保障农民收益的重要力量。但是，辽宁省蔬菜专业村存在技术研发适配度较低、推广渠道狭窄、农户运用不畅等问题，不仅限制了本专业村蔬菜供给潜能，也浪费了村际的交流渠道，特别是传统的蔬菜专业村，在单位产出上表现出劣势，示范带动作用不足。因此，要大力提高专业村的技术水平，发挥优势村的技术溢出功能，同时也要注重专业村产业链的延长与升级，焕发专业村发展活力。

3. 山东蔬菜专业村协同发展分析

图9－3（a）～（d）分别为山东省不同发展程度的蔬菜专业村的结构分布、蔬菜单产分布、技术支持分布，以及人均收入分布情况。

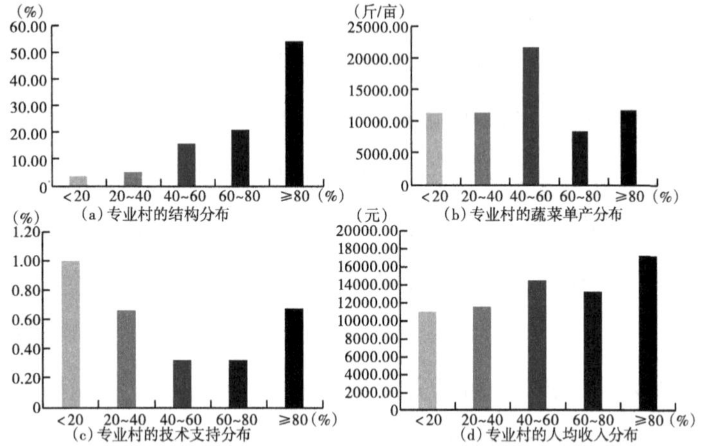

图9－3　山东蔬菜专业村协同发展潜力

资料来源：根据本研究村级问卷调研数据整理。

不同发展程度专业村的结构分布。由图9－3（a）可知，山东省蔬菜专业村的集聚程度较高。样本村中，村庄菜地面积占耕地面积之比超过80%的有50%以上，其他4组均小于或在20%左右，凸显了山东省蔬菜专业村专业化发展的特点，是山东省蔬菜稳定供应的核心力量。

不同发展程度专业村的蔬菜单产分布。由图9－3（b）可知，处于不同发展程度的专业村组中，村庄菜地面积占耕地面积之比在40%～60%的专业村，年亩均蔬菜产量可达到20000斤，在5组之中列第1位，菜地面积占耕地面积之比在60%～80%的专业村，年亩均蔬菜产量则不足10000斤，位列最末，不同发展程度的专业村其蔬菜单产分布并未表现出规律性。结合不同发展程度的专业村分布情况来看，提高蔬菜专业村单产与挖掘专业村蔬菜生产经营规模潜力应双管齐下。

不同发展程度专业村的技术支持分布。山东省蔬菜专业村在获得政府技术支持上并不具有优势，如图9-3（c）所示。但村庄菜地面积占耕地面积之比小于20%的组几乎每个村都获得过政府的技术指导，这无异于为专业村的发展埋下一粒种子。如若政府在早期推广了适用的优质技术，农户因获得经济激励推动种植结构调整，并由农户之间的示范形成先富带动后富的局面，则在此基础上一步一步发展，推动经营主体分化，衍生社会化服务组织，吸引现代要素集聚，实现产业链不断延长、专业村发展壮大。当前专业村中的农户主要是通过多年在生产经营过程中摸索出的适合自身与市场需求的技术，对于未来专业村的发展，政府势必要提供更加先进适用的技术。此外，在调研过程中可知，发展越好的专业村，先进技术越受到农民的青睐，越具有广泛的溢出前景。此时，打破专业村之间的壁垒，疏通专业村的沟通桥梁，是需要关注的重点。

不同发展程度专业村的人均收入分布。如图9-3（d）所示，随着专业村菜地面积占耕地面积之比的提高，专业村蔬菜种植户人均收入不断提高，这一方面与专业村蔬菜产量增长有关，另一方面则由于专业化经营带来了规模经济、产业发展与品牌效应，有利于农民收入的提高。收益较高的村庄将形成示范效应，带动周边村庄加入生产行列，而周边村庄加入蔬菜生产行列后，有利于进一步激发区域供给与品牌化效应潜力，极大地带动专业村的经济发展，收入的提高也将为农户扩大再生产提供经济支撑，进一步促进专业村蔬菜产业升级。

总而言之，山东蔬菜专业村经过多年的发展，已经达到了高水平稳定的专业化经营状态。同时，发展较好的村庄不仅通过经济吸引带动周边村庄加入蔬菜生产行列，还将自身的技术、信息、要素等通过村际有形与无形的网络进行传递，“授之以渔”将进一步促进区域经济与品牌化的发展，全面激发生产潜力与农民的积极性。

4. 山西蔬菜专业村协同发展分析

图9－4（a）～（d）分别为山西省不同发展程度的蔬菜专业村的结构分布、蔬菜单产分布、技术支持分布，以及人均收入分布情况。

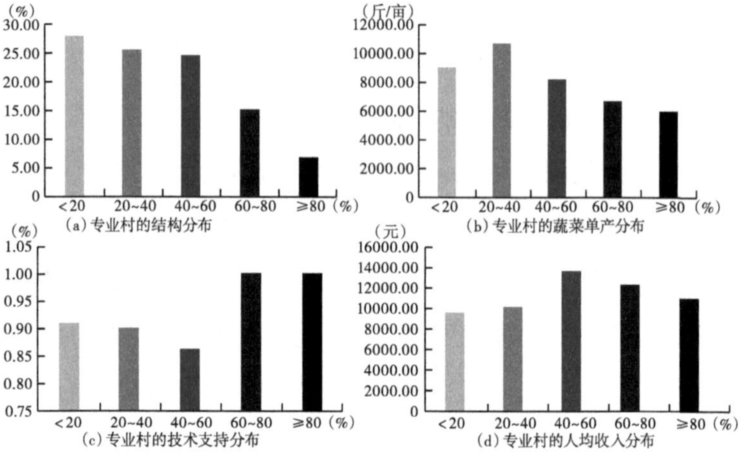

图9－4　山西蔬菜专业村协同发展潜力

资料来源：根据本研究村级问卷调研数据整理。

不同发展程度专业村的结构分布。由图9－4（a）可知，山西省蔬菜专业村的集聚程度较低。样本村中，村庄菜地面积占耕地面积之比超过80%的仅有7%，其他4组分别占比28%、25%、25%、15%。但近年来，山西省蔬菜产业发展迅速，专业村不断兴起，如应县、清徐县、夏县的蔬菜专业村，将推动山西省蔬菜产业在设施蔬菜优势产区中占据重要地位。

不同发展程度专业村的蔬菜单产分布。由图9－4（b）可知，处于不同发展程度的专业村组中，即便年亩均蔬菜产量最高的组也仅有11500斤，山西省在四省市中排名最后。此外，在蔬菜单产分布上，与其他省份呈相似特点，均是随着菜地面积的增大，单产呈倒“U”形分布。结合不同发展程度的专业村分布情况来看，山西省在提高蔬菜专业村单产与扩大蔬菜经营面积上仍应下大力气。换言之，不同发展程度的专业村应努力向“下一阶段”过渡，但更要注重充分发挥产业集聚优势，提高生产效率。

不同发展程度专业村的技术支持分布。如图9－4（c）所示，总体来看，山西省蔬菜专业村在一定程度上具有技术支持上的优势，特别是专业化程度较高的村庄。但与辽宁省情况相似，随着专业村蔬菜种植规模的扩大，获得的技术支持与其对应蔬菜单产分布呈反向变动趋势，凸显了专业村在发展过程中对适用技术的迫切需求。由此观之，在给予支持上不仅要向“弱势”村庄倾斜，更应树立已有发展较好的专业村典型，其取得的成果将更有说服力，进而激发周边村庄的学习意愿，并通过村际社会网络示范传播，达到一村带多村、多村连成片的效果。

不同发展程度专业村的人均收入分布。如图9－4（d）所示，随着专业村菜地面积占耕地面积之比的提高，专业村蔬菜种植户人均收入呈现倒“U”形分布，处于60%～80%组的农民人均蔬菜种植收入最高，这与专业村蔬菜产量增长价格规律有密切关系，而专业村并未充分发挥专业化经营带来的规模经济与品牌效应是导致该现象的重要原因之一。这意味着，专业村发展具有生命周期性，如若不能调整升级便会逐步被市场淘汰。

总而言之，山西省专业村处于迅速崛起阶段，在这个阶段要注意对专业村的技术支持，这是实现增产增收目标的根基，事关专业村的核心竞争力和主产地竞争优势发挥。同时，要重视树立典型示范村，经济效果是最显而易见的，是吸引更多农户与村庄加入蔬菜生产的首要因素。此外，要注重搭建专业村之间的社会网络，为技术、信息、生产要素等的溢出提供良好的平台。

9.3.3　蔬菜专业村协同发展的建议

对于专业村而言，产量是立足的根本，技术是竞争的核心，经济是发展的动力。通过对四省市蔬菜专业村发展程度分布及单位面积蔬菜产量、政府技术支持情况、蔬菜种植户人均收入的情况对比可知，专业村目前先进要素和技术储备有待提升，特别是对于菜地面积占比较高、生产历史悠久的专业村，一方面技术支持存在的不适配问题弱化了当地的蔬菜供应能力，另一方面专业村产业配套不完善、产业链条短、集聚优势不能很好地发挥。因此，优化专业村技术供给，完善专业村蔬菜产业体系，培育与树立专业村典型，拓宽村际的溢出渠道，推动专业村之间优势互补是实现专业村协同发展的重点。具体而言：

第一，应继续大力支持基层农业技术研发与推广体系建设，建立精干的基层农技研发推广人才队伍，在技术研发、推广过程中充分结合市场需求与农户需要，优化技术供给数量、结构与质量，特别是强化技术推广的后续指导工作，提高农户的技术运用能力。同时，拓宽农户技术来源渠道，形成政府主导、多元主体补充协作的技术推广格局。

第二，应树立专业村典型，发挥示范带动作用，以经济利益吸引具有发展潜力的村庄成为专业村，形成“连片”发展，进一步发挥集聚经济优势。同时，优化生产与市场条件，加强基础设施建设，为促进专业村之间的溢出提供物质便利，从而加快建立以经济集聚诱导的经济增长之路。

第三，应打破地方本位思想，从村际发展的互补与协调高度出发，充分结合各村比较优势，合理引导专业村品种布局，避免产业结构同化、特点同化，推动专业村之间在产业链条不同环节间的合作，进而培育和建立起具有区域特色的集群品牌，推动区域经济的联动发展。

第四，政府在产业指导政策制定过程中，应将专业村差异化发展过程纳入考虑范围，加强各地方政府之间的交流与合作，通过市场化机制构建利益补偿机制，以更有效地优化资源配置，避免专业村之间发展的“极化”效应。

9.4 本章小结

本章首先对专业村产业集聚发展模式下的溢出效应进行了全面的汇总，分别梳理了集聚发展模式下的优势、劣势所在。在此基础上，本章从现实出发，充分考虑省域之间、村庄之间不容忽视的联系。一方面，立足宏观视角，从方向与分工上考察主产省之间专业村的协同发展前景。另一方面，对主产省内部处于不同发展程度专业村的发展现状进行比较分析，以实现主产地专业村之间的优势互补、互惠互利，以进一步激发区域供给与品牌化效应潜力。主要研究结论概括如下：

第一，专业村在形成与发展的过程中逐步塑造了经营体系多元化、生产体系现代化、产业体系升级化的发展格局，以产业集聚为表现形式的发展模式具有突出的优势，通过生产者之间的技术溢出，社会化服务与基础设施共享，市场规模扩大与外界现代要素集聚形成外部规模经济，对专业村经济发展、资源配置效率，以及环境可持续发展产生影响。

第二，经过实证检验，产业集聚发展模式通过技术溢出、社会化服务共享、基础设施共享与要素集聚等溢出机制对专业村的经济、农业生产要素配置与环境可持续发展潜力造成影响。其中，蔬菜专业合作社带来的增收效果最明显，技术溢出带来的专业村技术效率提高与缩小农户间技术效率差异效果最明显，集聚程度对环境可持续发展潜力影响效果最明显。

第三，专业村发展过程中存在的先进技术引入不足，社会化服务功能发挥不充分，马太效应与“拥挤”效应等问题抑制了产业集聚溢出效应优势发挥。据此，本研究提出大力培育新型农业经营主体，发挥示范带动作用；完善社会化服务体系建设，注重向小规模农户倾斜；加强基础设施建设，保证生产顺利进行；强化政府技术支持，实现多主体协同发展；推动产业集聚转型升级，实现竞争力的提高与农民增收等建议。

第四，北京、辽宁、山东、山西四省市应结合比较优势展开合作。其中，北京市应基于雄厚的资金实力、强大的科技创新能力、完备的技术推广体系在黄淮海与环渤海设施蔬菜优势产区中发挥科技引领作用；辽宁、山东、山西等省则应发挥自然资源丰沛、从业人数充足、发展空间广阔等优势，担当产量供给主力；主产省之间通过要素交流和技术溢出，促进区域蔬菜产业整体升级、协同发展。

第五，对于四省市蔬菜专业村存在的技术支持不到位，村际示范带动效果不明显，产业建设落后与集聚优势发挥不充分等问题，本研究提出大力完善基层农业技术研发与推广体系；树立专业村典型，发挥示范带动作用；加强基础设施建设，优化生产与市场条件，为促进专业村之间的溢出提供物质便利；打破地方本位思想，结合各村比较优势，推动专业村之间在产业链条不同环节间开展互补协调合作联动发展；加强地方政府之间的交流合作，通过市场化机制构建利益补偿机制，避免专业村之间“极化”效应的产生等建议。

10 研究结论与对策建议

相较于国外农业经营主体规模化分散经营的产业带发展模式，以小规模农户地理集中生产为表现形式，以专业村为基本空间单元的多层级主产地发展模式是中国特色农业产业发展格局。作为新阶段农业农村经济发展的重大组织创新，对接小农户与现代农业和大市场的重要载体，专业村在主产地中占据最具活力空间单元的地位。围绕农业供给侧结构性改革的主线，以保障农产品有效供给，促进农民持续快速增收，推动农业可持续发展为目标，对我国农业发展提出了要求，产出高效、农民增收、资源节约、环境友好成为专业村发展的重要方向，也是实现农业现代化与乡村振兴的重要途径。

蔬菜作为我国仅次于粮食的第二大作物，为推动农业种植结构调整，稳定“菜篮子”蔬菜供给，提高农民收入作出重要贡献。与此同时，蔬菜产业布局不断演变，形成了一批专业化程度高、特色明显的蔬菜产地，是蔬菜供给的中坚力量，蔬菜专业村也蓬勃兴起，并由于经济优势突出而被重点关注，或将是中国特色适度规模经营的出路之一。但专业村是否有发展壮大的内生动力，能否有效复制，是关乎农产品稳定供应、主产地发展壮大的基础。

因此，本研究构建了“蔬菜专业村发展现状与形成机制—集聚的溢出机制与效应—协同发展与优化路径”的逻辑框架，从不同层次结构（省级、县级、村级）考察蔬菜主产地的空间格局及互动关系，明确专业村在主产地中的基础性地位；在对相关理论梳理和总结的基础上，构建了专业村形成的理论框架，探索专业村形成机制与驱动因素；检验专业村产业集聚发展模式的溢出机制对专业村经济、农业生产要素配置、环境可持续发展3个方面的溢出效应；在全面汇总专业村产业集聚形成的溢出效应基础上，结合专业村自身发展阶段与差异性比较优势，探索专业村之间的协同发展潜力。

本章主要对前文各章节的主要结论进行系统的梳理汇总，在此基础上提出相关对策建议，并指出本研究存在的不足及未来的拓展方向。

10.1 主要研究结论

本研究主要按照专业村形成及效应相关理论梳理，蔬菜产业格局的历史演变及现状，不同空间层级主产地与蔬菜专业村的关系，蔬菜专业村形成的驱动因素，蔬菜专业村产业集聚发展模式对经济发展、农业生产要素配置与环境可持续发展的影响，蔬菜专业村协同发展路径分析的顺序逐层展开，主要研究结论总结如下：

第一，通过对专业村形成及其效应的相关理论分析得出：通过梳理新古典贸易理论（比较优势理论、要素禀赋理论 、内生比较优势理论）、集聚理论（杜能农业区位理论、马歇尔产业区理论、韦伯工业区位理论、新经济地理学理论、波特竞争优势理论、外部性理论）和其他与集聚相关的理论（分工专业化理论、创新产业集聚理论、威廉姆森假说），可将专业村的形成机制归纳为自然资源、人力资本、技术储备、标准化生产、市场需求、政府支持6类。而在专业村产业集聚发展模式下，技术溢出、社会化服务、基础设施共享与要素集聚等溢出机制将形成空间意义上的规模经济。具体而言，大量农户与相关经济组织在空间集中的规模化经营，一是会为经营主体间的交流提供便利条件，有利于信息、技术，特别是缄默知识和黏性知识的传播；二是会获得以合作社为代表的社会化服务组织提供的产品与专业化服务；三是会推进基础设施的建设并提高利用率，吸引更多现代化要素集聚，通过这些溢出途径将对专业村经济、农业生产要素配置效率，以及环境可持续发展产生影响。

第二，通过对蔬菜产业格局的历史演变及现状的研究得出：一方面，立足时间维度，在农产品流通政策由自由经济向完全计划经济、有计划的商品经济、双轨制经济、徘徊经济，以及市场经济逐步演化的过程中，中国蔬菜生产经历了逐步发展、迅速发展、萎缩发展与恢复发展4个阶段。截至2016年，中国蔬菜产业播种面积达22328千公顷，稳居种植业第2位，产量达79779万吨。另一方面，立足空间维度，从蔬菜产业布局的规模集中度来看，1990—2016年，蔬菜产业播种面积的CR_4、CR_8、CR_{10}分别由0.30、0.51、0.59上升至0.29（微弱下降）、0.53、0.63，蔬菜产量的CR_4、CR_8、CR_{10}分别由0.32、0.53和0.62上升至0.40、0.60和0.67，蔬菜产业区位熵则由1.15上升至1.20，表现出了各省份结合自身比较优势进行种植结构调整的趋势。从蔬菜产业布局的空间集中度来看，1990—2016年，蔬菜生产全域莫兰指数逐步增加且通过显著性检验，泰尔指数则由0.018提高155.56%至0.046，其中六大产区内省际差异对总差异的贡献上升至81.288%，产区间差异对总差异的贡献率则下降至18.712%，我国蔬菜生产即便在产区内部也呈现“抱团”与“空间俱乐部趋同”特征。目前，中国蔬菜形成了华南与西南热区冬春蔬菜优势区、长江流域冬春蔬菜优势区、黄土高原夏秋蔬菜优势区、云贵高原夏秋蔬菜优势区、北部高纬度夏秋蔬菜优势区、黄淮海与环渤海设施蔬菜优势区6个优势区域，为满足我国蔬菜全国周年稳定供应作出重要贡献。

第三，通过对不同空间层级主产地的蔬菜专业村的分析得出：蔬菜主产地内部呈现出“主产省—主产县—专业村”的多层次空间结构，并表现出主产县“俱乐部”与专业村“连片”发展的空间格局。具体而言，在省域蔬菜产业发展中，主产县经营规模大、经济基础强、技术水平高、政策环境好，在现代生产、产品供给、产业升级、品牌建设等方面具有优势，是主产省的中坚力量，并在发展较好的主产县的带动下形成主产县“俱乐部”发展趋势。在主产县中，专业村的产业集聚发展模式在先进技术推广、资金筹措、现代设备投资、社会化服务供给、一二三产业融合发展与品牌化建设上具有内生优势，是主产县发展的中流砥柱，并在经济吸引与要素流动的支持下形成专业村“连片”发展趋势，专业村在主产地发展中表现出极大的发展潜力。通过生产效率比较优势指数、生产规模比较优势指数、综合比较优势指数定量检验，也验证了专业村在主产地中的基础与核心地位。不同层次的蔬菜主产地之间存在“自下而上”与“自上而下”的联动关系：一方面，蔬菜专业村是主产县形成的基础，主产县是主产省发展的依托；另一方面，高层级产地会基于规模优势、经济优势、技术优势、品牌优势、政策优势等，在技术推广体系建设、销售环境、政策支持等方面反作用于主产县、专业村的发展，各层级主产地间上下结合，形成互动循环、相互依托、互为表里的关系。

第四，通过对专业村形成机制及驱动因素的研究得出：自然资源是影响专业村形成的基础性因素，人力资本是影响专业村形成的内生动力，结合市场需求开展标准化生产是专业村蔬菜生产发展的必然要求。具体而言，优沃的自然资源条件是专业村进行蔬菜自然再生产与经济再生产的重要保证；劳动投入充足、种植经验丰富、“能人”的企业家精神是稳定专业村蔬菜供给，提高生产效率，带动专业村改革与焕发专业村生机的根本要素之一；市场体系发达、信息传播渠道通畅、物流体系完备、生产绿色安全则有利于专业村与市场的顺畅对接，促进产品向收益的转化，为专业村发展壮大提供经济激励。但是，目前很多专业村自然资源不够丰沛、生产者经营规模小、现代化装备水平低、高新技术储备薄弱、政府支持力度有限，在一定程度上限制了专业村的发展。

第五，通过检验专业村对农村经济影响的研究得出：专业村产业集聚发展模式对于促进蔬菜产业成长，提高农民收入水平，带动周边村庄经济发展都有积极的影响。对蔬菜产业成长的影响方面：一是在专业村的经营体系建设中，小而分散的传统农户仍是蔬菜生产的主要承担者，随着分工专业化程度的加深，家庭农场、蔬菜专业合作社、农业龙头企业等新型农业经营主体逐步涌现，其中家庭农场是蔬菜专业村现代农业经营体系的骨干，专业合作社是专业村发展依托的重要主体，农业龙头企业是带动专业村发展的关键动力。二是在专业村的生产体系建设中，现代物质装备投入、现代科学技术采用、现代基础设施建设等方面取得了一定的成效，但在质量安全型与环境保护型技术推广、基础设施投资等方面仍有较大提升空间。三是在专业村的产业体系建设中，质量安全、产业链与品牌建设等方面不断发展，但标准化生产范围有限，产业链与品牌建设较为薄弱，新型农业经营主体带动能力不足，限制了专业村产业升级。对当地农民收入的影响方面：专业村产业集聚发展模式会通过社会化服务、基础设施共享与要素集聚等溢出机制促进本村土地生产率的提升，并带动以农业收入为主要收入来源的劳动生产率提高，劳动生产率的提高又会通过累积效应提高集聚程度，形成良性循环，促进专业村发展壮大。对周边村庄经济发展的影响方面：专业村之间存在一定的辐射溢出效应，会带动彼此农民收入提高，但效果不太明显，并且具有随着地理距离延长而衰减的特征。

第六，通过检验专业村对农业生产要素配置影响的研究得出：总体而言，专业村的产业集聚发展模式会通过技术溢出、基础设施共享与要素集聚等途径获得空间意义上的规模经济影响专业村的技术效率，其中农户间信息与技术传递是发挥专业村产业集聚溢出优势的最主要途径，基础设施共享与要素集聚对专业村技术效率提高的效果次之。社会化服务尽管为农户提供了技术支持、物质资料、信息与服务等，但未能有效提高资源利用水平，效果有待加强。对于异质性农户而言，技术溢出是提高技术效率、缩小不同规模农户技术效率差距的重要途径，但社会化服务共享在一定程度上，特别是基础设施共享与要素集聚等则在提高专业村技术效率的同时拉大专业村技术效率差异，高效率农户可能具有独到的资源获得渠道，或是拥有对信息、资源、技术更敏感的特征，表现出马太效应。专业村的产业集聚发展模式对技术效率呈现非线性影响，当集聚程度过高时，“拥挤”效应连同产量增加带来的价格降低削弱了产业集聚的溢出优势。

第七，通过检验专业村对环境可持续影响的研究得出：对于碳生产率的促进效果而言，专业村产业集聚发展模式中的基础设施共享与要素集聚对农户碳生产率的提升效果最明显，专业村农户质量安全与绿色生产观念落后，社会化服务组织现代技术引进与推广不到位，不利于专业村环境可持续发展。对于灌溉水生产率的促进效果而言，滴灌技术是符合增产、增收与增绿多重目的的重要技术，但是缺乏“能人”示范带领，社会化服务组织的服务内容、服务水平、服务范围与农户需求和现代化农业生产的要求不契合，当地滴灌技术供给层面集资能力弱、政府扶持力度不到位等问题，抑制了专业村产业集聚溢出效应的进一步发挥。需要注意的是，农户的异质性导致拥有比较优势的农户更容易获得来自产业集聚的益处，拉大彼此碳生产率、灌溉水生产率与灌溉水净收益的差距。产业集聚程度并非越高越好，集聚程度过低不利于资源的充分利用与规模经济实现，但集聚程度过高在一定程度上会导致对有限资源的争夺，以及农户之间的竞争，抵消集聚带来的正效应。然而，当专业村升级发展，即从基础的专业化生产扩大到加工、销售、创建品牌，构建完整的产业链条，形成“一村一品”“一乡一业”，跨区域、集群式发展时，将通过农业现代化与产业全方位升级提高资源生产率，推动经济与环境可持续发展。

第八，通过对专业村协同发展潜力的研究得出：主产省的专业村之间优势互补、协同发展、合作互惠，有利于进一步激发区域供给与品牌化建设潜力，极大地带动农区经济的快速发展。一方面，立足宏观视角，考察北京、辽宁、山东、山西四省市蔬菜专业村协同发展的潜力可知，北京市应基于雄厚的资金实力、强大的科技创新能力、完备的技术推广体系在黄淮海与环渤海设施蔬菜优势产区中发挥科技引领作用，辽宁、山东、山西等省则应发挥自然资源丰沛、从业人数充足、发展空间广阔等优势，担当产量供给主力，主产省之间通过要素交流和技术溢出，促进区域蔬菜产业整体升级、协同发展。另一方面，四省市蔬菜专业村发展存在技术支持不到位、村际示范带动效果不明显、产业建设滞后与集聚优势发挥不充分等问题，应大力完善基层农业技术研发与推广体系，树立专业村典型发挥示范带动作用，畅通专业村之间的溢出渠道，推动专业村之间在产业链条不同环节开展互补、协调、合作、联动发展，基于市场化原则构建利益补偿机制，避免专业村之间“极化”效应的产生。

10.2　对策建议

根据上述研究结论，本研究得到推动专业村形成，提高专业村溢出机制作用水平与效果，促进专业村之间协同发展的相应政策建议如下：

第一，在专业村建设方面，应在以下几方面予以加强：一是充分结合当地资源禀赋与历史传承，发挥比较优势；二是加大农民教育与培训力度，提高农民人力资本，如采取农民夜校、田间学校等适合小农户的培训形式，帮助小农户发展成为高素质农民，并优先做好农村实用人才带头人示范培训；三是鼓励规模经营，引入现代化生产要素，推动标准化生产；四是大力支持产地市场建设，利用市场激励农户生产的升级与创新；五是充分发挥政府在公共领域的优势，在基础设施建设、平台搭建、品牌培育、生产服务等方面发挥更大的作用。

第二，在优化农户技术溢出水平方面：一是强化政府的技术支持。技术供给具有正外部性，政府要明确自身角色，充分发挥所掌握的资源优势来克服市场失灵。具体地，大力支持基层农业技术研发与推广体系建设，优化技术供给的数量与结构，加快突破农业关键技术，特别是应在继续推广增产增效型技术的基础上，逐步向环境保护型与资源节约型技术倾斜，迎合市场与农户的需要。同时，完善技术推广的后续工作，切实提高农户的技术运用能力，并提供适当补贴。值得注意的是，要重视面向小农户重点推广使用轻简的装备和技术，让小农户有机会搭上“互联网 +”、智慧农业、设施农业、循环农业等现代农业的快车。二是构建多主体互补的技术推广格局。大力培育扶持新型农业经营主体，建立规模化经营主体在技术推广、传播和示范方面的激励机制，以突破农户同质性技术交流障碍。三是引导农业科研机构、涉农高校积极研发对口技术、下乡指导、定向帮扶，向小农户集成示范推广先进实用技术。只有农户拥有更高的技术水平，才能更好地利用农户之间的溢出渠道，充分发挥集聚生产模式下的技术溢出优势。

第三，在完善社会化服务供给方面：农民合作社是由农户自发组织，或村干部、“能人”牵头形成的重要角色，是适应小农户需求的多元化、多层次的农业生产性服务组织，承担着为分散的小农户提供生产资料、技术支持、市场信息等服务的职能，以实现降低农民交易成本，提高资源配置效率，增加农民经营收入，强化农民市场话语权等。但当前部分合作社在服务内容、服务能力与服务质量上与农户和农业现代化发展的要求并不匹配。有研究表明，中国农业合作组织的发展离不开外界力量的支持和推动（韩斌全等，2016）。由此观之，应加强基层政府对以合作社为代表的社会化服务组织的支持 ，既通过直接“供血”，主动为合作社提供先进的技术、市场信息、咨询服务等，重点发展小农户亟须的农资供应、绿色生产技术、农产品初加工等服务领域，又通过培养合作社社长、核心社员的技术、市场开拓能力等（张颖等，2017；张益丰，2018），实现对合作社的“造血”功能建设，还可以为合作社打造良好的外部环境，提供法律、税收、金融等方面的辅助（王军，2018），以完善主产地农业社会化服务体系建设，使其成为服务标准更高、服务内容更完备，能够显著提升农业现代化生产能力的运转高效、竞争力强的组织。不容忽视的是，社会化服务组织要注重向小规模农户等弱势群体适当加以倾斜，防止农户服务获得差异造成马太效应。

第四，在增加基础设施建设方面：基础设施是农户赖以生产、生活的重要外部条件，农村的基础设施可以分为农业生产性基础设施（如农田水利建设、农产品流通重点设施建设）和农村社会发展基础设施（如道路、桥梁等）。专业村农业基础设施建设主要面临资金缺乏的约束，但是农村的弱质性导致其依靠市场获得资源配置的能力较差，需要各级政府的财政支持。在扶持的过程中，要因地制宜做好规划，提高资金配置效率，做到有的放矢。同时，要发挥当地农民的积极性，鼓励通过以奖代补、先建后补等方式，支持村集体组织小农户开展农业基础设施建设和管护。此外，对于政府做不好、不擅长的领域，也要适当引入市场机制，通过建立政府和社会资本合作的方式，为小农户提供生产公益性服务，更好地建设主产地基础设施，严防基础设施的承载力不足使“拥挤”效应影响生产生活的顺利运行。

第五，在推动专业村一二三产业融合发展方面：推动农村一二三产业融合发展是实现乡村产业振兴的关键。一二三产业融合发展是以经营主体的生产经营为中心，立足当前产业，整合现有农业产业资源，在发展趋势中形成全产业链的现代农业，实现农业产业内部协作和循环（郭军等，2019）。对于蔬菜专业村而言，立足并用好当地资源禀赋是发展的基础，但更重要的是营造良好的内部与外部环境。在内部环境建设上，应大力培育新型农业经营主体，发展多种模式的农业产业链，充分激发农民的主观能动性。在外部环境建设上，应着力完善相关支持与管理的政策福利，如提供产权交易相关服务，完善配套设施，搭建农村金融服务平台，强化农业技术支持，发展“互联网＋”农业，加强市场监管，兴建区域品牌等（朱文博等，2018），增加对要素的吸引力。此外，也鼓励有条件的小农户创业就业，开展创业培训、产业扶持等，支持小农户结合自身优势和特长在专业村创新发展。

第六，在推动专业村协同发展建设方面：一是打破地方本位思想，促进信息、劳动力和资本的自由流动，加强专业村之间的互动。二是从村际发展的互补与协调高度出发，合理引导专业村品种布局，避免产业结构同化、特点同化，推动专业村之间在产业链条不同环节间的合作。三是加强各地方政府之间的交流与合作，通过市场化机制构建利益补偿机制，以更有效地优化资源配置，避免专业村之间发展的“极化”效应。

10.3　存在的不足与未来研究方向

本研究以黄淮海与环渤海设施蔬菜优势产区中北京、天津、辽宁、河北、山东及山西六省市蔬菜专业村及蔬菜种植户为例，对我国蔬菜专业村的形成及其产业集聚发展模式下基于技术溢出、社会化服务共享、基础设施共享与要素集聚等溢出机制对专业村经济发展、农业生产要素配置、环境可持续发展的影响进行考察，以从现实中总结好经验，凝练出普适性、可复制的理论，指导专业村的健康成长，激发农业产业发展活力。

但是，首先，中国包括六大蔬菜优势产区，限于个人能力与研究期限，本研究仅以黄淮海与环渤海设施蔬菜优势产区中部分具有代表性省市的蔬菜专业村为例展开研究，未来可以从覆盖范围上拓展，并可以尝试开展对其他农业产业专业村的探索；其次，对专业村形成机制的实证检验很难将专业村形成过程中的历史底蕴得以充分表现，未来可进一步增加一些十分具有代表性的蔬菜专业村进行深入的案例分析。此外，未来可以更新对既有样本的调研，获得面板数据，以把握专业村产业集聚发展模式溢出效应的动态变化，考察专业村成长的长期效应，完成对专业村发展的“生命周期”研究，“勾画”出专业村清晰的发展图景。

参考文献

[1]AGRAWAL A, KAPUR D, MCHALE J. How Do Spatial and Social Proximity Influence Knowledge Flows? Evidence from Patent Data [J]. Journal of Urban Economics, 2008, 64(2): 258 –269.

[2]AMIN A, CONHENDET P. Architectures of Knowledge: Firms, Capabilities, and Communities [J]. Organization Studies, 2003, 26 (9): 150 –156.

[3]BALDWIN R, FORSLID R, MARTIN P, et al. Agglomeration and Growth with and without Capital Mobility[J]. Hwwa Discussion Papers, 2001.

[4]BANDIERA O, RASUL I. Social Networks and Technology Adoption in Northern Mozambique [J]. Social Science Electronic Publishing, 2006,116(514):869 –902.

[5]BEAUDUCEL A, HERZBERG P Y. On the Performance of Maximum Likelihood Versus Means and Variance Adjusted Weighted Least Squares Estimation in CFA[J]. Structural Equation Modeling A Multidisciplinary Journal, 2006, 13(2):186 –203.

[6]BEINHOCKER E, OPPENHEIM J, IRONS B, et al. The Carbon Productivity Challenge: Curbing Climate Change and Sustaining Economic Growth [M]. Sydney: McKinsey Global Institute, McKinsey & Company,2008.

[7] BOSCHMA R. Proximity and Innovation: A Critical Assessment [J]. Regional Studies, 2005, 39(1): 61 –74.

[8] CABALLERO R J, LYONS R K. External Effects in U. S. Procyclical Productivity[J]. Journal of Monetary Economics, 1992, 29(2):209-225.

[9]CABALLERO R J, LYONS R K. Internal Versus External Economies in European Industry[J]. Discussion Papers, 1989, 34(90):805-826.

[10]CARTER C A, LOHMAR B. Regional Specialization of China's Agricultural Production[J]. American Journal of Agricultural Economics, 2002, 84(3):749-753.

[11]CASE A. Neighborhood Influence and Technological Change [J]. Regional Science & Urban Economics, 1992, 22(3):491-508.

[12]CICCONE A, HALL R E. Productivity and the Density of Economic Activity[J]. American Economic Review, 1995, 86(1):54-70.

[13]CICCONE A. Agglomeration Effects in Europe[J]. European Economic Review, 1998, 46(2):213-227.

[14]COMBES P P, DURANTON G, GOBILLON L. The Identification of Agglomeration Economies[J]. Journal of Economic Geography, 2010, 11(2):253-266(14).

[15]DERCON S, CHRISTIAENSEN L. Consumption Risk, Technology Adoption and Poverty Traps: Evidence from Ethiopia[J]. Journal of Development Economics, 2011,96(2):159-173.

[16] ELHORST J P. Applied Spatial Econometrics: Raising the Bar [J]. Spatial Economic Analysis, 2010, 5(1):9-28.

[17]ELLISON G, KERR W R. What Causes Industry Agglomeration? Evidence from Co-Agglomeration Patterns[J]. General Information, 2010, 100(3):1195-1213.

[18]FLORA D B, CURRAN P J. An Empirical Evaluation of Alternative

Methods of Estimation for Confirmatory Factor Analysis with Ordinal Data [J]. Psychological Methods, 2004, 9(4):466 - 491.

[19] FOSTER A D, ROSENZWEIG M R. Microeconomics of Technology Adoption[J]. Annual Review of Economics, 2010, 2(984): 783 - 789.

[20] FOSTER A D, ROSENZWEIG M R. Technical Change and Human - Capital Returns and Investments: Evidence from the Green Revolution [J]. American Economic Review, 1996, 86(4):931 - 953.

[21] FU S. Smart Café Cities: Testing Human Capital Externalities in the Boston Metropolitan Area[J]. Journal of Urban Economics, 2007, 61(1): 86 - 111.

[22] GEERTS S, RAES D. Deficit Irrigation as an On - Farm Strategy to Maximize Crop Water Productivity in Dry Areas[J]. Agricultural Water Management, 2009, 96(9):1275 - 1284.

[23] HAILU G, DEATON B. Agglomeration Effects in Ontario's Dairy Farming[J]. American Journal of Agricultural Economics, 2016, 98 (4) : 041.

[24] HENRY M, DRABENSTOTT M, HENRY M, et al. A New Micro View of the U. S. Rural Economy[J]. Economic Review, 1996, 81(Second Quarter):53 - 70.

[25] JOVANOVIC B, ROB R. The Growth and Diffusion of Knowledge [J]. Review of Economic Studies, 1989, 56(4):569 - 582.

[26] KLINE R B. Principles and Practice of Structural Equation Modeling[M]. NY: The Guilford Press, 1998.

[27] KNOWLER D, BRADSHAW B. Farmers' Adoption of Conservation Agricultural: A Review and Synthesis of Recent Research[J]. Food Policy, 2007, 32(1):25 - 48.

[28] LUCAS R E. Externalities and Cities[J]. Review of Economic Dy-

namics, 2001, 4(2):245 - 274.

[29] MAERTENS A, BARRETT C B. Measuring Social Networks' Effects on Agricultural Technology Adoption[J]. American Journal of Agricultural Economics, 2013, 95(2):182 - 195.

[30] MARCON E, PUECH F. Evaluating the Geographic Concentration of Industries Using Distance - Based Methods[J]. Journal of Economic Geography, 2003, 3(4):409 - 428.

[31] MION G. Spatial Externalities and Empirical Analysis: The Case of Italy[J]. Ssrn Electronic Journal, 2002, 56(1):97 - 118.

[32] MOLDEN D, OWEIS T, STEDUTO P, et al. Improving Agricultural Water Productivity: Between Optimism and Caution. [J]. Agricultural Water Management, 2010, 97(4):528 - 535.

[33] MORETTI E. Human Capital Externalities in Cities [A]//Henderson J V, Thisse J F. Handbook of Urbanand Regional Economics(Volume 4) Amsterdam and New York: North Holland, 2004.

[34] MUTHÉN B. A general Structural Equation Model with Dichotomous, Ordered Categorical, and Continuous Latent Variable Indicators [J]. Psychometrika, 1984, 49(1):115 - 132.

[35] MUTTHÉN B. Contributions to Factor Analysis of Dichotomous Variables[J]. Psychometrika, 1978, 43(4):551 - 560.

[36] MUTHÉN B. Latent Variable Structural Equation Modeling with Categorical Data [J]. Journal of Econometrics, 1983, 22(1):43 - 65.

[37] PAUL C J M, SIEGEL D S. Scale Economies and Industry Agglomeration Externalities: A Dynamic Cost Function Approach[J]. American Economic Review, 1999, 89(8):940.

[38] ROODMAN D. Fitting Fully Observed Recursive Mixed - Process

Model with CMP[J]. The Stata Journal, 2011, 29(2):159-206.

[39]ROSENTHAL S S, STRANGE W C. Geography, Industrial Organization, and Agglomeration[J]. Review of Economics & Statistics, 2006, 85(2):377-393.

[40]RUI B. Do Innovations Diffuse Faster within Geographical Clusters[J]. International Journal of Industrial Organization, 2000, 18(3):515-535.

[41]SCITOVSKY T. Two Concepts of External Economies[J]. Journal of Political Economy, 1954, 62(2):143-151.

[42]SCORSONE E A. Providing Potential Economic Benefit to Communities[J]. Agricultural Communications Service,2002:35-49.

[43]SCOTCHMER S, AUERBACH A, FELDSTEIN M, et al. Local Public Goods and Clubs[M]. Amsterdam:Elsevier, 2001.

[44]TVETERAS R, BATTESE G E. Agglomeration Externalities, Productivity, and Technical Inefficiency [J]. Journal of Regional Science, 2006, 46(4):605-625.

[45]TWOMLOW S, RICHES C, O'Neill D, et al. Sustainable Dryland Smallholder Farming in Sub-Saharan Africa[J]. Annals of Arid Zone, 1999, 38(2):93-135.

[46]WANG H, DONG X, HUANG J, et al. Producing and Procuring Horticultural Crops with Chinese Characteristics: The Case of Northern China [J]. World Development,2009,37(11):1791-1801.

[47]WINSBERG M D. Concentration and Specialization in United States Agriculture, 1939-1978[J]. Economic Geography, 1980,56(3):183-189.

[48]蔡昉,王德文,王美艳. 渐进式改革进程中的地区专业化趋势[J]. 经济研究,2002(9):24-30,93.

[49]曹暕,王玉斌,谭向勇. 我国农业生产区域专业化程度分析

[J]. 经济与管理研究,2005(1):69 – 72.

[50]陈建军,胡晨光. 产业集聚的集聚效应:以长江三角洲次区域为例的理论和实证分析[J]. 管理世界,2008(6):68 – 83.

[51]陈军飞,蔡苗,孙冬营,等. 基于改进 F – H 方法的区域水量配置冲突研究[J]. 软科学,2018,32(9):84 – 89.

[52]陈利,朱喜钢. 基于空间计量的经济集聚对农民收入的影响效应:以云南省为例[J]. 农业技术经济,2015(10):81 – 91.

[53]陈良文,杨开忠. 产业集聚、市场结构与生产率:基于中国省份制造业面板数据的实证研究[J]. 地理科学,2008(3):325 – 330.

[54]陈儒,姜志德. 中国低碳农业发展绩效与政策评价[J]. 华南农业大学学报(社会科学版),2017,16(5):28 – 40.

[55]程开明. 结构方程模型的特点及应用[J]. 统计与决策,2006(10):22 – 25.

[56]程琳琳,张俊飚,何可. 多尺度城镇化对农业碳生产率的影响及其区域分异特征研究:基于 SFA、E 指数与 SDM 的实证[J]. 中南大学学报(社会科学版),2018,24(5):107 – 116.

[57]程琳琳,张俊飚,田云,等. 中国省域农业碳生产率的空间分异特征及依赖效应[J]. 资源科学,2016,38(2):276 – 289.

[58]程鹏飞,李婕,张红丽,等. 林业产业集聚、林业经济增长及其空间溢出效应:基于 2004—2015 年省际面板数据的空间计量分析[J]. 安徽农业大学学报(自然科学版),2018,45(6):8.

[59]程叶青,张平宇. 东北商品粮基地粮食生产的区域分异[J]. 自然资源学报,2005(6):131 – 137.

[60]程叶青. 东北地区粮食单产空间格局变化及其动因分析[J]. 自然资源学报,2009(9):1541 – 1549.

[61]程中华,李廉水,刘军. 产业集聚有利于能源效率提升吗[J].

统计与信息论坛,2017,32(3):70－76.

[62]淳阳,潘洪义,吴佳俣,等．基于基尼系数的四川省城乡建设用地优化配置[J]. 江苏农业科学,2018,46(23):291－295.

[63]邓衡山,徐志刚,黄季焜,等．组织化潜在利润对农民专业合作组织形成发展的影响[J]. 经济学(季刊),2011,10(4):1515－1532.

[64]邓宗兵,封永刚,张俊亮,等．中国种植业地理集聚的时空特征、演进趋势及效应分析[J]. 中国农业科学,2013a(22):4816－4828.

[65]邓宗兵,封永刚,张俊亮,等．中国粮食生产区域格局演变研究[J]. 农业技术经济,2013(9):108－114.

[66]董承良,吕丹,王雅鹏．长江经济带中三角地区农业结构的分析与优化对策[J]. 中国农业资源与区划,2018,39(8):164－169.

[67]董晓霞,黄季焜,SCOTT ROZELLE,等．北京超市发展及其周边地区农户果蔬生产和销售的特征分析[J]. 中国农村经济,2006(11):9－16.

[68]杜健,耿帅．共享性资源对集群企业竞争优势作用机理的实证研究[J]. 科研管理,2008(3):68－79.

[69]范剑勇．产业集聚与地区间劳动生产率差异[J]. 经济研究,2006(11):72－81.

[70]高帆．我国区域农业全要素生产率的演变趋势与影响因素:基于省际面板数据的实证分析[J]. 数量经济技术经济研究,2015(5):3－19,53.

[71]高峰．农民加入合作组织影响因素研究[J]. 中国农业资源与区划,2017,38(4):90－95.

[72]高更和,石磊．专业村形成历程及影响因素研究:以豫西南3个专业村为例[J]. 经济地理,2011,31(7):1165－1170.

[73]高文静,柳亚琴,潘明清．工业化、城镇化对工业碳生产率的门

槛效应分析[J]. 宏观经济研究,2017(4):112－121.

[74]高文静,任雪荻,康旭华,等. 工业碳生产率提升的资源优化配置路径分析[J]. 宏观经济研究,2018(5):166－175.

[75]葛继红,周曙东. 农业面源污染的经济影响因素分析:基于1978—2009年的江苏省数据[J]. 中国农村经济,2011(5):72－81.

[76]耿延峰. 从合作社走出的全国劳模:记北京绿菜园蔬菜专业合作社理事长赵玉忠[J]. 中国农民合作社,2015(9):67－68.

[77]顾莉丽,郭庆海. 中国粮食主产区的演变与发展研究[J]. 农业经济问题,2011(8):4－9,110.

[78]郭格,陆迁. 学习能力、外部风险与农户节水灌溉技术采用行为:基于甘肃张掖的调查[J]. 科技管理研究,2018,38(7):229－235.

[79]郭军,张效榕,孔祥智. 农村一二三产业融合与农民增收:基于河南省农村一二三产业融合案例[J]. 农业经济问题,2019(3):135－144.

[80]韩斌全,董江爱. 面对农合组织缓慢与失范困局政府当何去何从:论基层政府介入农合组织培育和发展的必要性、合理性和基本路径[J]. 宁夏社会科学,2016(5):84－90.

[81]韩峰,冯萍,阳立高. 中国城市的空间集聚效应与工业能源效率[J]. 中国人口·资源与环境,2014,24(5):72－79.

[82]贺志武,胡伦,陆迁. 农户风险偏好、风险认知对节水灌溉技术采用意愿的影响[J]. 资源科学,2018,40(4):797－808.

[83]侯博,应瑞瑶. 分散农户低碳生产行为决策研究:基于TPB和SEM的实证分析[J]. 农业技术经济,2015(2):4－13.

[84]胡伦,陆迁. 干旱风险冲击下节水灌溉技术采用的减贫效应:以甘肃省张掖市为例[J]. 资源科学,2018,40(2):417－426.

[85]黄爱军. 我国粮食生产区域格局的变化规律[J]. 中国农村经

济,1995(2):31-33.

[86]黄国华. 农村劳动力转移影响因素分析:29个省市的经验数据[J]. 南京农业大学学报(社会科学版),2009(4):8-15,21.

[87]黄海平,龚新蜀,黄宝连. 基于专业化分工的农业产业集群竞争优势研究:以寿光蔬菜产业集群为例[J]. 农业经济问题,2010,31(4):64-69,111.

[88]黄季焜,胡瑞法,智华勇. 基层农业技术推广体系30年发展与改革:政策评估和建议[J]. 农业技术经济,2009(1):4-11.

[89]黄季焜,牛先芳,智华勇,等. 蔬菜生产和种植结构调整的影响因素分析[J]. 农业经济问题,2007(7):4-10,110.

[90]黄季焜. 深化农业科技体系改革　提高农业科技创新能力[J]. 农业经济与管理,2013(2):5-8.

[91]黄腾,赵佳佳,魏娟,等. 节水灌溉技术认知、采用强度与收入效应:基于甘肃省微观农户数据的实证分析[J]. 资源科学,2018,40(2):347-358.

[92]黄修杰,钟钰. 农产品区域布局与农业经济增长研究:基于广东省主要农产品空间布局变化的实证检验[J]. 中国农业资源与区划,2017,38(7):101-107.

[93]纪龙,吴文劼. 我国蔬菜生产地理集聚的时空特征及影响因素[J]. 经济地理,2015(9):141-148.

[94]贾蕊,陆迁. 土地流转促进黄土高原区农户水土保持措施的实施吗:基于集体行动中介作用与政府补贴调节效应的分析[J]. 中国农村经济,2018(6):38-54.

[95]贾新明,刘亮. 结构方程模型与联立方程模型的比较[J]. 数理统计与管理,2008(3):439-446.

[96]贾兴梅,李平. 农业集聚度变动特征及其与农业经济增长的关

系:我国12类农作物空间布局变化的实证检验[J]. 中国农业大学学报,2014(1):209-217.

[97][日]崛田忠夫. 产地间竞争与主产地形成[M]. 东京:明文书房,1976.

[98]康跃虎. 加快微灌技术推广应用和健康发展的对策和建议[J]. 科技促进发展,2012(1):31-39.

[99]冷志明. 新经济地理实证研究文献述评[J]. 经济学动态,2010(6):145-148.

[100]李波,梅倩. 农业生产碳行为方式及其影响因素研究:基于湖北省典型农村的农户调查[J]. 华中农业大学学报(社会科学版),2017(6):51-58,150.

[101]李波,邢经伟,姚名泽,等. 深埋秸秆量和滴灌量对温室番茄品质、产量及IWUE的影响[J]. 沈阳农业大学学报,2019,50(1):51-59.

[102]李琳,熊雪梅. 多维邻近性在集群外部知识获取与创新中的作用机制分析[J]. 科技进步与对策,2012,29(21):130-134.

[103]李娜. 关于农业灌溉用水计量方法的探讨[J]. 水科学与工程技术,2014(6):69-71.

[104]李珊珊,罗良文."十二五"时期中国碳生产率的因素分解与增长动力:基于LMDI-PDA分解法[J]. 技术经济,2018,37(8):77-86.

[105]李思慧. 产业集聚、人力资本与企业能源效率:以高新技术企业为例[J]. 财贸经济,2011(9):128-134.

[106]李宪宝,高强,单哲. 政府角色、反哺失灵与新农村建设[J]. 农业经济问题,2011,32(9):57-64,111.

[107]李想,穆月英. 设施蔬菜种植户采用可持续生产技术的实证分析:以辽宁省农户调查为例[J]. 统计与信息论坛,2013,28(7):96-101.

[108]李小建，罗庆，樊新生．农区专业村的形成与演化机理研究[J]．中国软科学，2009(2)：71－80.

[109]李小建，罗庆，杨慧敏．专业村类型形成及影响因素研究[J]．经济地理，2013，33(7)：1－8.

[110]李雪铭，张大昊，田深圳，等．城市住宅小区容积率时空分异研究：以大连市内四区为例[J]．地理科学，2018，38(4)：531－538.

[111]李亚冬，宋丽颖．我国碳生产率的收敛机制研究：理论和实证检验[J]．科学学与科学技术管理，2017，38(3)：117－125.

[112]李炎子，戴家武，王秀清．我国种植业空间布局是否呈区域分散化趋势[J]．中国农业大学学报(社会科学版)，2012(2)：118－124.

[113]李颖，葛颜祥，刘爱华，等．基于粮食作物碳汇功能的农业生态补偿机制研究[J]．农业经济问题，2014，35(10)：33－40.

[114]李玉贝，陆迁，郭格．社会网络对农户节水灌溉技术采用的影响：同质性还是异质性[J]．农业现代化研究，2017，38(6)：978－986.

[115]李岳云，卢中华，凌振春．中国蔬菜生产区域化的演化与优化：基于31个省区的实证分析[J]．经济地理，2007(2)：191－195.

[116]梁书民，于智媛．我国水资源的农业开发潜力评价及对策[J]．农业经济问题，2016，37(9)：61－70，111.

[117]林柄全，谷人旭，严士清，等．企业家行为与专业村形成及演变的关系研究：以江苏省宿迁市红庙板材加工专业村为例[J]．经济地理，2017，37(12)：17－24，40.

[118]刘传江，胡威，吴晗晗．环境规制、经济增长与地区碳生产率：基于中国省级数据的实证考察[J]．财经问题研究，2015(10)：31－37.

[119]刘红梅，王克强，黄智俊．影响中国农户采用节水灌溉技术行为的因素分析[J]．中国农村经济，2008(4)：44－54.

[120]刘静，陆秋臻，罗良国．"一提一补"水价改革节水效果研究

[J]. 农业技术经济,2018(4):126－135.

[121]刘苹,李彦,江丽华,等. 施肥对蔬菜产量的影响:以寿光市设施蔬菜为例[J]. 应用生态学报,2014,25(6):1752－1758.

[122]刘习平,盛三化,王珂英. 经济空间集聚能提高碳生产率吗[J]. 经济评论,2017(6):107－121.

[123]刘学良,陈琳. 横截面与时间序列的相关异质:再论面板数据模型及其固定效应估计[J]. 数量经济技术经济研究,2011(12):96－114.

[124]刘亚克,王金霞,李玉敏,等. 农业节水技术的采用及影响因素[J]. 自然资源学报,2011,26(6):932－942.

[125]刘奕,夏杰长,李垚. 生产性服务业集聚与制造业升级[J]. 中国工业经济,2017(7):24－42.

[126]卢凌霄,周应恒. 日本蔬菜主产地形成发展及对中国的启示[J]. 经济问题探索,2007(11):163－165.

[127]卢凌霄. 中国蔬菜产地集中与主产地形成研究[D]. 南京:南京农业大学,2008.

[128]卢凌霄. 中国蔬菜生产的地区专业化程度分析[J]. 经济问题探索,2011(12):46－50.

[129]陆文聪,梅燕,李元龙. 中国粮食生产的区域变化:人地关系、非农就业与劳动报酬的影响效应[J]. 中国人口科学,2008(3):20－28,95.

[130]吕超. 我国蔬菜主产地形成及其经济效应研究[D]. 南京:南京农业大学,2011.

[131]马骥,蔡晓羽. 农户降低氮肥施用量的意愿及其影响因素分析:以华北平原为例[J]. 中国农村经济,2007(9):9－16.

[132]马剑锋,王慧敏,佟金萍. 技术进步与效率追赶对农业用水效

率的空间效应研究[J]. 中国人口·资源与环境,2018,28(7):36-45.

[133]马玉玲,乔家君,刘晨光,等. 专业村集聚时空演化特征:以河南太行山麓为例[J]. 地理研究,2018,37(11):2259-2272.

[134]苗小玲. 农民合作经济组织产生的成本—收益分析[J]. 经济经纬,2005(6):119-122.

[135]牛坤玉,吴健. 农业灌溉水价对农户用水量影响的经济分析[J]. 中国人口·资源与环境,2010,20(9):59-64.

[136]潘泓旭. 农业区域专业化的理论与实证研究[D]. 杭州:浙江大学,2015.

[137][日]浅见淳之. 农业经营、产地发展论[M]. 东京:大明堂株式会社,1989.

[138]乔丹,陆迁,徐涛. 社会网络、推广服务与农户节水灌溉技术采用:以甘肃省民勤县为例[J]. 资源科学,2017,39(3):441-450.

[139]乔家君,杨家伟. 中国专业村研究的新近进展[J]. 人文地理,2013,28(5):60,76-80.

[140]乔家君,张羽佳. 农业型专业村发展的时空演化:以河南省南阳市专业村为例[J]. 经济地理,2014(4):131-138.

[141]秦富,钟钰,张敏,等. 我国"一村一品"发展的若干思考[J]. 农业经济问题,2009,30(8):4-8,110.

[142]屈小博. 不同规模农户生产技术效率差异及其影响因素分析:基于超越对数随机前沿生产函数与农户微观数据[J]. 南京农业大学学报(社会科学版),2009,9(3):27-35.

[143]饶静."项目制"下节水农业建设困境研究:以河北省Z市高效节水农业技术推广为例[J]. 农业经济问题,2017,38(1):83-90,111-112.

[144]沈波,吉庆丰,张玉建,等. 农业灌溉用水计量方法研究[J].

江苏水利,2017(4):13－17.

[145]沈辰,穆月英．我国蔬菜市场流通特征及成因分析[J]．中国蔬菜,2013(15):5－9.

[146]沈能,王艳,王群伟．集聚外部性与碳生产率空间趋同研究[J]．中国人口·资源与环境,2013,23(12):40－47.

[147]沈能,赵增耀,周晶晶．生产要素拥挤与最优集聚度识别:行业异质性的视角[J]．中国工业经济,2014(5):83－95.

[148]史焱文,李二玲,李小建．地理邻近、关系邻近对农业产业集群创新影响:基于山东省寿光蔬菜产业集群实证研究[J]．地理科学,2016,36(5):751－759.

[149][美]斯蒂格利茨．经济学[M]．梁小民,译．北京:中国人民大学出版社, 1997.

[150]宋博,穆月英,侯玲玲．农户专业化对农业低碳化的影响研究:来自北京市蔬菜种植户的证据[J]．自然资源学报,2016,31(3):468－476.

[151]宋博,穆月英．设施蔬菜生产系统碳足迹研究:以北京市为例[J]．资源科学,2015,37(1):175－183.

[152]宋圭武．对当前我国农户经济的若干思考[J]．农业经济问题,1996(9):19－22.

[153]宋燕平,王艳荣．面向农业产业集聚发展的技术进步效应分析[J]．科学学研究,2009(7):1005－1010.

[154]宋雨河,武拉平．价格对农户蔬菜种植决策的影响:基于山东省蔬菜种植户供给反应的实证分析[J]．中国农业大学学报(社会科学版),2014(2):136－142.

[155]孙才志,张蕾．中国农产品虚拟水—耕地资源区域时空差异演变[J]．资源科学,2009,31(1):84－93.

[156]孙才志,张蕾. 中国农畜产品虚拟水区域分布空间差异[J]. 经济地理,2009,29(5):806-811.

[157]孙洪志,张建中. 专业户、专业村 促进了农村经济大发展[J]. 农业经济问题,1982(4):65.

[158]孙久文,姚鹏. 空间计量经济学的研究范式与最新进展[J]. 经济学家,2014(7):27-35.

[159]孙铁山. 中国三大城市群集聚空间结构演化与地区经济增长[J]. 经济地理,2016,36(5):63-70.

[160]孙志元,黄立新. 科学管理走出农民专业合作社成功之路:北京绿菜园蔬菜专业合作社调查记实[J]. 中国农民合作社,2010(4):54-55.

[161]陶怀颖. 我国农业产业区域集群形成机制与发展战略研究[M]. 北京:中国经济出版社,2010.

[162]田云,张俊飚,陈池波. 中国低碳农业发展的空间异质性及影响机理研究[J]. 中国地质大学学报(社会科学版),2016,16(4):33-44,156.

[163]田云,张俊飚,何可,等. 农户农业低碳生产行为及其影响因素分析:以化肥施用和农药使用为例[J]. 中国农村观察,2015(4):61-70.

[164]汪小平. 中国农业劳动生产率增长的特点与路径分析[J]. 数量经济技术经济研究,2007(4):14-25,64.

[165]王格玲,陆迁. 社会网络影响农户技术采用倒U形关系的检验:以甘肃省民勤县节水灌溉技术采用为例[J]. 农业技术经济,2015(10):92-106.

[166]王欢,穆月英. 基于农户视角的我国蔬菜生产资源配置评价:兼对三阶段DEA模型的修正[J]. 中国农业大学学报,2014,19(6):

221 -231.

[167]王欢芳,李密,宾厚. 产业空间集聚水平测度的模型运用与比较[J]. 统计与决策,2018,34(11):37 -42.

[168]王军. 农业合作社支持政策:来自美国的经验及启示[J]. 新疆农垦经济,2018(11):44 -51.

[169]王苗苗,马忠,惠翔翔. 基于SDA法的水资源管理评价:以黑河流域张掖市为例[J]. 管理评论,2018,30(5):158 -164.

[170]王奇,詹贤达,王会. 我国粮食安全与水环境安全之间的关系初探:基于粮食产量与化肥施用的定量关系[J]. 中国农业资源与区划,2013,34(1):81 -86.

[171]王珊珊,张广胜. 非农就业对农户碳排放行为的影响研究:来自辽宁省辽中县的证据[J]. 资源科学,2013,35(9):1855 -1862.

[172]王士海,李先德. 经营规模大的农户更倾向于传播新技术吗[J]. 农业技术经济,2017(4):76 -82.

[173]王守坤. 中国各地区抑制性金融发展的空间关联效应:基于广义空间计量模型的分析[J]. 当代财经,2015(8):47 -58.

[174]王晓东,薛伟,马长明,等. 基于农业灌溉用水计量的水电转换系数研究[J]. 北京水务,2014(6):26 -29.

[175]王秀清. 大都市郊区蔬菜产地的竞争策略问题[J]. 中国农村经济,1996(9):54 -57.

[176]王艳荣,刘业政. 农业产业集聚对产业增长贡献率的测度与分析[J]. 中国农业科学,2012(15):3197 -3202.

[177]王艳荣,刘业政. 农业产业集聚对农民收入影响效应研究[J]. 农业技术经济,2011(9):50 -57.

[178]王艳荣,刘业政. 农业产业集聚形成机制的结构验证[J]. 中国农村经济,2011(10):77 -85.

[179]王艳荣. 农业产业集聚视角下技术创新效应的影响因素研究[J]. 经济经纬,2012(5):38-42.

[180]王亦宁,李培蕾,谷树忠,等. 基于永定河流域典型案例区的农业节水技术需求影响因素分析[J]. 资源科学,2010,32(6):1204-1212.

[181]王玉斌,陈慧萍,黄静,等. 农业产业化示范区建设的理论探索与实践[J]. 农业经济问题,2012,33(7):26-32.

[182]卫龙宝,李静. 我国茶叶产业集聚与技术效率分析[J]. 经济问题探索,2014(2):58-62.

[183]吴洪忠,何月红. 枸杞节水滴灌过程中存在的问题及建议[J]. 乡村科技,2016(8):75.

[184]吴建寨,沈辰,王盛威,等. 中国蔬菜生产空间集聚演变、机制、效应及政策应对[J]. 中国农业科学,2015(8):1641-1649.

[185]吴明隆. 结构方程模型:AMOS 的操作与应用[M]. 重庆:重庆大学出版社,2009.

[186]吴娜琳,李二玲,李小建. 特色种植专业村空间扩散及影响因素分析:以河南省柘城县辣椒种植为例[J]. 地理研究,2013(7):1303-1315.

[187]吴娜琳,李小建. 我国农区专业村消失因素的分析:以河南省郏县前王庄村为例[J]. 经济地理,2016,36(1):127-134.

[188]吴娜琳. 特色农业产业区的形成过程与机制研究[D]. 郑州:河南大学,2014.

[189]吴舒,穆月英. 蔬菜产业集聚与产业成长的区域差异性研究:基于 PVAR 模型[J]. 哈尔滨工业大学学报(社会科学版),2016(2):133-140.

[190]吴贤荣,张俊飚,田云,等. 基于公平与效率双重视角的中国农业碳减排潜力分析[J]. 自然资源学报,2015,30(7):1172-1182.

［191］吴玉鸣. 县域经济增长集聚与差异:空间计量经济实证分析［J］. 世界经济文汇,2007(2):37－57.

［192］吴玉鸣. 中国区域农业生产要素的投入产出弹性测算:基于空间计量经济模型的实证［J］. 中国农村经济,2010(6):25－37,48.

［193］伍骏骞,何伟,储德平,等. 产业集聚与多维城镇化异质性［J］. 中国人口·资源与环境,2018,28(5):105－114.

［194］伍骏骞,阮建青,徐广彤. 经济集聚、经济距离与农民增收:直接影响与空间溢出效应［J］. 经济学(季刊),2017,16(1):297－320.

［195］伍山林. 中国粮食生产区域特征与成因研究:市场化改革以来的实证分析［J］. 经济研究,2000(10):38－45,79.

［196］［日］武部隆. 产地论. 农业经营研究课题［M］. 东京:日本经济评论社,1993.

［197］武萍,张慧,邢衍. 青海省水资源利用的匹配性研究［J］. 中国人口·资源与环境,2018,28(7):46－53.

［198］肖卫东. 中国种植业地理集聚:时空特征、变化趋势及影响因素［J］. 中国农村经济,2012(5):19－31.

［199］肖卫东. 农业空间布局研究的多维视角及引中［J］. 理论学刊,2015(8):49－57.

［200］徐涛,赵敏娟,乔丹,等. 外部性视角下的节水灌溉技术补偿标准核算:基于选择实验法［J］. 自然资源学报,2018,33(7):1116－1128.

［201］徐志宇,宋振伟,邓艾兴,等. 近30年我国主要粮食作物生产的驱动因素及空间格局变化研究［J］. 南京农业大学学报,2013(1):79－86.

［202］许朗,刘金金. 农户节水灌溉技术选择行为的影响因素分析:基于山东省蒙阴县的调查数据［J］. 中国农村观察,2013(6):45－51,93.

［203］许云梦. 上海市肉鸡流通渠道问题研究［D］. 南京:南京农业

大学,2012.

[204]薛彩霞,黄玉祥,韩文霆. 政府补贴、采用效果对农户节水灌溉技术持续采用行为的影响研究[J]. 资源科学,2018,40(7):1418-1428.

[205]薛宇峰. 中国粮食生产区域分化和空间分布的经济学分析[J]. 上海财经大学学报,2005(3):3-10.

[206]杨春,陆文聪. 基于空间计量经济模型的县域粮食生产区域格局研究[J]. 农业技术经济,2010(5):24-29.

[207]杨春,陆文聪. 中国粮食生产空间布局变迁实证[J]. 经济地理,2008(5):813-816.

[208]杨青松. 农产品流通模式研究[D]. 北京:中国社会科学院,2011.

[209]杨万江,陈文佳. 中国水稻生产空间布局变迁及影响因素分析[J]. 经济地理,2011(12):2086-2093.

[210]杨伟民,袁喜禄,张耕田,等. 实施主体功能区战略,构建高效、协调、可持续的美好家园:主体功能区战略研究总报告[J]. 管理世界,2012(10):1-17,30.

[211]姚成胜,李政通,王维,等. 中国水产养殖业地理集聚特征及空间演化机制[J]. 经济地理,2016,36(9):118-127.

[212]姚晔,夏炎,范英,等. 基于空间比较路径选择模型的碳生产率区域差异性研究[J]. 中国管理科学,2018,26(7):170-178.

[213]叶长盛,朱传民. 江西省县域粮食生产地域格局变化研究[J]. 农业现代化研究,2011(3):315-319.

[214]殷培红,方修琦,马玉玲,等.21世纪初我国粮食供需的新空间格局[J]. 自然资源学报,2006(4):625-631,678.

[215]尹成杰. 关于农业产业化经营的思考[J]. 管理世界,2002(4):1-6,87.

[216]尹成杰. 新阶段农业产业集群发展及其思考[J]. 农业经济问题,2006(3):4-7,79.

[217]尹飞虎. 节水农业及滴灌水肥一体化技术的发展现状及应用前景[J]. 中国农垦,2018(6):30-32.

[218]余泳泽,刘大勇,宣烨. 生产性服务业集聚对制造业生产效率的外溢效应及其衰减边界:基于空间计量模型的实证分析[J]. 金融研究,2016(2):23-36.

[219]张灿强,王莉,华春林,等. 中国主要粮食生产的化肥削减潜力及其碳减排效应[J]. 资源科学,2016,38(4):790-797.

[220]张复宏,霍明,宋晓丽,等. 基于SBM和Malmquist指数的中国苹果主产区生产效率空间集聚分析[J]. 农业技术经济,2017(5):57-66.

[221]张红宇,杨春华,张海阳,等. 当前农业和农村经济形势分析与农业政策的创新[J]. 管理世界,2009(11):74-83,102.

[222]张宪法,于贤昌,张凌云,等. 水分对蔬菜生长动态和生理活动的影响[J]. 中国蔬菜,2000(4):51-53.

[223]张晓山. 农民专业合作社的发展趋势探析[J]. 管理世界,2009(5):89-96.

[224]张怡. 中国花生生产布局变动解析[J]. 中国农村经济,2014(11):73-82,95.

[225]张益丰. 资产专有性、政府精准扶持对象选择及合作社组织优化:基于东营妇联对合作社成员资助的多案例比较[J]. 农业经济问题,2018(4):61-71.

[226]张颖,王礼力. 农民专业合作社社会责任影响因素研究[J]. 经济经纬,2017,34(4):49-54.

[227]张元智. 产业集聚与区域竞争优势探讨[J]. 国际贸易问题,2001(9):33-36.

[228]张哲晰,穆月英．空间视角下农业产业集聚的增收效应研究:基于蔬菜专业村的实证[J]．农业技术经济,2018a(7):19－32.

[229]张哲晰,穆月英．农业产业集聚的生产效应及提升路径研究[J]．经济经纬,2018b,35(5):80－86.

[230]赵波．中国粮食主产区利益补偿机制的构建与完善[J]．中国人口·资源与环境,2011(1):85－90.

[231]赵德培,钟筱波,张纪增．论我国蔬菜生产布局[J]．中国农业科学,1993(6):17－23.

[232]赵萌,仲伟周,余劲．农村经济发展的"一村一品"模式选择及政策建议:来自陕西省户县的调查报告[J]．西北农林科技大学学报(社会科学版),2013,13(1):22－27.

[233]郑风田,程郁．从农业产业化到农业产业区:竞争型农业产业化发展的可行性分析[J]．管理世界,2005(7):64－73,93.

[234]郑宏星．国外产业集群文献评论:制度的视角[J]．沈阳师范大学学报(社会科学版),2008(3):5－8.

[235]郑祥江,杨锦秀．农业劳动力转移对农业生产的影响研究[J]．华南农业大学学报(社会科学版),2015(2):50－56.

[236]钟甫宁,胡雪梅．中国棉花生产区域格局及影响因素研究[J]．农业技术经济,2008(1):4－9.

[237]钟甫宁,刘顺飞．中国水稻生产布局变动分析[J]．中国农村经济,2007(9):39－44.

[238]周圣强,朱卫平．产业集聚一定能带来经济效率吗:规模效应与拥挤效应[J]．产业经济研究,2013(3):12－22.

[239]周应恒,卢凌霄,耿献辉．中国蔬菜产地变动与广域流通的展开[J]．中国流通经济,2007(5):10－13.

[240]周应恒,吕超,周德．我国蔬菜主产地形成的影响因素:以山

东寿光为例[J]. 地理研究,2012(4):687－700.

[241]朱启荣. 中国棉花主产区生产布局分析[J]. 中国农村经济,2009(4):31－38.

[242]朱启荣. 城郊农户处理农作物秸秆方式的意愿研究:基于济南市调查数据的实证分析[J]. 农业经济问题,2008(5):103－109.

[243]朱文博,陈永福,司伟. 基于农业及其关联产业演变规律的乡村振兴与农村一二三产业融合发展路径探讨[J]. 经济问题探索,2018(8):171－181.

[244]朱希刚,赵绪福. 贫困山区农业技术采用的决定因素分析[J]. 农业技术经济,1995(5):18－21,26.

[245]朱英明. 产业空间结构与地区产业增长研究:基于长江三角洲城市群制造业的研究[J]. 经济地理,2006(3):387－390.

[246]祝华军,田志宏. 低碳农业技术的尴尬:以水稻生产为例[J]. 中国农业大学学报(社会科学版),2012,29(4):153－160.

[247]张哲晰,穆月英. 产业集聚能提高农业碳生产率吗?[J]. 中国人口·资源与环境, 2019, 29(7): 57－65.

[248]张哲晰,穆月英,侯玲玲等. 环渤海地区滴灌的资源与经济效应:政府与农户目标一致性检验[J]. 资源科学, 2019, 41(8): 1400－1415.

[249]张哲晰,穆月英,潘彪. 产业集聚推动农业高质量生产的机制研究:来自专业村的证据[J]. 宏观质量研究, 2023, 11(4): 119－128.

[250]张哲晰,穆月英,赵霞. 蔬菜专业村形成及竞争优势发挥的逻辑框架:基于产业集聚视角的实证[J]. 中国农业资源与区划, 2020, 41(9): 220－229.